Windows 95

para Torpes

Maravilloso!!

WINDOWS 95 para TORPES

Miguel Pardo Niebla

ANAYA MULTIMEDIA

INFORMATICA PARA TORPES

RESPONSABLE EDITORIAL:

José Carlos Jiménez Pérez

COORDINADORA DE LA COLECCIÓN:

Irene Fraguas

REALIZACIÓN DE CUBIERTA:

Gracia Fernández-Pacheco

Juan Ignacio Luca de Tena, 15. 28027 Madrid
Depósito legal: M. 38.540-1995
ISBN: 84-7614-815-1
Printed in Spain
Imprime: Artes Gráficas Guemo, S. L.
Febrero, 32. 28022 Madrid

Quiero dedicar este libro al Monstruo del Lago Ness, al perro de los Baskerville, al fantasma de Canterbury, a Kalimero y en general, a todos aquellos personajes de carne y hueso o de ficción tan incomprendidos como el que suscribe.

Tampoco puedo olvidar a mis queridísimos amigos Serafín De Mes, Andrés Trozado, Marta Padera, Gema Pamundi, Paco Tilleo y a los hermanos Tilla, Aitor, Nestor y Victor, sin cuya inestimable aportación, no habría sido posible la elaboración de este libro.

Y por supuesto, con todo el cariño del mundo (y un poquito más), a José Luis y Juan Francisco, esos dos pequeños renacuajos que se pasan todo el día enredando.

¡Ah y como no! Para seguir una tradición tan antigua como la propia historia de la informática, a todas las personas que aparecen en la guía telefónica, desde Alvaro Byte hasta Zacarías Zócalo.

El índice de contenidos

Indice de contenidos

Introducción

Cuanto más miro mi ordenador más quiero a mi perro. Por lo menos, él es alguien con quien uno puede comunicarse. Le dices "siéntate" y se hace el muerto; le dices "túmbate" y se sienta. No cabe duda de que se trata de una clase de comunicación bastante peculiar, pero comunicación al fin y al cabo.

Sin embargo, mi vida ha cambiado gracias a Windows 95. Comunicarse con él es mucho más sencillo que hacerlo con la mayoría de las personas, animales u objetos inanimados que conozco. Le dices abre una ventana y la abre (sin tener que preocuparte por las corrientes de aire); le dices ejecuta un programa y lo ejecuta (y no deja manchas de sangre en la moqueta). Además, el ordenador nunca te pide que lo saques a pasear por las mañanas, aunque eso sí, todavía no he conseguido que se haga el muerto.

En primer lugar, Windows 95 no me ha obligado a aprender ninguno de esos extraños lenguajes que utilizan los informáticos para parecer personas interesantes y conseguir que el resto de los mortales no nos enteremos de qué demonios están hablando. Simplemente, si necesito escribir una carta, aparece una pluma en la pantalla del ordenador, y sólo con tocarla puedo empezar a escribir. Si necesito saber si el tendero me ha engañado con la cuenta de la charcutería, utilizo su calculadora, una calculadora con botoncitos y todo, como las de verdad. Si quiero tirar un documento a la basura, lo cojo y lo suelto encima de la papelera. ¡Y todo de una forma natural y sencilla!. Este libro está orientado para personas como tú. Sí, tú lector que no has cogido un ordenador en tu vida y quieres saber de qué va todo esto de Windows 95, y tú, que ya has manejado otros programas antes y quieres estar a la última y mejorar tu relación con los ordenadores, o incluso tú, avezado lector para el que Windows 95 no tiene ningún misterio, pero te apetece pasar un rato agradable leyendo un libro de informática diferente. A todos vosotros, gracias por vuestro voto de confianza.

¿Qué es Windows 95?

Los ordenadores son máquinas bastante complejas, y trabajan de una forma un tanto peculiar. En el fondo, todo lo que hacen es la consecuencia de que la electricidad pase en un determinado momento por uno u otro cable (bueno, en realidad, la cosa hoy en día se ha modernizado un poco y se utilizan chips y circuitos electrónicos en lugar de cablecitos y lámparas).

¿Te imaginas ahora lo difícil que debe resultar darle las órdenes necesarias al ordenador para aniquilar una horda de salvajes marcianitos? En general, la mayoría de los mortales como tú no estáis capacitados para manejar con soltura el inmenso conjunto de complejas instrucciones con las que trabaja el ordenador, y por lo tanto, necesitamos alguien que traduzca nuestros deseos a ese rebuscado lenguaje que utilizan las máquinas. Y de eso se encargan los *sistemas operativos* como Windows 95.

Así pues, un sistema operativo es un programa que conoce a la perfección el lenguaje de los ordenadores, y se encarga de simplificarlo para que cualquiera de nosotros pueda comunicarse de forma más o menos sencilla (más en el caso de Windows 95) con el ordenador.

A diferencia de otros sistemas operativos en los que para ejecutar un programa de escritura debíamos escribir algo así como: "EXECUTING PROGRAMING DE ESCRITURING \P :XV136 -H Y ME LLEVO UNA", Windows 95 nos permite establecer esta comunicación de una forma gráfica, es decir, mediante dibujitos. Si queremos escribir una carta, solamente tenemos que coger una pluma y un papel. ¡Como en la vida real!

¿Y para qué sirve Windows 95?

Si eres una de esas personas que nunca ha querido ver un ordenador ni en pintura es posible que todavía sigas creyendo que esto de Windows 95 no va contigo. ¡Pues te equivocas! Esta puede ser la oportunidad que estabas esperando para perder definitivamente el miedo a enfrentarte con esos aparatos diabólicos y poder disfrutar de todas sus ventajas. Así que... ¡ánimo y a coger al toro por los cuernos!

Los ordenadores y Windows 95 pueden hacer todas las cosas que tú necesitas hacer. Bueno, o por lo menos muchas de esas cosas. Aquí tienes algunos ejemplos de lo que Windows 95 puede y no puede hacer por ti:

Lo que Windows 95 puede hacer por ti :

- Ayudarte a escribir una carta a tu mujer que se encuentra de vacaciones con los niños en la playa.Y por fin, sin faltas de ortografía, ni tachones ni sospechosas manchas de carmín en el papel.
- Dar rienda suelta a tus inquietudes artísticas y permitirte pintar por fin ese retrato de tu perro que siempre has deseado colgar en la pared de tu despacho. Y si te animas lo suficiente, el de tus otros animalitos de compañía.
- Ponerte a los mandos de una sofisticada nave espacial para defender el planeta Tierra de la terrible amenaza de los malvados invasores del espacio exterior. ¡Y sin derramar una sola gota de sangre!
- Reconciliarte con tu tío rico de América enviándole mensajes a través del correo electrónico. ¡A ver si así vuelve a incluirte en su testamento!
- Convertirte en el compositor de "La Polka del minuto" en tan sólo sesenta segundos y martirizar con ella a tus vecinos durante horas y horas.
- Hacerte espectador de lujo de la película "Instinto básico" para que puedas detener la imagen justamente en la escena de... la persecución.

Lo que Windows 95 no puede hacer por ti :

- Windows 95 no dejará tu ropa más blanca, pero evitará que seas el blanco de las incontroladas iras de tus jefes.
- Windows 95 no puede hacerte perder esos kilitos de más, pero probablemente consiga que tampoco pierdas la paciencia.
- Windows 95 no puede prepararte la comida, pero en sus menús, encontrarás sugerencias muy apetitosas.
- Windows 95 no puede hacer que te salga negativa la declaración de Hacienda, pero conseguirá que dejes de ser una persona negativa.

- Windows 95 no puede curarte el reúma, pero por lo menos, evitará que pierdas tu salud mental trabajando todo el día delante de un ordenador.

Pero ya veo que tú eres una persona difícil de convencer. Seguramente ahora mismo pienses que está muy bien eso de que la informática y Windows 95 puedan hacer tantas cosas. Pero hasta ahora te ha ido muy bien sin los ordenadores y no crees que te merezca la pena aprender algo nuevo para hacer las mismas cosas de siempre.

Sin embargo, ten en cuenta que los seres humanos tenemos tendencia a ser algo torpes. Y seguro que hasta tú de vez en cuando te equivocas, mientras que los ordenadores, los muy puñeteros, nunca se equivocan y hacen exactamente lo que les decimos que deben hacer. Además, nunca se cansan ni se quejan por mucho trabajo que les queramos dar. (¡Y por si fuera poco, no comen! Sólo consumen algún que otro kilowatio por hora.)

¿A quién va dirigido este libro?

Este libro está especialmente pensado para fontaneros, carpinteros, cerrajeros, amas de casa, niños, ancianos, extraterrestres, empleados de limpieza, astronautas, calvos, marineros de agua dulce, bajitos, gordos, delgados, ejecutivos agresivos, mujeres fatales, taxistas, camioneros, camareros, peluqueros, estrellas del mundo del espectáculo, hadas de cuento, juerguistas, noctámbulos, personas serias, ogros, personas aburridas, pesimistas, optimistas, ferroviarios, futbolistas, patinadores, ciclistas, pescadores, ganaderos, ganadores, perdedores, flautistas, inspectores de hacienda, mounstruos, fantasmas, espíritus inquietos, gusanos de seda, pintores de brocha gorda y pintores de brocha fina, inventores, gente sin imaginación, especialistas en escurrir el bulto, bomberos retirados, policías a caballo, madres, solterones, matronas y médicos especialistas en enfermedades del riñón, pero sobre todo, está pensado para ti.

¿Qué voy a encontrar en el libro?

Lo primero que encontrarás en este libro serán páginas, ¡muchas páginas! Pero no te asustes, todas ellas salpicadas con divertidos dibujos de Forges y algún que otro comentario jocoso que te hará más llevadera su lectura.

El objetivo de este libro es ayudarte a que aprendas a manejar Windows 95 sin demasiados quebraderos de cabeza. Y para conseguirlo, lo mejor es empezar por el principio, es decir, por explicarte para qué sirve y en qué puede ayudarte en tu vida diaria y, por supuesto, cómo puedes hacer que Windows 95 entre a formar parte de tu ordenador.

Más tarde, en el capítulo 3, te contaré con qué puedes encontrarte cuando arranques un ordenador por primera vez con Windows 95. En este capítulo empezaremos a conocer también la peculiar palabrería que se utiliza en el mundillo de la informática. Con ella, podrás dejar asombrados a tus amigos y presumir de conocimientos informáticos delante de ellos.

En el capítulo 4, y antes de empezar a trabajar en serio con el ordenador, veremos algunas nociones básicas sobre organización, para no convertir nuestro Windows 95 en una leonera.

A continuación, estudiaremos el lado divertido de Windows 95. En los capítulos 5 y 6, aprenderemos a mejorar el aspecto del programa utilizando dibujos y colorines para adornar la pantalla de nuestro ordenador, y conoceremos los juegos que incluye el paquete para amenizar nuestros ratos de ocio.

Seguidamente, encontrarás varios capítulos donde describiremos algunas de las aplicaciones que incluye Windows 95: WordPad para escribir documentos de texto, Paint para realizar dibujos, el Explorador de Windows para examinar el contenido de tu disco duro y la Calculadora para que puedas echar tus cuentas sin tener que recurrir a los dedillos.

En el capítulo 11, aprenderás algo más acerca de las ventajas que ofrece Windows 95, y más concretamente, cómo intercambiar información entre diferentes programas.

Para finalizar, y a modo de regalo, en el capítulo 12 conocerás las aplicaciones que incluye Windows 95 para sacar el máximo rendimiento de tu ordenador multimedia. Estas aplicaciones te permitirán desde escuchar música en el ordenador a través de un disco compacto, hasta grabar tu propia voz o incluso ver una película de vídeo en de la pantalla del ordenador.

CAPÍTULO 1
Renovarse
o
"*planchar*"

Diario de Megatorpe

Cuenca, 11 de Septiembre

Mi querido diario:

Después de unas bien merecidas vacaciones (todo un mes lejos de crucigramas y pajaritas de papel), hoy he vuelto por fin a mi sufrido puesto de oficinista.

Te juro que el regreso no ha podido ser más traumático. Y no lo digo por el madrugón, ni por los tres cuartos de hora encerrado en el autobús con otras 147 personas soportando un atasco interminable. Ni siquiera por tener que aguantar nuevamente al plasta de Peláez. El delirio informático se ha apoderado otra vez de mis jefes. Obligarnos a utilizar un ordenador no ha sido suficiente (yo sigo pensando que una planta habría decorado mucho más en mi mesa). Tras las vacaciones su sadismo parece gozar de renovadas energías.

Como cada mañana, lo primero que hice al llegar a la oficina fue encender mi ordenador para que todo el mundo creyera que estaba trabajando. Luego, he ido a la cafetería a prepararme para una dura jornada. Allí estaba Mari Puri, más maciza que de costumbre.

A eso de las 11, regresé a la oficina para disimular un poco hasta la hora del aperitivo. Mi corazón ha dado un vuelco cuando al mirar la pantalla del ordenador, he descubierto una serie de dibujos y simbolitos extraños. ¿Será una broma de Peláez? ¿Será eso que los entendidos llaman un virus? ¿Será un nuevo programa de tortura? ¿Será el fin del mundo? ¿Llegaré a fin de mes?

Por fin, alguien me ha explicado que se trata del nuevo Windows 95. Según parece, no es el nombre de la convención anual de vendedores de ventanas, como yo creía. Es un programa de ordenador que se supone que nos hará la vida más agradable. Sin embargo, mi vida ya había llegado a ser al menos soportable con el antiguo Windows y con aquello del MS-2. ¿Qué ha pasado con las notas anónimas que escribí a Mari Puri? ¿Dónde están mis juegos? ¿Ya no *podré volver a aniquilar marcianitos? ¿Qué ha pasado con mi querido aunque lacónico mensaje de C:\>?*

He reído, he llorado y me he desesperado. Pero creo que no me quedará más remedio que aprender algo acerca de ese dichoso Windows 95.

(Extraído de las notas biográficas sobre Cosme Romerales, alias Megatorpe. Enciclopedia de los grandes Superhéroes de la Informática.)

Que no cunda el pánico. Veamos qué es esto de Windows 95

En los últimos meses, hemos tenido información de Windows 95 hasta en la sopa. La televisión, la radio y los periódicos han dejado a un lado los escándalos políticos para contarnos las excelencias de esta nueva invención de un americano llamado Bill Gates (Guillermito Puertas, no te vayas a creer). Puedo asegurarte, estimado lector, que hace una semana escuché a dos de mis vecinas discutir acaloradamente mientras tendían la colada, sobre si Windows 95 sería capaz de dejar la ropa más blanca.

Pues bien, de momento creo que Windows 95 no evitará que salgamos de casa con lamparones en la camisa, pero lo que sí es cierto es que representa una verdadera revolución tecnológica en el mundo de los ordenadores.

Desde que estos extraños "aparatejos" llamados ordenadores hicieron aparición en nuestras vidas, la principal preocupación de los especialistas en la materia ha sido hacerlos accesibles a la mayoría de los mortales y convertirlos en un electrodoméstico más de nuestro hogar. Esta viene siendo desde hace años la labor de los chicos de Microsoft, creadores de Windows, que a lo largo de sus distintas versiones ha ido evolucionando para hacer cada día más sencilla y amigable la temible tarea de ponerse delante de un ordenador.

En el fondo, Windows 95 no es más que un programa que nos permite comunicarnos con el ordenador, eso que se conoce con el nombre de *sistema operativo.* El sistema operativo es como un duendecillo que se encarga de traducir nuestros deseos (ejecutar un

Procura no utilizar demasiado la expresión *sistema operativo* si no dispones de una buena dosis de imaginación y capacidad de inventiva, porque quien te escuche pensará que sabes de informática y probablemente te pregunte cosas.

juego, saber qué hora es o hacer sonar una musiquita el día de nuestro cumpleaños) al complicado lenguaje que utilizan los ordenadores formado a base de ceros y unos. Como ves, siempre nos quedará el consuelo de que nosotros aprendemos a contar hasta 2 desde nuestra más tierna infancia, cosa que todavía no han conseguido los ordenadores. Probablemente ya hayas oído hablar de otros sistemas operativos tales como MS-DOS, OS/2 o UNIX (no te confundas, el 4x4 no tiene nada que ver con esta historia). El gran inconveniente de este tipo de programas es que nos obligan a aprender complicados lenguajes (casi siempre derivados del inglés) con cientos de variantes y palabrejas indescifrables que resultan casi imposibles de recordar. Windows 95 pretende desterrar para siempre el uso de estos sistemas operativos y de las propias versiones anteriores del programa, haciendo que nuestra comunicación con el ordenador se lleve a cabo de una manera natural y sencilla.

¿Significa esto que todos los programas y documentos que ya tenemos en nuestro ordenador van a ir directamente a la basura? Todo lo contrario: Windows 95 nos permitirá seguir utilizando las antiguas aplicaciones basadas en MS-DOS y Windows, siendo capaz incluso de mejorar su rendimiento. Además, Microsoft ha pensado en la posibilidad (especialmente dirigida para masoquistas) de compartir en nuestro ordenador el nuevo Windows 95 con las antiguas versiones de MS-DOS y Windows.

Lo que **NO** es Windows 95:

- No es un deporte que se practica en las playas de California.
- No es un juego de ordenador (aunque pueda parecerlo).
- No es la convención anual de vendedores de ventanas.
- No es la canción del verano, aunque puedas encontrarlo en forma de disco compacto.
- No es un procesador de textos, ni una calculadora, ni un programa de dibujo, pero todo esto se puede encontrar dentro de Windows 95.
- No es el nombre de un nuevo escándalo financiero.
- No es una solución mágica para poder usar el ordenador sin tener ni idea (pero casi casi).

Qué ventajas tiene Windows 95

La principal ventaja de Windows 95 para los que no tenemos muy claro eso de que los ordenadores puedan representar alguna ventaja, es precisamente la de hacernos olvidar que nos encontramos delante de una máquina siniestra. Windows 95 convierte el ordenador en una extensión de nosotros mismos o, como reza la publicidad del producto, hace que el ordenador hable nuestro lenguaje, en lugar de tener que adaptarnos nosotros al lenguaje de la máquina.

Aunque te parezca mentira, cuando trabajes con Windows 95, podrás hacer las mismas cosas que haces habitualmente en la oficina:

- Abrir una carpeta para sacar un documento.
- Escribir una carta como si estuvieras delante de una máquina de escribir (evitando además las manchas de café).
- Ponerte a los mandos de una nave espacial para acabar con la amenaza alienígena.
- Mandar un fax o descolgar el teléfono para pedir una pizza.

Y lo más importante de todo, podrás llamar a las cosas por su nombre sin tener que utilizar palabrejas extrañas como PRESAN.XLS (por presupuesto anual) o CARMARPU.TXT (por carta para Mari Puri).

El primer aspecto clave para la facilidad de manejo de Windows 95 es la comunicación mediante imágenes. A diferencia de otros programas, Windows emplea una filosofía de trabajo basada en elementos visuales. Los seres humanos estamos acostumbrados a desarrollar nuestra actividad realizando acciones sobre lo que vemos. Si queremos ponernos a escribir, cogemos papel y lápiz y escribimos. De la misma forma, para indicar a Windows 95 que queremos escribir en el ordenador, sólo tenemos que "coger" el dibujo que representa la herramienta de escribir.

Esta forma de comunicarnos con el ordenador se conoce con el nombre de *interfaz gráfico de usuario* (¡menuda frasecita!). No todos los sistemas operativos utilizan un interfaz gráfico, y de los que lo utilizan, pocos son tan amigables y fáciles de manejar como el de Windows 95. Sin ir más lejos, ayer conocí a una chica que tenía un

Los americanos, fanáticos de utilizar siglas para todo, llaman GUI al interfaz gráfico de usuario. Un interfaz gráfico hace realidad el dicho "vale más una imagen que mil palabras".

interfaz gráfico inmejorable, pero no parecía muy dispuesta a permitirme que utilizara sus herramientas.

Cuando usamos una aplicación Windows, aparece ante nuestros ojos toda una gama de elementos que representan las distintas opciones que podemos realizar: figuras que representan botones, dibujos que nos recuerdan la utilidad del elemento que tienen asociado, casillas que podemos señalar con una marca, etc.

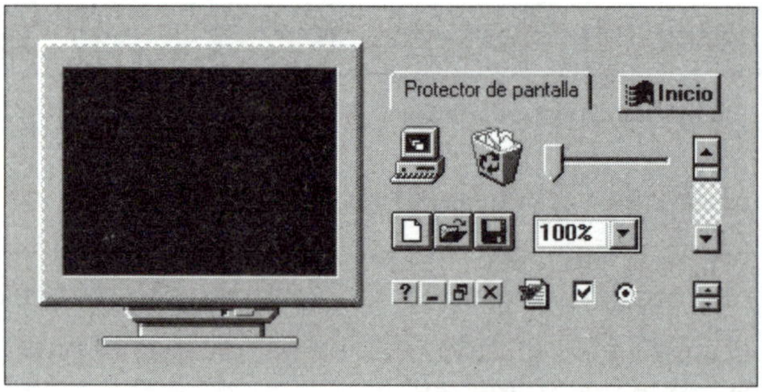

Figura 1.1. Algunos de los elementos gráficos de Windows

En informática, existe la molesta costumbre de llamar a la misma cosa por muchos nombres distintos (de esta forma, los informáticos consiguen parecer más interesantes). Por ejemplo, en Windows se suele hablar a menudo de *aplicaciones*, que no es más que otra forma diferente de llamar a los programas.

Finalmente, otro concepto que también resulta de gran importancia a la hora de facilitar el trabajo con Windows 95 son las ventanas (las *windows* que dicen los que saben inglés). La utilización de ventanas, permite una comunicación más dinámica y ordenada entre el usuario y la máquina, y sobre todo, mucho más clara y fácil de comprender.

Windows 95 abre de par en par sus ventanas para ofrecernos toda la información que encierran sus aplicaciones, poniendo al alcance de nuestras manos toda una serie de herramientas que nos permiten manejar la aplicación con comodidad y sacar el máximo provecho de nuestro trabajo delante del ordenador. En la figura 1.2, puedes ver algunos ejemplos de ventanas de Windows 95.

Figura 1.2. Las ventanas de Windows 95

¿Quién da más?

Además de su gran facilidad de utilización, Windows 95 ofrece otras interesantes ventajas de un carácter más técnico.

En primer lugar, el hecho de utilizar ventanas para intercambiar información con el usuario, ofrece la posibilidad de poder sostener en paralelo varias actividades independientes. Como la comunicación con los programas se realiza a través de las ventanas, podemos trabajar a la vez con varios de ellos (con tantos como ventanas podamos mantener en pantalla sin perder la cabeza). Esto significa que nuestro ordenador divide su tiempo entre diferentes tareas, o lo que es lo mismo, es como si tuviéramos varios ordenadores en uno solo.

Una ventaja adicional del empleo simultáneo de varios programas es la capacidad, soportada por Windows 95, de intercambiar información entre ellos. Si has trabajado ya con un ordenador y programas no Windows, tal vez te hayas encontrado en la desesperante situación de tener que abandonar el programa con el que estabas trabajando para entrar en un programa nuevo, examinar ciertos datos, apuntarlos tal vez sobre un papel, volver al programa inicial e introducir los datos recogidos en el primer programa. Si no te ha pasado, te aseguro que resulta bastante molesto, se pierde mucho tiempo, y uno acaba con la impresión de que los ordenadores no resultan tan cómodos de utilizar después de todo.

Por otra parte, Windows 95 representa una plataforma común sobre la que las empresas pueden fabricar programas con todas las ventajas de las que ya hemos hablado (lo que las hace muy atractivas para los usuarios) y además con una serie de ayudas que facilitan el proceso de desarrollo (en resumen, los programas Windows son fáciles de fabricar y se venden bien). De esta forma se explica la gran cantidad de aplicaciones Windows que pueden encontrarse, y a las que podemos recurrir para realizar cualquier tipo de actividad: desde jugar, hasta (incluso) trabajar.

Una consecuencia de todas esta ventajas es que si utilizamos Windows para aplicaciones serias, podemos trabajar de una forma mucho más eficiente, o como dicen los «modernos», obtener una mayor productividad (aunque por mucho que utilicemos Windows, no creo que vayamos a alcanzar a los japoneses).

Una de las mayores ventajas de la informática, es que permite utilizar palabras que sirven para impresionar a los demás. Productividad es una de ellas. Explícale a tu jefe cómo ha mejorado tu productividad desde que trabajas con el nuevo ordenador (no le cuentes nada de los juegos, no lo comprendería) y verás cómo consigues algún aumento de sueldo y apareces en las listas de propuestos para el próximo ascenso. ¡Destaca del resto de los mortales hablando como un verdadero ejecutivo!

Finalmente, una de las grandes novedades que incluye Windows 95 es la tecnología *plug & play* (conectar y listo). Ya no tendremos que preocuparnos por la marca de nuestro monitor, ni por el tipo de disco duro, ni por el color de la caja. Windows 95 conoce la mayoría de los dispositivos que podemos conectar a nuestro ordenador en las distintas versiones que nos ofrecen los diferentes fabricantes, y sabe cómo manejarlos para que no presenten ningún problema de funcionamiento.

Si decides cambiar alguno de los componentes o periféricos (esos cacharros unidos a tu equipo mediante cablecitos) del ordenador, sólo tendrás que conectarlo y dejar que Windows 95 se encargue automáticamente de realizar los ajustes necesarios.

Si Windows 95 me ofrece tantas cosas, ¿no será demasiado difícil aprender a manejarlo?

El objetivo del libro que tienes entre tus manos es que puedas aprender sencillamente a utilizar Windows 95. No pretendo convertirte en un teórico de la tecnología informática, ni en un intrépido programador. En este libro no encontrarás esos incomprensibles detalles técnicos ni las aburridas discusiones bizantinas que se pueden leer en algunos libros de texto. Sólo la información necesaria para que puedas realizar tu trabajo correctamente y sin esfuerzo.

Pero, por mucho esfuerzo que ponga en conseguir un libro claro y didáctico, la única forma de aprender a trabajar con Windows consiste en llevar cualquier concepto a la práctica. De poco servirán las descripciones y ejemplos que desarrollamos en el libro si tú, estimado lector (sí, tu, ¡despierta!) no te sientas delante del ordenador y «juegas» con él hasta conseguir los mismos resultados.

Si pones en práctica lo que has leído, aprenderás sin esfuerzo. Y si tienes suficiente iniciativa para ensayar ideas nuevas y trabajar con el programa por tu cuenta, llegarás incluso a divertirte aprendiendo (por muy poco que te gusten los ordenadores, cuando sabes como manejarlos resultan más agradables). No tengas complejos. Por muy mal que lo hagas, nunca podrás llegar a desencadenar una guerra nuclear. Lo máximo que conseguirás es que la gente que te rodea llegue a odiarte si inutilizas alguno de los adictivos juegos de Windows 95.

En informática, la práctica es el camino más rápido para aprender. No temas hacer experimentos con el ordenador, no puedes romperlo. Sigue los ejemplos que doy en este libro y comprueba todo por ti mismo, y no dudes en poner en práctica cualquier idea nueva que se te pase por la cabeza.
Una pequeña aclaración: lo de hacer experimentos con el ordenador sin romperlo no incluye pruebas de resistencia de materiales como tirarlo desde un décimo piso, o ensayos de resistencia anticorrosión, como bañarlo en ácido sulfúrico. Por muy mal que te caiga el cacharro, contente. Al final puede que lleguéis a ser buenos amigos.

- Windows se pronuncia GÜINDOUS, pero si no quieres que te confundan con un completo «analfabestia» o con un académico de la lengua no lo escribas de esta última forma.
- Windows es sólo un programa de ordenador que nos permite comunicarnos con la máquina de manera fácil e intuitiva.
- Para soportar la comunicación entre el ordenador y la persona que pretende utilizarlo, Windows se basa en dibujos que representan los elementos y las acciones que necesitamos.
- Windows significa «ventanas» en inglés. Y recibe este nombre porque se comunica con el mundo exterior a través de unos recuadros especiales (con aspecto de ventanas, más o menos).

CAPÍTULO 2
Empezar la "house" por los cimientos
(...y no, curiosamente, por las ventanas)

Diario de Megatorpe

Cuenca, 12 de Septiembre

Hola, diario:

En la oficina todos parecen haberse vuelto locos. La verdad es que yo ya tenía mis sospechas. No es normal que alguien sea capaz de pasarse ocho horas diarias sentado en una silla ¡y trabajando! Por supuesto, no todo el mundo tiene mi capacidad para "escurrir el bulto" y encontrar excusas que hasta yo mismo he llegado a creerme en algún momento.

Pero hoy, la cosa ya ha llegado a extremos inauditos. La gente no sólo está de acuerdo con la peregrina idea de utilizar los malditos ordenadores en el trabajo, sino que además, están encantados con esa patraña del Windows 95. ¡Ver para creer!

A primera hora de la mañana, Mari Puri se acercó a mi mesa, por primera vez en 10 años, y se quedó mirando fijamente la pantalla de mi ordenador. Estaba maravillada con los dibujitos y los colorines de Windows 95. Intenté aprovechar la ocasión para sacar a relucir mi labia y mis irresistibles dotes de conquistador, inventando una explicación de cómo funcionaba el programa y simulando que trabajaba con él. Después de mi demostración, habrá que incluir en el diccionario de la Real Academia de la Lengua algunas palabras nuevas para las que difícilmente alguien será capaz de encontrar una definición, pero... ¡Todo sea por el progreso!

Asombrada, Mari Puri alabó mis conocimientos informáticos y me pidió por favor que instalara Windows 95 en su ordenador. Yo le dije que después de comer, hablaríamos del asunto. ¡Estaba en el bote!, o al menos eso creía yo. Cuando unas horas más tarde fui a buscarla, comprobé con estupor que el traidor de Peláez se me había vuelto a adelantar. Sentado delante de su ordenador, instalaba con destreza el programa entre bromas y risas. Nuestra cita había sido cancelada.

¡Odio a Peláez! ¡Odio la oficina! ¡Odio los ordenadores! ¡Odio a esos malditos roedores! Y sobre todo... ¡¡¡Odio a muerte Windows 95!!! Pero algún día, conseguiré vengarme de todos juntos (o por separado, me da igual).

(Extraído de las notas biográficas sobre Cosme Romerales, alias Megatorpe. Enciclopedia de los grandes Superhéroes de la Informática.)

Tierra llamando a *Windows 95*. Conteste.

Antes de poder empezar a trabajar con Windows 95 será necesario haberlo introducido previamente en el ordenador. Peláez consiguió hacerlo con el ordenador de Mari Puri, así que no debe ser demasiado difícil.

En cualquier caso, existe la posibilidad de que te encuentres en cualquiera de las siguientes situaciones:

CASO 1. Es posible que al comprar tu ordenador el vendedor te haya instalado una copia de Windows 95. Si este es tu caso, ¡enhorabuena!, ya puedes empezar directamente a usar el programa sin necesidad de ningún proceso adicional.

CASO 2. Otra posibilidad es que no te hayan vendido el ordenador con Windows 95 incorporado pero te hayan proporcionado una copia del programa al realizar la compra, o bien que tú mismo lo hayas adquirido más tarde. En cualquier caso, tienes que conseguir hacer pasar Windows 95 al ordenador. Un poco más adelante veremos cómo se puede hacer esto.

CASO 3. Una tercera alternativa es que tu ordenador no tenga Windows 95 instalado, pero tampoco tengas el programa. En este caso no tendrás más remedio que comprarlo. ¡Hombre, por muy bueno que

Si no llevas un parche en el ojo, ni tienes pata de palo, ni usas un garfio en la mano para atemorizar al personal, ni un simpático lorito te acompaña a todas partes, ¡NO SEAS PIRATA! No le pidas a un amigo que te haga una copia de Windows 95 (ni de ningún otro programa). Consigue tu licencia. Saldrás ganando.

sea este libro, no te podemos enseñar a hacer aparecer un programa de la nada, todavía no hacemos milagros!

Seguro que hay muchas cosas que te divierten en la vida: pasear por un parque, salir de copas, ir de excursión, leer un libro de chistes de Forges... Incluso ver la televisión puede llegar a ser, algunas veces, más divertido que leer un libro de informática. Así que, si ya tienes Windows 95 instalado en el ordenador, no pierdas el tiempo con este capítulo.
Te recomiendo que pases directamente al capítulo 3. A cambio, el tiempo que has ganado dedícalo a tomar una caña a la salud de Megatorpe.

¿Que cómo puedes saber si tienes instalado o no Windows 95 en tu ordenador? Nada más sencillo. A continuación te proporciono algunas pistas para poder averiguarlo:

Al encender la máquina, después de una serie de cosas raras, puede ocurrir lo siguiente:

CASO 1. Que aparezca el mensaje "Iniciando MS-DOS..." y después de unos instantes tu ordenador se detenga sobre una pantalla en blanco y negro mostrándote el siguiente símbolo:

C:\>

Me temo que esto significa malas noticias. Windows 95 no aparece por ninguna parte en tu ordenador. Deberás instalarlo.

CASO 2. O bien que aparezca el mensaje "Iniciando Windows 95..." y a continuación, tu ordenador se llene con los colores y dibujos de la pantalla de presentación del programa.

En este caso, la respuesta está clara: ya tienes Windows 95 instalado en el ordenador, no necesitas preocuparte más del tema.

Figura 2.1. La pantalla de presentación de Windows

Tal vez, al realizar la operación anterior, en la pantalla de tu ordenador has visto aparecer ese dibujo tan simpático de la figura pero sin ningún color. No te alarmes. Lo más probable es que no sea necesario llamar al servicio técnico. Sencillamente tu monitor no es en color sino monocromo (como dicen los técnicos). En fin, no te preocupes, la falta de color puede ser un pequeño inconveniente, pero a cambio te has ahorrado un buen dinero en la compra del ordenador.

Esto no es un LP de grandes éxitos de los 60

hora que has comprobado que tu ordenador no tiene Windows 95, ya sabes lo que hay que hacer: instalarlo. Ve a por tu caja del programa y llévatela delante del ordenador. ¿Cómo? ¿Que todavía no has comprado Windows 95? ¡¿Y a qué estás esperando?! ¡Corre a la tienda! Yo mientras te espero aquí...

¿Qué todavía no sabes lo que es un CD-ROM, ni has aprendido a introducir un disquete en el ordenador?... Pues, ¿a qué estás esperando para comprar Multimedia para Torpes y la Introducción a la Informática para Torpes?

...¿Ya has vuelto? ¡Qué rápido has sido! Aunque no sea Navidad ni el día de tu cumpleaños, tienes permiso para desenvolver el paquete con impaciencia. ¿Qué hay en su interior? Un librito, unos cuantos papelotes y...

CASO 1. Una pila de disquetes numerados.

CASO 2. O un disco compacto, como el de grandes éxitos de los 60 que tienes en tu equipo de música.

Dependiendo de cual sea tu respuesta, tu vida podrá quedar marcada por el proceso de instalación de Windows 95. Si dispones de unos de esos discos compactos tan monos (conocidos en el mundo de la informática como CD-ROM) no tendrás que preocuparte por nada. Bastará con que introduzcas el CD-ROM en su sitio y sigas mis instrucciones. Pero si eres el poseedor de una inmensa pila de disquetes, a lo largo del proceso de instalación, el ordenador te irá pidiendo que los vayas introduciendo ¡uno a uno! en la disquetera, identificándolos por su numeración.No te precipites. Antes de comenzar la instalación de Windows 95, deberás comprobar un último detalle. ¿Tienes alguna versión anterior de Windows en tu ordenador? Para conocer la respuesta, escribe la palabra win delante del símbolo C:\> que aparece en la pantalla de tu ordenador:

C:\>win

A continuación, pulsa esa tecla grande con forma de L invertida (**Entrar**) que aparece a la derecha de las teclas de las letras. Como consecuencia pueden ocurrir dos cosas:

CASO 1. En la pantalla del ordenador aparece un mensaje de error como este:

C:\>win
Comando o nombre de archivo incorrecto

C:\>

Esto significa que lo más probable es que no haya ninguna versión de Windows en tu ordenador.

CASO 2. En la pantalla de tu ordenador aparecen los colores y dibujos de la pantalla de presentación de tu versión actual de Windows.

Pues bien, ya no hay nada que te impida empezar con la instalación. (¡Ya era hora!) Dependiendo de cual haya sido tu respuesta a la última pregunta, deberás actuar de manera diferente:

CASO 1. Instalar Windows 95 desde MS-DOS

Si eres uno de esos extraños especímenes de la raza humana que no han visto en su vida una versión de Windows (es decir, te encuentras situado en el **CASO 1**), deberás comenzar la instalación de Windows 95 desde MS-DOS. ¿Que qué es eso del *emesedós*? No te preocupes, tampoco viene al caso. Introduce el CD-ROM de Windows 95 o el disquete etiquetado con el número 1 en las unidades correspondientes y escribe bajo el símbolo C:\> la siguiente instrucción:

a:\instalar (si estás instalando el programa desde disquete)

o

d:\win95\instalar (si estás instalando el programa desde CD-ROM)

A continuación, pulsa la tecla **Entrar** y sigue las instrucciones del programa de instalación, tal como describo más adelante.

a: y d: son los nombres habituales por los que se suele conocer a las disqueteras y unidades de CD-ROM de la mayoría de los ordenadores. Si tu disquetera o unidad de CD-ROM tiene un nombre (letra) distinto, como por ejemplo b: o e:, deberás ejecutar el programa de instalación escribiendo b:\instalar o e:\win95\instalar.

MS-DOS es la abreviatura de Microsoft Disk Operating System, ¡Ahí es ná! Nada del otro mundo, simplemente otro programita para hablar con el ordenador.

CASO 2. Instalar Windows 95 desde una versión anterior de Windows

Si tu ordenador ya forma parte de la familia Windows (o sea, estás en el **CASO 2**), puedes instalar tu nueva versión de Windows 95 aprovechando todas las herramientas y aplicaciones que tengas ya instaladas en el programa.

En primer lugar, deberás ejecutar tu versión de Windows (si no lo has hecho antes), ya sabes, escribiendo la palabra mágica win en el símbolo de MS-DOS C:\>. Abre el Administrador de programas y despliega el menú Archivo (pulsando de forma simultánea las teclas **Alt** y **A** de tu teclado). A continuación, pulsa la tecla **U** para seleccionar el comando Ejecutar. Aparecerá en pantalla un cuadro como el de la siguiente figura:

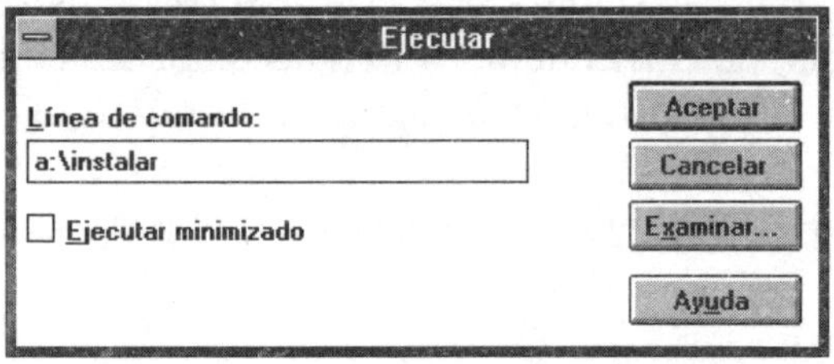

Figura 2.2. El cuadro de diálogo Ejecutar

En el cuadro de texto Línea de comando, escribe lo siguiente:

a:\instalar	(si estás instalando el programa desde disquete).
o	
d:\win95\instalar	(si estás instalando el programa desde CD-ROM).

Y haz clic sobre el botón Aceptar (o pulsa la tecla **Entrar**) para comenzar la instalación de Windows 95.

El proceso de instalación

Independientemente del método que hayas elegido para iniciar la instalación de Windows 95, lo primero que aparecerá en la pantalla de tu ordenador (después de unos cuantos segundos necesarios para cargar el programa y realizar algunas comprobaciones previas) es un mensaje dándote la bienvenida (como ves, Windows 95 es un programa muy educadito).

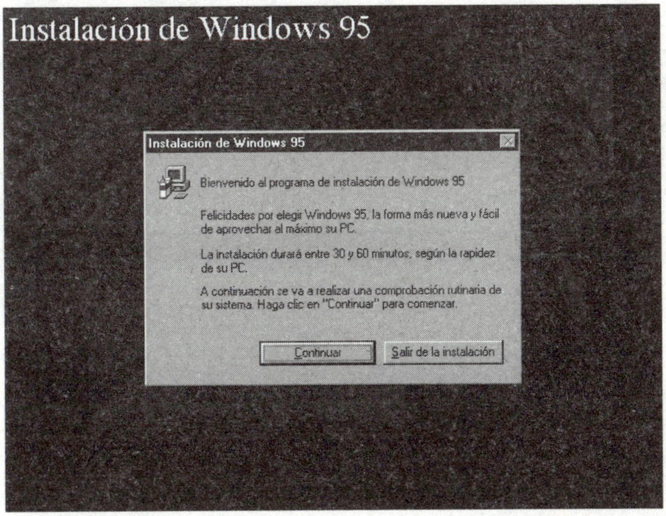

Figura 2.3. Mensaje de bienvenida del programa de instalación de Windows 95

Este mensaje informa, entre otras cosas, del tiempo aproximado que durará la instalación de esta nueva maravilla de la técnica en nuestro ordenador (entre 30 y 60 minutos). Así que, ármate de paciencia y haz clic sobre el botón Continuar o pulsa la tecla **Entrar**.

Cuando digo hacer clic sobre algún elemento de la pantalla del ordenador, me refiero a que coloques el puntero del ratón (ése en forma de flechita) sobre dicho elemento y pulses el botón izquierdo del ratón hasta que oigas un ligero chasquido (clic).

Durante el proceso de instalación de Windows 95, dispondrás de un botón Salir o Cancelar que te permitirá abandonar el programa. ¡Ojo! No se trata de un atajo para terminar antes. Si cancelas la instalación antes de tiempo, tendrás que volver a empezar desde el principio.

Seguidamente, el programa realiza una comprobación rutinaria de tu sistema. Es como cuando vas al médico a hacerte el chequeo anual, sólo que Windows 95 jamás te pedirá que dejes de fumar o que suprimas la sal de las comidas. Una vez finalizada esta comprobación, volverá a aparecer en pantalla un mensaje informándote de tan feliz acontecimiento. Haz clic nuevamente sobre Continuar o pulsa la tecla **Entrar**.

Si estás instalando Windows 95 desde una versión anterior del programa, aparecerá un nuevo mensaje como el de la siguiente figura diciéndote que aunque no se ha detectado ningún problema, deberías hacer una revisión posterior (por si las moscas). Haz clic sobre Aceptar o pulsa la tecla **Entrar** para cerrar este mensaje. Como ves, Windows 95 no deja escapar ningún detalle, aunque a veces, resulta un poco pesado con tanto mensajito.

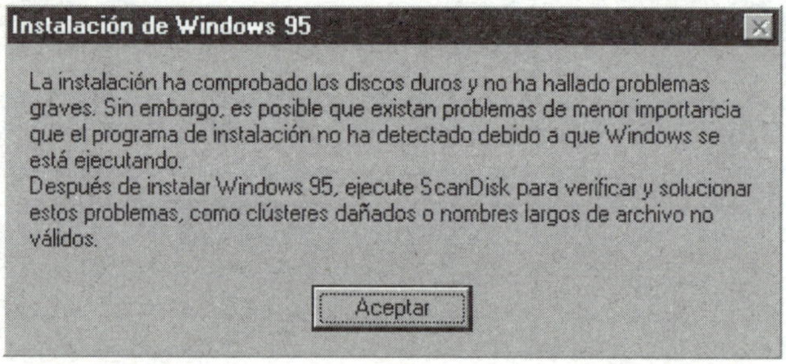

Figura 2.4. Mensaje del programa de instalación de Windows 95

Si la instalación te da quebraderos de cabeza, acude a un amiguete en busca de consuelo, o incluso a la persona que te vendió el programa, que para eso está. A mi me hubiera gustado ayudarte desde este libro, pero la censura recortó inexplicablemente las 18.327 páginas que tenía preparadas para este capítulo. ¡Misterios de la vida!

A continuación, el programa comenzará a preparar un asistente (como un ayuda de cámara) que te irá guiando paso a paso durante todo el proceso de instalación de Windows 95. Una vez completada esta tarea (que podrás seguir de cerca gracias a una barra que te irá mostrando el porcentaje completado en cada momento), aparecerá en tu pantalla el Acuerdo de licencia de Microsoft (algo así como las condiciones del contrato). Lee detenidamente las instrucciones (sobre todo la letra pequeña) y haz clic sobre Sí para continuar.

Después se abrirá el primer cuadro del asistente, que te informa del cuál será el primer paso del proceso de instalación: la toma de muestras, o lo que es lo mismo, la recogida de información sobre tu ordenador. Dentro del asistente, podrás moverte hacia delante y hacia atrás utilizando los botones Siguiente y Anterior respectivamente. De momento, haz clic sobre Siguiente para continuar.

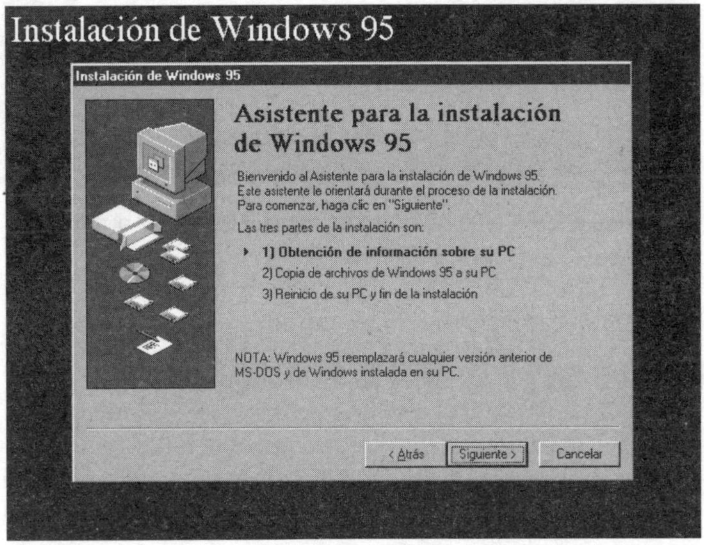

Figura 2.5. Primer cuadro del asistente para la instalación

Lo primero que te preguntará el asistente es el directorio sobre el que quieres instalar Windows 95. No te compliques la vida. Elige el directorio que te ofrece (C:\WINDOWS) haciendo clic sobre el botón Siguiente. Finalmente, antes de empezar con lo realmente importante (copiar los archivos de Windows 95 a tu ordenador.), el programa de instalación tendrá que preparar convenientemente el directorio de Windows y comprobar que dispones de espacio suficiente en tu disco duro.

Figura 2.6. Comprobación del espacio libre en el disco duro para la instalación

Deshojando la margarita. Tipos de instalación

Una vez finalizadas todas las comprobaciones y preparaciones previas, nos encontraremos delante de un enorme dilema: elegir el tipo de instalación. En nuestra pantalla aparecerá un cuadro de diálogo como el de la siguiente figura donde podremos seleccionar entre distintos formatos de instalación:

- **Típica:** La instalación normalita, la de andar por casa, o sea, la más frecuente.
- **Portátil:** Especialmente pensada para esos ordenadores tan pequeñitos y tan monos que los masoquistas llevan siempre colgados debajo del brazo.
- **Compacta:** Dirigida a aquellos ordenadores del año de Mari Castaña, y principalmente, a los que tienen problemas de espacio en el disco duro.

¡Ah, se me olvidaba! Si te gusta este libro, tampoco lo fotocopies. Si no, el próximo lo tendrá que escribir *Rita la Cantaora*.

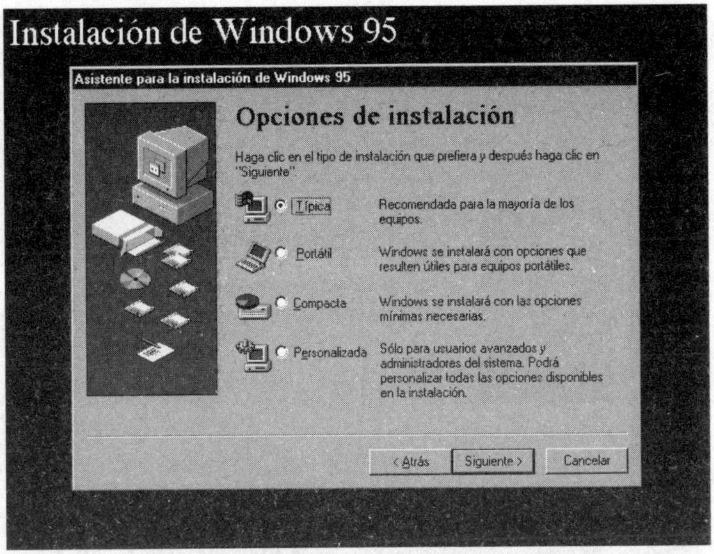

Figura 2.7. Elección del tipo de instalación

- **Personalizada:** Instalación para sesudos con ganas de complicarse la vida y de responder a muchas preguntas.

La elección está en tus manos. Generalmente, lo más lógico es hacer caso de las recomendaciones del propio programa (que algo debe saber del tema, ¡vamos digo yo!) y hacer directamente clic sobre el botón Siguiente. No obstante, si eres amante del riesgo, puedes elegir otro tipo de instalación distinta, simplemente haciendo clic sobre el botoncito situado a la izquierda de su nombre. Yo me centraré de momento en la instalación Típica, que en la mayoría de los casos se ajustará a las necesidades de cualquier usuario.

Una vez que hayas elegido tu tipo de instalación preferida, lo primero será hacer las presentaciones formales. Aquí Windows 95, aquí un amigo. El programa te pedirá que escribas tu nombre y el nombre de tu compañía (el de la empresa en la que trabajas, no el de tu novio/a o esposo/a). Escribe dichos nombres en las casillas correspondientes y haz clic sobre el botón Siguiente.

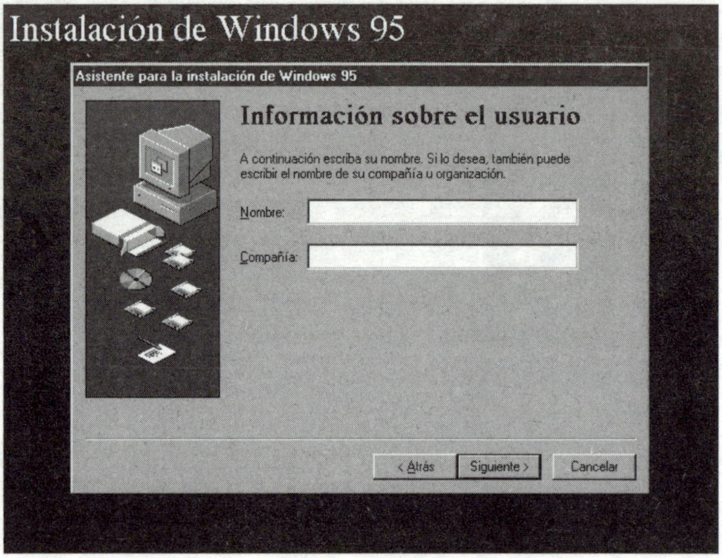

Figura 2.8. Identificación del usuario de Windows 95

Para cambiar de casilla, puedes utilizar la tecla **Tab** o simplemente hacer clic sobre ella con el puntero del ratón. Si te equivocas al escribir el texto puedes corregirlo utilizando las teclas **Retroceso** (la que tiene el símbolo ←) para borrar el carácter situado a la izquierda del cursor y **Supr** para borrar el carácter de la derecha.

A continuación, el programa de instalación intentará averiguar si realmente has pagado por tu copia de Windows 95 o eres uno de esos bucaneros que se dedican a "fusilar" todo lo que cae en sus manos. Para ello, te pedirá que introduzcas tu número de identificación del producto, el que viene impreso en los disquetes o el CD-ROM de Windows 95. Una vez introducido, pulsa sobre Siguiente para continuar.

El siguiente paso consiste en la detección del hardware instalado en tu ordenador, es decir, el programa de instalación echa un vistazo por las tripas de tu equipo para saber qué tipo de monitor tienes conectado, qué características tiene tu disco duro, quién es el fabricante de tu unidad de CD-ROM, etc. Esta operación puede durar algún tiempo, así que, ten un poco de paciencia y deja que el programa de instalación haga su trabajo.

Después, aparecerá un cuadro de diálogo donde puedes seleccionar algunas de las aplicaciones adicionales de Windows 95 tan de moda hoy en día para eso de la navegación por las redes informáticas (que también, malditas las ganas que tienen algunos de navegar por sitios extraños. Lo que es yo, me mareo hasta navegando en las barcas del Retiro). Las tres aplicaciones disponibles son: The Microsoft Network (para conectarse a Internet), Microsoft Mail (para intercambiar correo con otros ordenadores) y Microsoft Fax (para enviar faxes desde tu propio ordenador a través de un módem). Elige las aplicaciones que desees instalar haciendo clic sobre la casilla situada a la izquierda de su nombre y haz clic sobre el botón Siguiente. Como ves, el programa de instalación no para de hacer preguntas, y lo siguiente que querrá saber es si deseas instalar solamente los componentes opcionales de Windows 95 más frecuentes o por el contrario prefieres personalizar la lista de aplicaciones que serán instaladas en tu sistema. No te compliques la vida, acepta la opción por defecto (componentes opcionales de uso más frecuente) y haz clic sobre el botón Siguiente.

Si has decidido instalar The Microsoft Network, Microsoft Mail o Microsoft fax en tu ordenador, el programa de instalación te pedirá a continuación que introduzcas una identificación para tu PC, es decir, que escribas el nombre que quieres darle a tu ordenador (por ejemplo, "El bit justiciero"), un nombre para el grupo de trabajo, que puede ser, por ejemplo, el nombre de tu empresa ("Morosos Recalcitrantes S.L.") y una descripción física del PC ("Cacharro bastante feo y horroroso que tengo encima de la mesa"). Haz clic sobre Siguiente para continuar.

Seguidamente, el programa te planteará una pregunta transcendental. Te ofrecerá la posibilidad de crear un disco de inicio con el que podrás arrancar tu ordenador en el caso (poco probable aunque no imposible) de que en algún momento, Windows 95 no sea capaz de ponerlo en funcionamiento él solito. Acepta la opción por defecto (crear un disco de inicio) y haz clic sobre el botón Siguiente. De esta forma, da comienzo la segunda etapa del proceso de instalación, que consiste en copiar los archivos contenidos en tu CD-ROM o tus disquetes de distribución al disco duro de tu ordenador.

Figura 2.9. Segunda etapa del proceso de instalación

Lo primero que hará el programa en esta segunda etapa es prepararse para crear el disco de inicio. Te pedirá que introduzcas un disquete en la disquetera de arranque de tu sistema y copiará en él los archivos necesarios. Cuando haya acabado, te mostrará un mensaje recordándote que debes retirar el disco. Haz clic sobre Aceptar para continuar con la instalación.

Seguidamente, el programa se preparará para copiar los archivos de Windows 95, y empezará a copiarlos sobre el disco duro de tu ordenador (cosa que puede tardar bastante tiempo). Durante esta larga espera, el programa te irá mostrando información sobre Windows 95, con la sana intención de mantenerte despierto.

Cuando finalmente el programa de instalación haya terminado de copiar todos los archivos en tu disco duro, se iniciará la tercera (y por fin última) etapa del proceso, que consiste en reiniciar el ordenador y comprobar que todo funciona correctamente. Haz clic sobre el botón Terminar para proceder a ello.

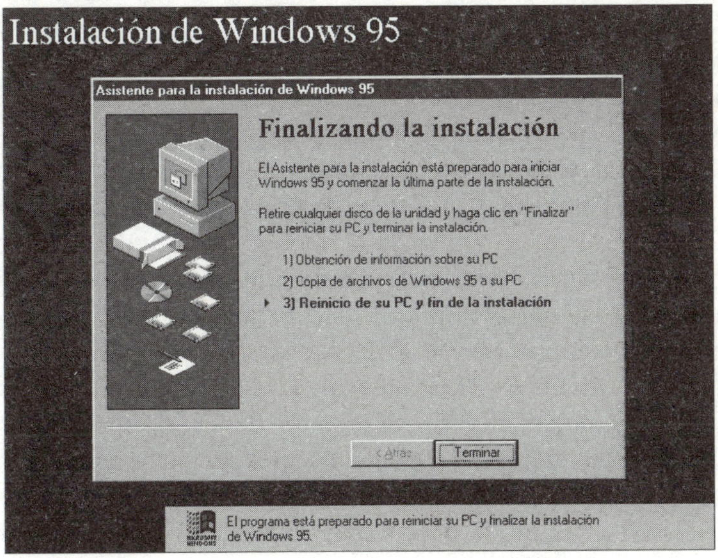

Figura 2.10. Tercera etapa del proceso de instalación

"Reiniciar" o "reinicializar" el ordenador significa dejarlo en las mismas condiciones que cuando lo encendemos y comienza a funcionar. Bajo esta situación, el ordenador hace "borrón y cuenta nueva", organiza su vida, se olvida de cualquier posible condición incorrecta a la que pudiéramos haberle conducido, y queda preparado para funcionar perfectamente.

En este caso, es el programa de instalación de Windows 95 quien nos ofrece la posibilidad de reiniciar el ordenador. Pero si nos encontramos en una situación en la que nuestro ordenador no se comporta correctamente (si se nos ha quedado «colgao», como dicen los informáticos), podemos conseguir el mismo efecto con el botón etiquetado RESET que aparece en la parte frontal de casi todos los ordenadores.

Puede que, pese a todo, la instalación te dé problemas y no consigas que Windows funcione. El problema puede estar en cualquier parte y yo no tengo espacio para ayudarte a resolverlo. Pide ayuda a la persona que te lo vendió o a tu listillo más cercano.

De esta forma entramos en el momento más interesante de la instalación de Windows 95. Lo primero que aparecerá en pantalla es un mensaje indicándonos que el programa va a iniciarse por primera vez. Deberemos esperar unos segundos mientras se actualiza la configuración de nuestro ordenador y finalmente... "Lé Voilá" (que traducido al cristiano significa "hételo aquí") el interfaz gráfico de Windows 95 aparecerá ante nuestros ojos.

Tranquilo, todavía quedan algunas cosas por hacer. Lo primero es configurar el hardware que detectó el programa al principio de la instalación. Después, comienza la configuración de otros elementos propios del entorno Windows: el Panel de control, el Menú Inicio, la Ayuda, etc. Tú no tendrás que hacer nada en todo este proceso. Windows 95 se encarga de realizar todas las operaciones de forma automática. Al menos, hasta llegar a la configuración de la zona horaria, que situará nuestro ordenador dentro de un mapa mundi. Generalmente, Windows 95 elegirá por defecto la zona horaria correcta, así que simplemente deberás hacer clic sobre el botón Cerrar para continuar el proceso. Si tienes interés en conocer más detalles sobre la configuración de la zona horaria, consulta el capítulo 5.

Un último mensaje nos indicará que nos encontramos muy cerca del final de la instalación. Haz clic sobre el botón Aceptar para reinicializar nuevamente tu equipo.

Unos cuantos ajustes más de última hora ¡Y ya está! ¡Se acabó! Por fin tienes en tu ordenador esa maravilla de la técnica moderna que se llama Windows 95. ¡Después de todo, no ha sido tan difícil!

En la pantalla aparecerá tu primer mensaje real de bienvenida a Windows 95, que te permitirá antes de nada, dar un paseo por Windows 95, o conocer las novedades del programa haciendo clic sobre los botones correspondientes. Un cuadro similar a éste, aparecerá cada vez que arranques el ordenador, ofreciéndote cada vez nuevas sugerencias que te ayudarán poco a poco a conocer mejor el programa.

El siguiente paso que debes dar ahora es aprender a utilizar Windows 95. Para conseguirlo, ¡acompáñame al próximo capítulo!

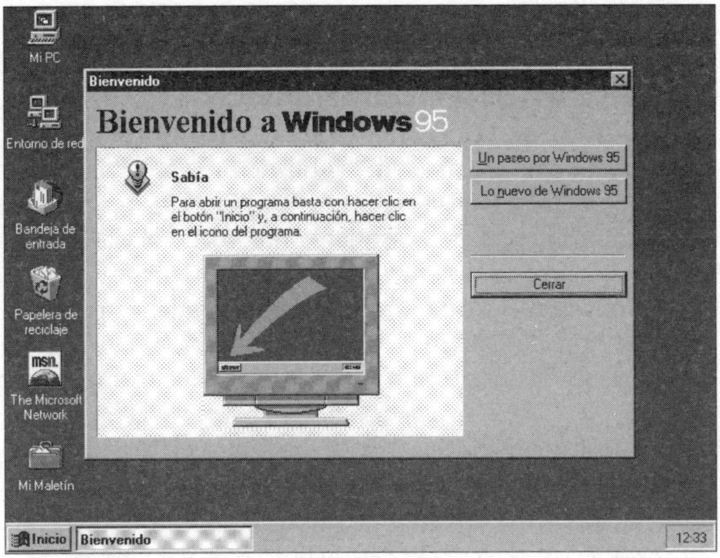

Figura 2.11. Primer mensaje de bienvenida de Windows 95

- El programa de instalación de Windows 95, hace pasar (por arte de magia informática) el programa desde los disquetes o CD-ROM hasta nuestro ordenador, organizando todo lo necesario para que podamos utilizar directamente Windows.
- Para comenzar la instalación de Windows 95 desde MS-DOS debemos introducir el disquete número 1 o el CD-ROM en la unidad correspondiente de nuestro ordenador, escribir a continuación a:\instalar o d:\win95\instalar, y pulsar finalmente la tecla **Entrar**. A partir de este momento, el propio programa de instalación nos irá diciendo lo que debemos hacer.
- Para instalar Windows 95 desde una versión anterior del programa, introducimos el disquete número 1 o el CD-ROM en la unidad correspondiente y escribimos a:\instalar o d:\win95\instalar en el cuadro Ejecutar de Windows.
- Si no quieres complicarte la vida (¡oye, al precio que está la gasolina ya se complica suficiente ella sola!, ¿no?) elige la instalación Típica cuando el programa te pregunte qué tipo de instalación prefieres.
- Una vez terminada la instalación, deja que Windows 95 *reinicie* el ordenador. Cuando lo haya hecho, ya estarás preparado para llenar la pantalla de ventanas. ¡Cuidado con las corrientes de aire!

CAPÍTULO 3

Pasen y... *LOOKING YOU*

Diario de Megatorpe

Cuenca, 13 de Septiembre

Hola, diario:

Hoy he librado durante todo el día una dura batalla con mi ordenador. Me duele reconocer que, como de costumbre, el ordenador ha salido victorioso. Empieza a fastidiarme este dichoso aparatejo con sus aires de superioridad. He hablado con un amigo que se dedica a recoger chatarra, pero la verdad es que no me ofrece demasiado por él. Además, me temo que a mi jefe no le haga mucha gracia el asunto.

Nada más llegar a la oficina, me he propuesto ignorar eso del Windows 95 y volver a mi querido MS-2. Por más que lo he intentado, no he conseguido engañar al ordenador. Una y otra vez he pulsado el botón de encendido y he rezado para que apareciera nuevamente el mensaje C:\>. Por supuesto, yo también he puesto algo de mi parte. He leído en algún sitio que la danza de la lluvia que practicaban los antiguos indios navajos, puede obrar verdaderos milagros. Sin embargo, me parece que en este caso no me va a servir de nada. Aparte de lograr que apareciera una gotera en el techo, no he obtenido ningún resultado.

A media mañana, he tenido que acudir a la enfermería con un esguince en el tobillo por culpa de la danza y un callo en el dedo de tanto apretar el botoncito.

Como puedes suponer mis esfuerzos han resultado inútiles. Aunque algo bueno he sacado de todo esto. Mi jefe me ha felicitado efusivamente por pasarme todo el día delante del ordenador y ser la primera vez en 18 años que hago horas extraordinarias. Mejor no le explico lo que he estado haciendo.

Para mañana he organizado una sesión de espiritismo con otros cuatro compañeros de la oficina que, como yo, piensan que esto del Windows 95 es un invento satánico. No tengo intención de rendirme hasta haber agotado todas las posibilidades.

(Extraído de las notas biográficas sobre Cosme Romerales,
alias Megatorpe. Enciclopedia de los grandes
Superhéroes de la Informática.)

¡Qué ven mis ojos!

Efectivamente, estimado lector, si has instalado Windows 95 en tu ordenador ya no volverás a verle la cara al viejo MS-DOS. Cuando enciendas tu equipo, lo primero que verás en pantalla (aparte de los habituales avisos criptográficos del ordenador) es el mensaje "Iniciando Windows 95" que sustituye al antiguo "Iniciando MS-DOS". Después, se ejecutarán todas las operaciones necesarias para iniciar el interfaz gráfico de Windows 95.

Una vez cargado Windows 95, aparecerá el *Escritorio,* ocupando toda la pantalla del ordenador. Podemos pensar en este escritorio como en la mesa de madera que utilizamos habitualmente. Sobre él colocamos todos nuestros "trastos" de trabajo: documentos (papeles, cartas, faxes, etc.) y herramientas (los bolígrafos, la calculadora, el teléfono, etc.). Por cierto, debo reconocer que el escritorio de Windows 95 está bastante más ordenado que el mío.

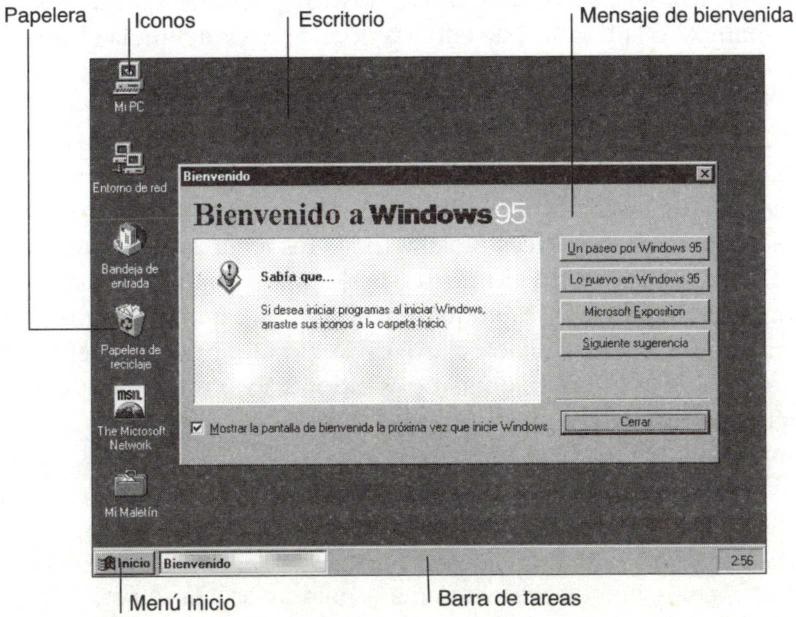

Figura 3.1. La pantalla inicial de Windows 95

Cuando hablamos de encender o arrancar el ordenador, no me refiero a que le prendas fuego o lo levantes de la mesa y lo arrojes por la ventana. Se trata simplemente de que pulses el botoncito que lo pone en funcionamiento.

Cada vez que iniciamos Windows 95, aparece un mensaje de bienvenida que nos muestra un truco (sugerencia) para que vayamos familiarizándonos poco a poco con el funcionamiento del programa. Si quieres ver las distintas sugerencias disponibles en Windows 95, haz clic sobre el botón Siguiente sugerencia (sitúa el puntero del ratón sobre él y pulsa el botón izquierdo). Para cerrar el cuadro de bienvenida, como era de esperar, deberás hacer clic sobre el botón Cerrar.

La impresión que puede causar a simple vista el Escritorio de Windows 95 es que se encuentra demasiado vacío. A diferencia de versiones anteriores del programa, ya no vemos en pantalla las docenas de iconos que representan todas las aplicaciones instaladas en nuestro ordenador. Sin embargo, éstas siguen estando fácilmente accesibles.

Sólo los iconos más necesarios permanecen colocados (de forma ordenada) sobre el escritorio. Entre estos iconos encontramos, por ejemplo, Mi PC (una representación de nuestro ordenador), la Papelera de reciclaje (donde arrojamos los documentos que ya no necesitamos) o la Bandeja de entrada donde se nos acumula el correo que vamos recibiendo. No te preocupes. De momento, no es probable que llegue alguna factura a tu Bandeja de entrada.

En el borde inferior de la pantalla está situada la *Barra de tareas.* La Barra de tareas sirve como contenedor de todas las aplicaciones mientras no están siendo utilizadas. Como ves, ocupa muy poco espacio y nos proporciona un acceso total a todos los recursos del sistema.

Dentro de la Barra de tareas podemos ver un botón con el logotipo de Windows y la etiqueta "Inicio". Este botón nos muestra un menú (el menú Inicio, claro está) donde podemos escoger cualquiera de las herramientas de Windows 95 o cualquiera de los programas instalados en el entorno. Como ves, con Windows 95 también puedes trabajar a la carta.

Para los que ya habéis manejado versiones anteriores de Windows como la 3.0 o la 3.1, os resultará interesante conocer la equivalencia de algunos elementos con el nuevo Windows 95:

- El Escritorio sigue siendo el área de trabajo sobre el que se llevan a cabo todas las operaciones de Windows 95.
- El Administrador de programas desaparece. Los grupos de aplicaciones y los programas se encuentran encerrados ahora dentro del menú Inicio de Windows 95.
- Los iconos que aparecen en el escritorio de Windows 95 son equivalentes a los iconos de aplicación que podíamos encontrar dentro de un grupo de programas de las anteriores versiones de Windows.
- Los iconos de programa (los que muestra una aplicación cuando se minimiza) han sido sustituidos por botones en la Barra de tareas de Windows 95.

El genio de la lámpara. Cómo trabajar con Windows 95

Una vez que hayas encendido tu ordenador con Windows 95, nada te impedirá ponerte manos a la obra (a no ser que tengas algo más urgente que hacer como salir a tomar el aperitivo o comentar con alguien las incidencias del partido de ayer). Windows 95 es como el "geniecillo" de tu ordenador. Escucha tus deseos y los convierte inmediatamente en realidad. Antes de que te hagas ilusiones debo advertirte que el programa no puede proporcionarte ese coche nuevo con el que estás soñando ni cambiar tu pisito de 15 metros cuadrados con calefacción central por hoguera y agua corriente (y moliente) por un chalet en la sierra.

La comunicación con Windows 95 se realiza a través de los elementos que aparecen en la pantalla. Para establecer esta comunicación, dispones de dos dispositivos prácticamente imprescindibles en cualquier ordenador: el teclado y el ratón.

El ratón de nuestro ordenador no tiene pelo ni dientes, pero si una larga cola que le conecta a la caja principal del sistema. El motivo de que reciba ese curioso nombre es, evidentemente, su aspecto: algo redondeado, pequeño y con una larga cola. El ratón tiene dos o tres botones que, al ser pulsados nos permiten realizar diferentes tipos de acciones sobre Windows. Tendremos que pulsar estos botones con los dedos, así que la manera correcta de agarrar el ratón es cogerlo por el extremo opuesto al cable y situar los dedos encima de los botones en la forma que más cómodo nos resulte. Coge ese "bicho" y muévelo sobre la mesa. Verás cómo en la pantalla del ordenador hay una pequeña flecha que se desplaza siguiendo tus movimientos con el ratón. Esta flechita se llama puntero y sirve, igual que un dedo, para señalar los elementos que tienes a tu disposición dentro de Windows 95 y poder actuar sobre ellos.

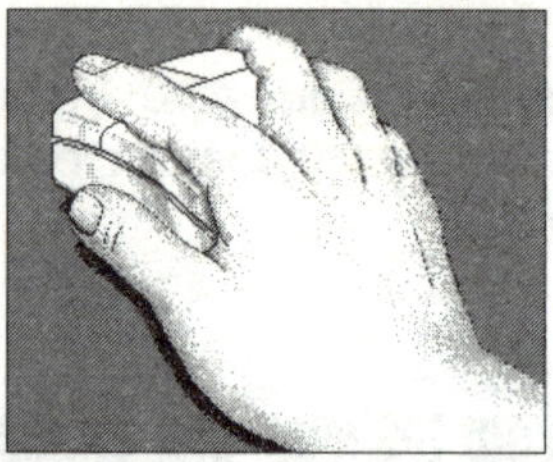

Figura 3.2. Cómo coger el ratón

Windows 95 está pensado para ser manejado con el ratón. Si no dispones de esta simpática mascota (¡a qué esperas!) puedes hacer uso del programa utilizando solamente el teclado, aunque tus movimientos resultarán mucho más lentos. No obstante, a medida que tu destreza en el manejo de Windows vaya aumentando, te darás cuenta de que en algunos casos la combinación teclado-ratón resulta beneficiosa para aprovechar al máximo las capacidades del programa.

Las operaciones del ratón tienen nombres que describen gráficamente la forma en la que actuamos sobre él. A partir de ahora, utilizaremos las siguientes expresiones:

- **Hacer clic**. Pulsar brevemente con el dedo cualquiera de los botones del ratón y soltarlo inmediatamente. Deberás oír un ligero chasquido (un "clic") que te indicará que has realizado correctamente la operación. Generalmente, la expresión *hacer clic* se refiere a pulsar el botón izquierdo del ratón. Cuando debas pulsar cualquier otro botón, lo indicaré claramente.

- **Hacer doble clic**. Hacer clic dos veces seguidas sobre cualquiera de los botones del ratón. El tiempo transcurrido entre las dos pulsaciones debe ser mínimo (apenas unas décimas de segundo). Si esperas una hora entre dos pulsaciones, no estarás haciendo doble clic, estarás haciendo el indio.
- **Hacer clic y arrastrar**. Pulsar cualquiera de los botones del ratón, mantenerlo presionado, arrastrar el ratón sobre la mesa y, finalmente, soltarlo cuando el puntero se encuentre sobre la posición deseada. No te dejes asustar por el número de pasos. En realidad se trata de algo muy sencillo. Sólo es cuestión de practicar un poco.

Básicamente, podemos realizar las siguientes operaciones con el ratón:

- Hacer clic con el botón izquierdo para seleccionar un elemento.
- Hacer doble clic con el botón izquierdo para ejecutar un programa o abrir una ventana.
- Hacer clic con el botón derecho para abrir un menú (una lista de opciones)
- Situar el puntero del ratón sobre las opciones de un menú para seleccionarlas.
- Hacer clic y arrastrar el ratón para mover o copiar un elemento.

Abrir una carpeta

Windows 95 organiza su información en carpetas, al igual que nosotros organizamos todos nuestros "papelotes" en carpetas de cartón donde guardamos facturas, cartas o las fotografías que tomamos durante las últimas vacaciones a los niños enterrando a su padre en la arena (que una odisea de cerca de 12 horas para localizarle merece ser inmortalizada, ¿no?)

Para los que ya hayáis trabajado con MS-DOS o versiones anteriores de Windows, os convendrá saber que las *carpetas* de Windows 95 son equivalentes a los antiguos *directorios*.

El aspecto de las carpetas en Windows 95 es distinto al que estamos acostumbrados a ver. En realidad, en Windows 95 son más vistosas, y pueden presentar un aspecto similar a estos:

Generalmente, Windows 95 guarda sus carpetas en las unidades de disco del ordenador. Acceder al contenido de un ordenador es muy sencillo. Como ya dijimos, nuestro ordenador se encuentra representado en el Escritorio de Windows 95 por un icono llamado Mi PC (como ves, su nombre no puede ser más descriptivo). Para examinar el contenido de tu ordenador, haz doble clic sobre este icono (recuerda, dos pulsaciones rápidas sobre el botón izquierdo del ratón). Windows abrirá una ventana con diversos iconos que representan las distintas unidades de disco asociadas a tu ordenador (discos duros, disqueteras, unidades de CD-ROM, y otras zarandajas) y dos carpetas que contienen las herramientas necesarias para configurar tu ordenador y tus impresoras.

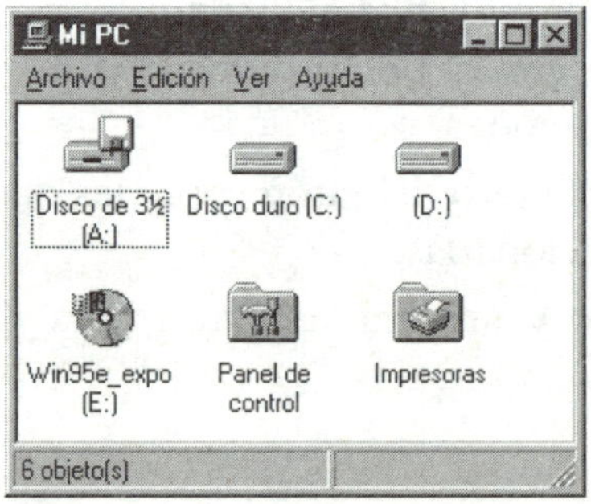

Figura 3.3. La ventana Mi PC

Para ver el contenido de tus unidades de disco, deberás hacer doble clic sobre el icono correspondiente en la ventana Mi PC. El programa abrirá una nueva ventana mostrándonos las carpetas y documentos incluidos en la unidad de disco. Una carpeta puede contener documentos, aplicaciones o incluso, otras carpetas.

La ventana indiscreta

Como has podido ver, Windows 95 nos muestra la información que necesitamos mediante ventanas. La ventana Mi PC es un ejemplo claro. En una típica ventana de Windows podemos distinguir los siguientes elementos básicos:

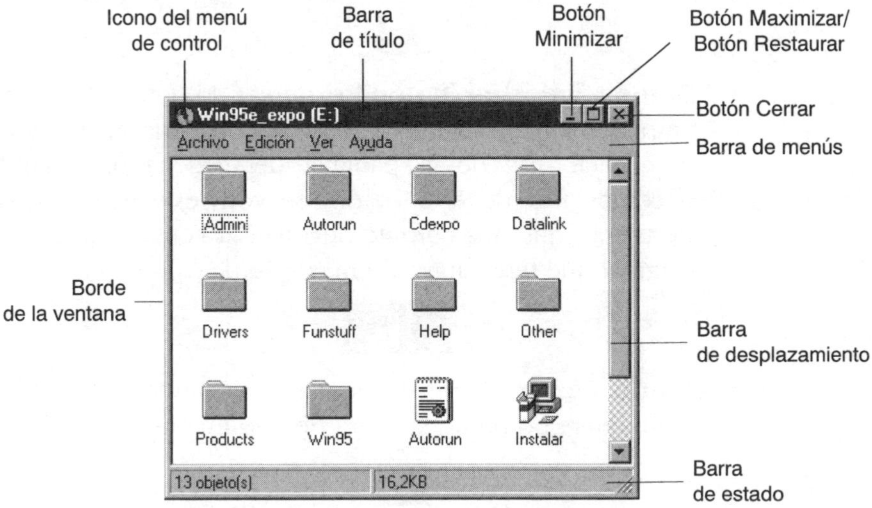

Figura 3.4. Elementos de una ventana de Windows 95

- **Barra de título**. Es la línea oscura situada en la parte superior de la ventana, donde aparece el nombre de la misma. La barra de título contiene también los botones para controlar las dimensiones de la ventana.

- **Icono del menú de control**. Es un pequeño icono que, generalmente, representa el contenido de la ventana y que sirve para acceder a todas las opciones de movimiento y cambio de tamaño de la misma.

- **Botón Minimizar**. Reduce al máximo el tamaño de la ventana. Elimina su representación en pantalla manteniendo solamente su botón en la Barra de tareas.

- **Botón Maximizar/Botón Restaurar**. El botón Maximizar amplía el tamaño de la ventana hasta hacerla ocupar todo el espacio útil de la pantalla del ordenador. Cuando hacemos uso de este botón, se convierte en el botón Restaurar, que nos permite devolver la ventana al tamaño original que tenía antes de maximizarla.

- **Botón Cerrar**. Cierra la ventana, haciendo desaparecer también su botón de la Barra de herramientas.

- **Barra de menús**. Es la barra situada inmediatamente debajo de la barra de título. Nos permite acceder a todos los menús que controlan el comportamiento y las opciones de trabajo disponibles en la ventana.

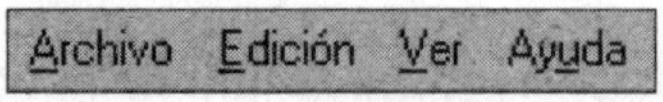

- **Area de trabajo de la ventana**. Es el lugar donde se realiza todo el intercambio de información con la ventana.
- **Bordes de la ventana**. Marca los límites de la ventana. Arrastrando estos bordes, podremos cambiar el tamaño de la ventana.
- **Barra de desplazamiento**. Es una barra para acceder a la información que queda oculta dentro del área de trabajo de la ventana.

- **Barra de estado**. Es un elemento opcional que nos muestra información variada sobre la ventana: mensajes de ayuda, estado del teclado, hora actual, etc.

Las ventanas no son elementos estáticos. Podemos moverlas y cambiarlas de tamaño a nuestro antojo. Esto las diferencia notablemente de las ventanas que estamos acostumbrados a manejar. Para mover o cambiar de tamaño una ventana de Windows no necesitamos hacer obra, ni llenar toda la casa de escombros ni, por supuesto, pagar esas astronómicas facturas a las que nos tienen acostumbrados los albañiles.
En realidad, mover una ventana en Windows 95 resulta muy sencillo. Prueba a hacer clic sobre la barra de título de la ventana Mi PC (recuerda, esa barra horizontal de color oscuro situada en el borde superior de la ventana) y mantén presionado el botón izquierdo (sin soltarlo) mientras arrastras el ratón. Observa cómo al pulsar el botón, la ventana se queda pegada al puntero (o, para expresarlo más correctamente, es la propia ventana la que se convierte en puntero), de forma que cuando movemos el ratón, lo que se mueve es la ventana. Cuando soltamos el ratón, la ventana vuelve a quedar pegada en su nueva posición.

Claro, que te preguntarás, y con toda la razón del mundo, para qué sirve mover una ventana de un punto a otro de la pantalla. Pues hombre, a parte de para disponerla a nuestro gusto, para no mucho más. Sin embargo, lo que acabamos de aprender no es algo tan inútil como podrías pensar (y aquí podemos apreciar una de las grandes ventajas de la filosofía de trabajo de Windows), ya que prácticamente cualquier elemento de cualquier programa Windows, podrás moverlo de la misma forma.

No es necesario que sigas siempre mis instrucciones al pie de la letra. Si por cualquier motivo debes abandonar la lectura de este libro y olvidas levantar el dedo del ratón, acabarás por notar un molesto agarrotamiento. Suelta el ratón y vuelve a repetir todo el proceso más tarde.

Una ventana puede adoptar tres estados: normal, minimizada y maximizada. Para minimizar una ventana (hacerla desaparecer del Escritorio), basta con hacer clic con el ratón sobre su botón Minimizar. Cuando una ventana se encuentra minimizada, sigue estando accesible a través de su correspondiente botón de la Barra de tareas. Para devolver la ventana a su tamaño normal, simplemente haz clic sobre dicho botón.

Maximizar una ventana consiste en hacer que ocupe toda la pantalla del ordenador. Para conseguirlo, es necesario hacer clic sobre el botón Maximizar. Cuando maximizamos una ventana, el botón Maximizar cambia de forma y se convierte en el botón Restaurar. Este botón es el que nos permitirá devolver la ventana a su tamaño original. ¡A que ya te imaginas cómo se consigue! Pues claro, sólo tienes que hacer clic con el ratón sobre el botón y ¡ya está!

Para maximizar y restaurar el tamaño de una ventana, dispones de un procedimiento alternativo que te permitirá dejar boquiabiertos a los que te rodean. Cuando la ventana tenga un tamaño normal, haz doble clic sobre su barra de título para maximizarla. A continuación, haz nuevamente doble clic sobre la barra de título para devolverla a su tamaño original. No digas nada, simplemente limítate a contemplar las caras de envidia y de ira contenida de tus amigos.

Para cambiar el tamaño de una ventana, también utilizaremos un método muy natural. Haremos como si fueran elásticas. Las vamos a agarrar del borde y estirarlas o encogerlas hasta que alcancen el tamaño que nos interese.

Cuando acercamos el puntero del ratón al borde de una ventana, podemos ver cómo se trasforma en una flecha doble que apunta hacia dentro y fuera de la ventana. Esto significa que el puntero se ha convertido en una herramienta de deformar ventanas. Si pulsamos el botón izquierdo del ratón y lo movemos, podemos ver cómo arrastramos al mismo tiempo el borde de la ventana. Cuando éstc se encuentre en la posición que más nos interesa, bastará con soltar el botón para fijar su nueva situación.

Si en lugar de acercar el puntero a uno de los bordes de la ventana, lo acercamos a una de las esquinas, podremos arrastrarla también, lo que nos permite deformar dos lados de la ventana al mismo tiempo. Lamentablemente, no es posible encontrar en tiendas de bricolage una herramienta similar para realizar transformaciones en las ventanas de casa.

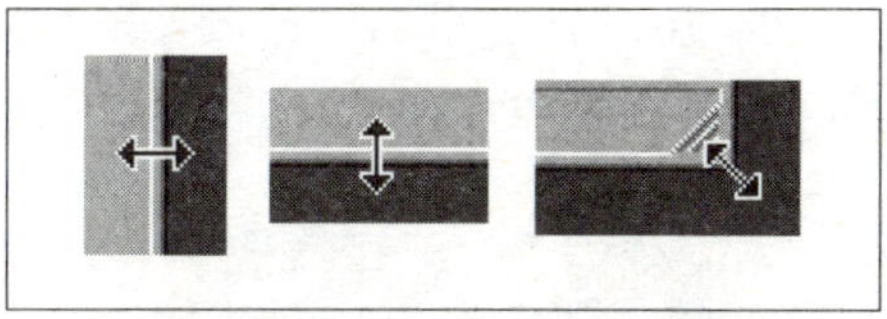

Cómo cambiar de tamaño una ventana en Windows 95

El menú del día

Cuando salimos a cenar a un restaurante nos suelen dar un cuadernillo, habitualmente manchado de grasa, donde aparecen en una lista todas las (presuntas) especialidades gastronómicas del local. En esta lista («el menú de la casa») podemos elegir la forma en que nos apetece llenar nuestro cuerpo de calorías, colesterol y sustancias varias que según los médicos son fatales para nuestra salud pero están de «rechupete».

Como la velocidad se demuestra andando, vamos a continuar con un ejemplo. Recuerda que al encender tu ordenador con Windows 95 aparece en pantalla un escritorio con una barra (a la que llamamos Barra de tareas) situada en borde inferior del mismo y un botón con el logotipo de Windows y el texto "Inicio" en su interior (ver figura 3.1). Este es el famoso menú Inicio, donde se encuentra toda la "chicha" de Windows 95, es decir, todas las herramientas y programas que nos ofrece el entorno.

Para utilizar el menú Inicio deberás hacer lo siguiente:

1. En primer lugar, deberás abrir el menú para tener acceso a la lista de elementos que lo forman. En lenguaje técnico,

Windows 95 no es un restaurante, pero también tiene menú. Bueno, en realidad tiene muchos menús. Aparte de los menús propios del entorno, cada aplicación dispone de diferentes menús que contienen la lista de acciones que podemos realizar.

esto se denomina desplegar el menú. Para conseguirlo, mueve el ratón hasta situar el puntero sobre el botón Inicio y haz clic. Como consecuencia, aparecerá un recuadro situado justo encima del botón que contiene la lista de opciones (programas). Cada una de estas opciones está compuesta por un icono y un texto que describe su contenido. Observa que algunas de las opciones disponen además de un pequeño símbolo en forma de triángulo situado a su derecha (▶). Esto significa que dicha opción, en lugar de un programa, representa una carpeta que contiene nuevos elementos.

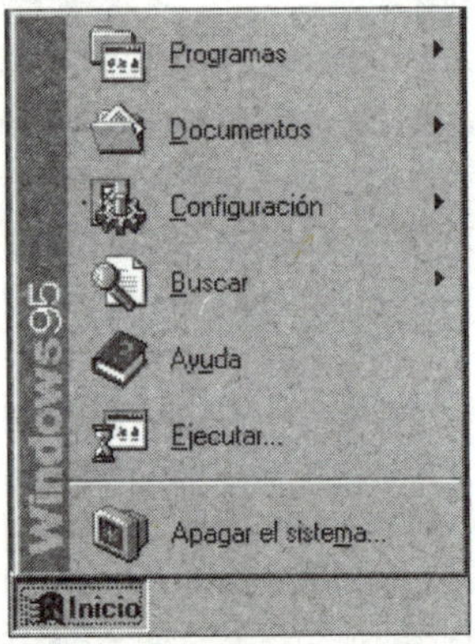

Figura 3.6. El menú Inicio desplegado

2. Para abrir una carpeta en el menú Inicio y acceder a su contenido, sitúa el puntero del ratón sobre su nombre. Windows abrirá un submenú mostrando las nuevas opciones. De esta forma, podrás ir recorriendo todo el entramado de carpetas y subcarpetas contenidas en el menú Inicio. Para cerrar una carpeta (submenú) bastará con que vuelvas a colocar el puntero sobre el submenú del que depende dicha carpeta.
3. Finalmente, para ejecutar un programa deberás situar sobre su nombre el puntero del ratón y hacer clic. A modo de

ejemplo, abre las carpetas Programas y Accesorios del menú Inicio e intenta localizar un programa que se llama WordPad. ¿Lo has encontrado? Seguro que sí. Ejecútalo haciendo clic sobre su nombre.

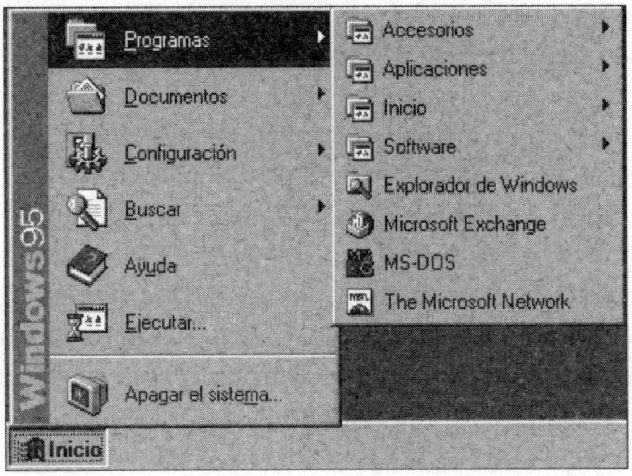

Figura 3.7. Una carpeta del menú Inicio desplegada

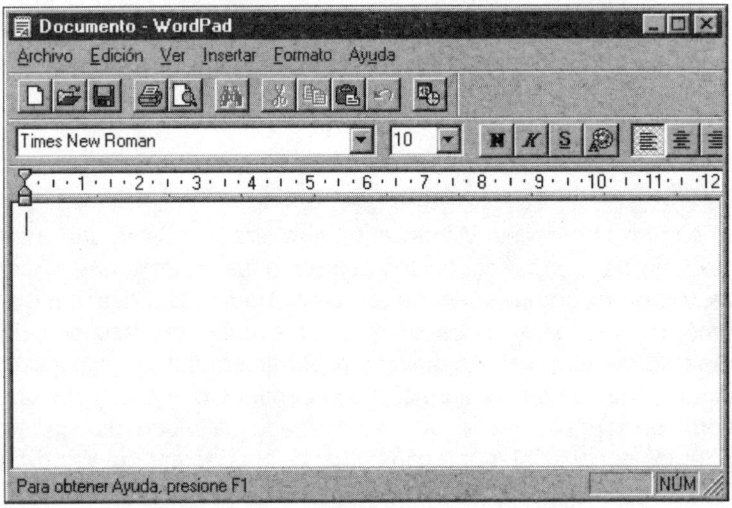

Figura 3.8. La ventana de WordPad

Hay cosas mucho más difíciles que desplegar un menú: prueba por ejemplo a doblar correctamente el mapa de Barcelona que compraste un tu última visita y verás.

Acabas de ejecutar tu primer programa en Windows 95. ¡Venga hombre, no me dirás que ha sido difícil! Para afianzar tus conocimientos, intenta ejecutar por tu cuenta otras aplicaciones. No te emociones, o en pocos segundos tendrás la pantalla de tu ordenador llena de ventanas. ¿Se te ocurre algún método para **cerrar** rápidamente todas las ventanas que acabas de abrir? Recuerda los botones de la barra de título que hemos estudiado hace poco en este capítulo.

Si todavía tienes alguna ventana abierta en pantalla, puedes observar otra de las modalidades de menús que nos ofrecen las aplicaciones de Windows 95. Debajo de la barra de título de, por ejemplo, la ventana de WordPad, aparecen una serie de palabras (etiquetas que diría un "empollón informático") organizadas en fila, una a continuación de otra (ver figura 3.8). Estas palabras son las entradas a los menús de la aplicación, y su nombre pretende dar una idea del tipo de elementos que lo forman. De la misma manera que en un restaurante esperamos encontrar bajo el título "Vinos" una lista de los caldos más cotizados de la región y no el filete a la plancha o la merluza a la vasca, podemos suponer que la palabra Archivo encabeza un grupo de funciones que tienen que ver con esas cosas que nos permiten almacenar información dentro de un ordenador.

Para trabajar con los menús de una aplicación, deberás utilizar los mismos conceptos básicos que acabas de aprender para el menú Inicio: hacer clic sobre el nombre del menú para desplegarlo, mover el puntero del ratón para recorrer las opciones y, finalmente, hacer clic sobre ellas para ejecutarlas.

Aunque no te lo creas, Windows 95 nos ofrece todavía una última categoría de menús, conocidos como *menús contextuales*. Como ves, uno de los grandes secretos de la informática es utilizar palabras rimbombantes para conseguir asustar a quien las escucha. Sin embargo, estas palabras describen perfectamente su significado. Un menú contextual es un menú que contiene diferentes opciones según el contexto en el que es utilizado. A modo de ejemplo, podemos acceder al menú contextual de un documento WordPad. Sitúa el puntero del ratón sobre el área de trabajo de la aplicación (la zona en blanco que representa una hoja de papel) y haz clic sobre ella con el botón derecho del ratón (sí, he dicho el derecho). Verás que aparece un menú con diferentes opciones referentes a la utilización de documentos en la aplicación. Como puedes suponer, el funcionamiento de los menús contextuales es idéntico al de los restantes tipos de menús de Windows 95.

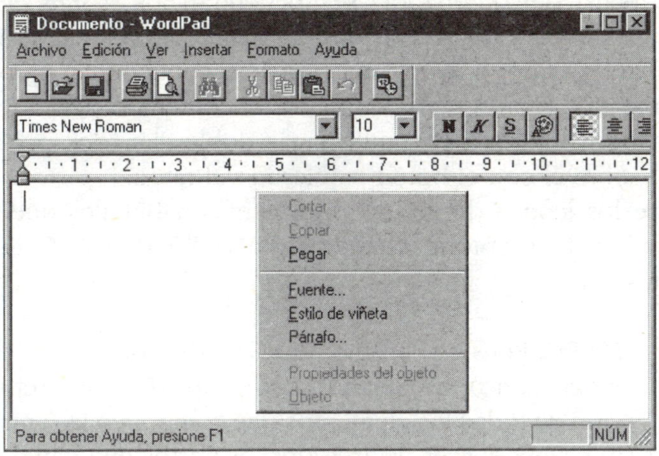

Figura 3.9. Un menú contextual de WordPad

Windows nos ofrece todo lo que podemos necesitar

Básicamente, Windows 95 es un programa pensado para facilitar la comunicación entre las personas y esas máquinas infernales llamadas ordenadores. Pero además, y como si de un vendedor ambulante se tratase, Windows 95 nos ofrece como gancho numerosos "regalos" por el precio único del paquete: aplicaciones que nos ayudan en nuestro trabajo diario (tratamientos de texto para escribir documentos, programas de dibujo para realizar gráficos y presentaciones, etc.); juegos para amenizar nuestros ratos de ocio; diferentes herramientas que, en general, nos ayudan a sobrellevar las duras tareas de "mantenimiento" necesarias en cualquier ordenador. En definitiva,

Windows 95 nos proporciona todo lo que necesitamos para que nuestro ordenador deje de ser un mero elemento decorativo colocado encima de la mesa y se convierta en algo realmente útil.

Aunque te parezca mentira, la pantalla de inicio de Windows 95 pone a tu disposición todas las herramientas que necesitas para empezar a hacer "virguerías" con tu ordenador. Colocados sobre el Escritorio (ya sabes, esa zona que representa toda la superficie visible de la pantalla del ordenador) se encuentran los *iconos de acceso directo*. Los iconos de acceso directo nos proporciona un método rápido para acceder a la información que contienen o ejecutar los programas que representan. Para abrir el contenido de un icono de acceso directo, bastará con que hagas doble clic (dos pulsaciones rápidas) sobre él con el botón izquierdo del ratón.

Entre los iconos de acceso directo más habituales que puedes encontrar en tu escritorio cuando instalas Windows 95, están los siguientes:

- **Mi PC.** Pues eso mismo, tu PC (ordenador, como decimos en cristiano), o hablando con propiedad, una representación de todos los elementos que componen las entrañas de tu ordenador, es decir, todos los trastos que hay dentro de esa caja tan mona de la que pensábamos que sólo servía para acumular polvo.

Cuando abrimos el icono Mi PC, Windows 95 nos muestra una ventana con una nueva colección de iconos que representan las distintas unidades de disco duro, disqueteras y unidades de CD-ROM de tu ordenador, junto con varias carpetas que representan otros elementos de tu ordenador tan importantes como las impresoras y algunas herramientas del propio programa como el Panel de control, que nos sirve para personalizar y configurar en detalle el comportamiento de nuestra copia de Windows 95.

- **Entorno de red.** Es similar al icono Mi PC, sólo que en este caso, representa todos los ordenadores conectados con el tuyo a través de un *entorno de red*. En el fondo, una red no es más que una serie de cables que conectan varios ordenadores y nos permiten compartir toda la información contenida en ellos. Es decir, gracias a una red puedes, por ejemplo, leer desde tu propio equipo el informe que tiene almacenado en el disco duro de su ordenador un compañero situado en la otra punta de la oficina.

- **Bandeja de entrada.** Cuando tu equipo se encuentra incluido dentro de una red de ordenadores, la bandeja de entrada te permite intercambiar mensajes con otros usuarios. En una oficina pequeña, resulta más sencillo levantarse de la silla o comunicarse "a gritos" con otra persona. Pero una red, puede incluir cientos de ordenadores conectados a través del teléfono y distribuidos por toda una ciudad, en distintas ciudades o incluso en diferentes países (y seguro que dentro de poco, también en diferentes planetas).

- **Papelera de reciclaje.** La papelera de Windows 95 es una papelera muy ecológica, donde podemos arrojar lo que ya no nos sirve sin contaminar ni ensuciar el medio ambiente. Además, la papelera de reciclaje es un seguro de vida que nos permite recuperar fácilmente cualquier cosa que hayamos eliminado por error.

- **The Microsoft Network.** Es una aplicación que nos permite comunicarnos con una inmensa red de ordenadores distribuidos por todo el mundo. Gracias a The Microsoft Network, podemos (por un módico precio) enterarnos de los últimos resultados de la liga de fútbol americano, o ponernos en contacto con la Casa Blanca para ofrecer nuestros servicios como pintores de brocha gorda.

- **Mi Maletín.** Esta última herramienta resulta de gran utilidad para los "forofos" de la informática, esos tipos raros que no tienen suficiente con un solo ordenador encima de la mesa de su oficina y viajan siempre con un ordenador portátil debajo del brazo que, generalmente, sólo utilizan para matar marcianos desde la habitación del hotel. La herramienta Mi Maletín se encarga de mantener actualizado el contenido de todos los ordenadores que utilizamos habitualmente. De esta forma, no tenemos que preocuparnos por cuestiones tales como "¿Cual es la versión definitiva de mi informe de ventas? ¿La del ordenador de sobremesa o la del portátil?".

Todo esto está muy bien. Pero a estas alturas te estarás preguntando dónde están el resto de las aplicaciones que te prometíamos para ayudarte con tu trabajo. Pues muy sencillo, dentro del menú Inicio. El menú Inicio es ese botoncito situado en la esquina inferior izquierda de la pantalla de tu ordenador. Para examinar el contenido del menú Inicio, basta con que sitúes sobre él el puntero del ratón y hagas clic con el botón izquierdo.

Dentro del menú Inicio, encontrarás dos tipos de elementos: los iconos de programa que representan las aplicaciones y utilidades disponibles en tu ordenador, y las carpetas, que contienen un nuevo conjunto de opciones (tanto otras carpetas como iconos de programa) y que nos permiten organizar la información de una forma racional.

Puedes reconocer fácilmente las carpetas del menú Inicio por un pequeño símbolo en forma de triángulo situado a la derecha de su nombre. Para mostrar el contenido de una carpeta, basta con que sitúes el puntero del ratón sobre su nombre. Windows 95 abrirá un nuevo submenú con todas las opciones disponibles.

Si tienes curiosidad por conocer qué nuevas maravillas te esperan dentro del menú Inicio, date un garbeo por el apéndice.

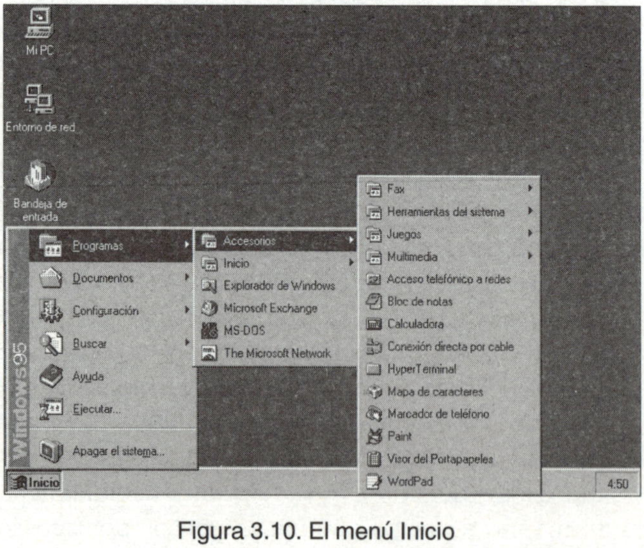

Figura 3.10. El menú Inicio

Si Windows no lo tiene, instálalo

Como habrás podido observar, Windows 95 contiene un montón de programas útiles para nuestro ordenador. Pero, ¡oh desgracia de las desgracias!, hay tantas personas utilizando Windows 95 en el mundo, que resulta imposible incluir un programa en el paquete para cubrir las necesidades de todos y cada uno de esos usuarios.

Sin ir más lejos, el otro día recibí una carta de un amigo, planteándome un problema muy especial:

Querido Megatorpe,

En primer lugar, quiero felicitarte por tu maravillosa colección de libros. Gracias a ti, he conseguido perder definitivamente el miedo a los ordenadores. Mi problema es el siguiente: trabajo en la Asociación Cultural de Amigos de Cataluña de Villaberzas de Abajo y mi labor consiste en preparar la música y los bailes regionales necesarios para amenizar las fiestas de nuestra patrona. En la oficina tenemos un programa que genera automáticamente simulaciones de Sardana por ordenador (el "Sardana's Dance"). Sin embargo, no sé cómo instalar el programa en Windows 95. ¿Qué puedo hacer?

Firmado: Desesperado de la vida

Querido *Desesperado de la vida.* La solución a tus problemas no puede ser más sencilla. Sigue mis instrucciones al pie de la letra para instalar el *Sardana's Dance* en tu ordenador:

1. Abre el menú Inicio (ya sabes, haciendo clic sobre el botón Inicio de la esquina inferior izquierda de tu pantalla) y selecciona la carpeta Configuración situando el puntero del ratón sobre su nombre.
2. En el submenú de Configuración, haz clic sobre la opción Panel de control para abrir la ventana del Panel de control (figura 3.11).

Figura 3.11. La ventana del Panel de control

3. En la ventana del Panel de control, deberás localizar el icono Agregar o quitar programas. Haz doble clic sobre él para abrir el cuadro de diálogo Propiedades de Agregar o quitar programas (figura 3.12).

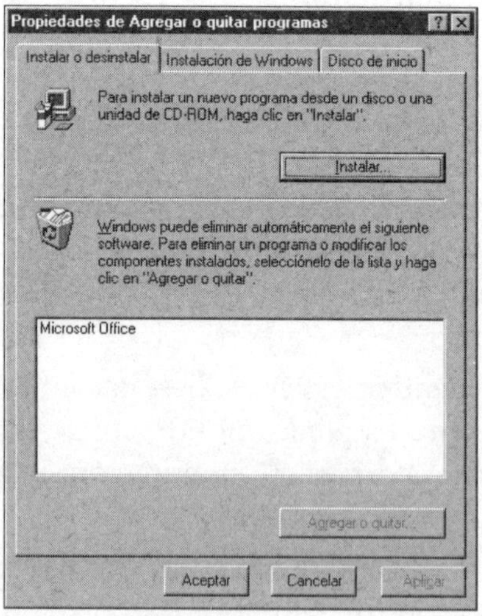

Figura 3.12. El cuadro de diálogo Propiedades de Agregar o quitar programas

4. Para instalar tu copia del *Sardana's Dance* desde disquete o CD-ROM, haz clic sobre el botón Instalar del cuadro de diálogo Propiedades de Agregar o quitar programas. Windows 95 abrirá el primer cuadro de diálogo del asistente Instalar programa desde disco o CD-ROM.
5. Introduce el primer disquete o el CD-ROM del programa en la unidad correspondiente y haz clic sobre el botón Siguiente.
6. Windows 95, examinará el contenido de tu disquete o CD-ROM y localizará automáticamente el nombre del programa de instalación (figura 3.13). Solamente te queda hacer clic sobre el botón Finalizar y seguir atentamente las instrucciones del programa de instalación para completar el proceso.

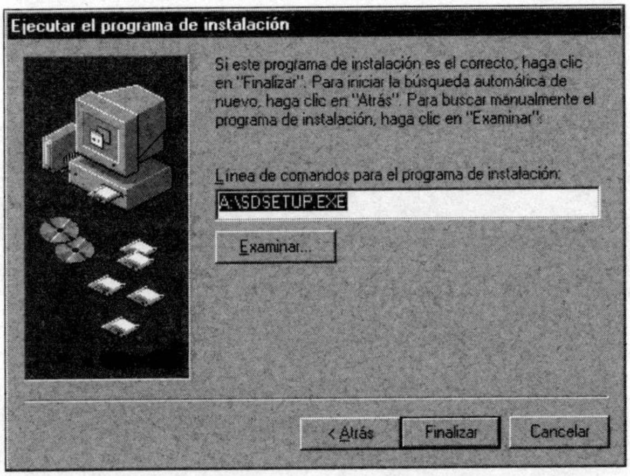

Figura 3.13. El asistente Instalar programa desde disco o CD-ROM después de localizar el programa de instalación

Siguiendo estas sencillas instrucciones, podrás instalar fácilmente en tu ordenador cualquier programa nuevo. A modo de regalo, y como supongo que necesitarás utilizar muy a menudo el programa, ahí va un truco para crear un icono de acceso directo sobre el Escritorio que te permita ejecutarlo rápidamente:

1. Abre la ventana Mi PC haciendo doble clic sobre el icono Mi PC del Escritorio.
2. Busca la unidad de disco sobre la que hayas instalado el programa y haz doble clic sobre ella para examinar su contenido.
3. Localiza la carpeta que contiene el programa (en este caso, la carpeta Sardana's Dance) y haz doble clic sobre ella para abrirla.
4. Sitúa el puntero del ratón sobre el icono del archivo ejecutable (si hombre, ese que tiene el mismo nombre del programa), pulsa el botón izquierdo del ratón y, mientras mantienes el botón pulsado, arrastra el icono hacia el Escritorio.
5. Finalmente, suelta el botón del ratón. Windows 95, creará automáticamente un icono de acceso directo al programa.

Figura 3.14. El Escritorio de Windows 95 después de crear un acceso directo a Sardana's Dance

- Para «entrar» en Windows 95, para ponerlo en marcha, basta con encender el ordenador.
- El Escritorio de Windows 95 es la mesa de trabajo sobre la que colocamos todas nuestras herramientas. Encima del Escritorio se lleva a cabo todo el proceso de comunicación entre el usuario y el ordenador.
- El ratón es el dispositivo más natural y sencillo para manejar Windows 95. Al mover el ratón, conseguimos mover «el puntero» por toda la pantalla del ordenador. El puntero es nuestro brazo de robot dentro del mundo electrónico del ordenador. Con él podemos coger y dejar los elementos de Windows, manipularlos, seleccionar opciones, etc.
- Windows 95 organiza su información en carpetas, al igual que nosotros organizamos todos nuestros "papelotes" en sus equivalentes de cartón.
- Las ventanas son los elementos básicos de comunicación de Windows 95. A través de las ventanas el ordenador nos muestra la información que deseamos conocer y nos permite dar las órdenes necesarias para manejar dicha información a nuestro antojo.
- Para modificar las dimensiones de una ventana, la agarramos con el puntero por los bordes y los deformamos hasta que ocupen la situación que nos interesa.
- El menú Inicio contiene todas las herramientas y programas instalados en nuestro ordenador.
- La mayoría de las aplicaciones Windows disponen de una barra de menús que nos permite seleccionar distintas opciones para actuar sobre el programa.
- Los menús contextuales nos proporcionan opciones para actuar sobre elementos determinados de un programa.
- Puedes encontrar todos los programas y herramientas de Windows 95 en forma de iconos de acceso directo colocados sobre el Escritorio o como comandos del menú Inicio.
- Para instalar nuevos programas en Windows 95, utiliza el icono Agregar o quitar programas del Panel de control.

CAPÍTULO 4
Cómo evitar Windows 95 se convierta en "*Caos 95*"

Diario de Megatorpe

Cuenca, 14 de Septiembre

Hola, diario. Soy yo, el de siempre:

Hoy he llegado tarde a la oficina. Estaba claro. Después de la paliza de ayer, las sábanas parecían más pesadas que de costumbre. Creo que habría sido mejor hacer caso a mis instintos y tirarme todo el día durmiendo plácidamente en mi camita.

La mañana no ha podido empezar mejor (observa que estoy intentando parecer sarcástico). En primer lugar, he tenido que ducharme con agua fría porque el calentador se ha estropeado. No podía ser de otra manera, ahora que llega el mal tiempo. Después, con las prisas, me he abrasado la lengua con el café hirviendo. Por supuesto, he tenido que correr detrás del autobús (ni que decir tiene que no lo he alcanzado). He tropezado y he caído sobre el único charco de toda la calle.

Durante aproximadamente 37 minutos y 12 segundos he estado esperando a que viniera otro autobús. Ha empezado a llover y me he empapado (al menos, así se han disimulado las manchas de barro). Por supuesto, la lluvia ha parado nada más subir al autobús y encima, se me ha colado una viejecita a base de paraguazos y se ha apropiado del último asiento libre. Finalmente, al llegar a la oficina se me ha enganchado la americana con el tirador de la puerta. Creo que tendré que tirarla directamente a la basura o utilizar camisas del mismo color para disimular el desastre.

Ya en la oficina, he tenido que buscarme una silla porque alguien (seguro que el traidor de Peláez) se ha apropiado de la mía. En el mismo instante que encendía el ordenador, he recibido la tenebrosa llamada de mi jefe. Como suponía, me ha echado la bronca por llegar tarde. Es la bronca número 473 desde que trabajo en esta oficina. Llevo la cuenta porque espero aparecer algún día en el Libro Guiness de los récords.

Al regresar a mi puesto de trabajo, allí estaba él, desafiante, impasible, Windows 95. Hasta me ha parecido ver una sonrisa socarrona en la pantalla del ordenador. Ya no podía pasarme nada peor, así que me armé de valor y me dispuse a luchar a brazo partido con el programa.

Si el resto de mis congéneres eran capaces de manejar este trasto, no debía ser algo tan difícil. Y no lo era, clavando los ojos en el cogote de Rebollo, puse mis cinco sentidos en acción para aprender el funcionamiento del programa. Mi primera intentona fue un fracaso total. Resultado: el ratón por los suelos, un rodillazo contra la pata de la mesa y Windows 95 sin inmutarse. Ni siquiera un alentador aplauso, ni un mísero redoble de tambores. Pero apenas 116 ensayos después, por fin conseguí ejecutar una aplicación que se llama algo así como WordPad. (Con ese nombre tan raro, me pregunto para qué narices servirá, porque sólo aparece una pantalla en blanco.)

Sin embargo, creo que este pequeño paso para el hombre (yo) ha representado un gran paso para la humanidad. Embargado por la emoción, he decidido investigar por mi cuenta y ver qué otros programas encontraba en esa chorrada de botoncito que llaman menú Inicio. Debo haber ejecutado cerca de 138 programas a la vez. Lo malo, es que al final no he sido capaz localizar la ventana del dichoso WordPad (aunque estoy seguro de haberla abierto al menos 10 ó 15 veces). Al final de la mañana, he apagado muy digno el ordenador y me he ido a comer. ¡Y todavía no comprendo de qué "leshes" se reía Peláez a mis espaldas!

(Extraído de las notas biográficas sobre Cosme Romerales, alias Megatorpe. Enciclopedia de los grandes Superhéroes de la Informática.)

Cómo evitar que Windows 95 se convierta en una selva

Por la mañana, a primera hora, la mesa de mi despacho suele aparecer bastante limpia y organizada. Los papeles, ordenados en montones, bolígrafos recogidos, la calculadora en su sitio... Pero a medida que va avanzando el día, misteriosamente, su superficie parece disminuir como por arte de magia, bajo una maraña de carpetas, informes, papeles sueltos, disquetes, bolígrafos de distintos colores y otros mil artilugios que no se sabe cómo, parecen llenar hasta el último rinconcito libre.

Ahora que dominas a la perfección la técnica de ejecutar programas y crear iconos de acceso directo sobre el Escritorio, no te resultará difícil llegar a la misma situación con el espacio de trabajo de Windows 95. Basta con abrir las ventanas de dos o tres aplicaciones y crear otros tantos iconos de acceso directo para que toda la armonía, organización y claridad de Windows 95 se vaya por donde ha venido (si no te lo crees, no tienes más que echar un vistazo a la siguiente figura). Pero alguna ventaja tenía que darnos la informática. Y Windows 95 dispone de una serie de herramientas que nos ayudan a mantener organizado nuestro espacio de trabajo.

Figura 4.1. El Escritorio de Windows 95 con un aspecto bastante desorganizado

Organizar y alinear iconos

Crear nuevos iconos de acceso directo sobre el Escritorio, nos ayuda a localizar rápidamente los programas y documentos que utilizamos con mayor frecuencia. Sin embargo, una vez que hayamos creado un buen número de iconos, podemos encontrarnos con una desagradable sorpresa. El desorden puede alcanzar tales dimensiones que nos resulte más difícil encontrar un acceso directo determinado que localizar el programa o documento correspondiente en su lugar original.

Para evitar este desastre, Windows 95 ofrece varias alternativas. La primera de ellas, consiste en mover uno a uno los distintos iconos y colocarlos de forma razonable para que podamos localizarlos fácilmente. Mover un icono es igual de sencillo que mover una ventana (recuerda que aprendiste a mover ventanas por el Escritorio de Windows 95 en el capítulo anterior): sitúas el puntero del ratón sobre el icono que quieres mover, haces clic con el botón izquierdo del ratón y, manteniendo pulsado este botón, lo arrastras hasta soltarlo sobre su nueva posición.

Pero, ¿vaya una solución verdad? Si quisieras hacer tú todo el trabajo, probablemente no te habrías comprado un ordenador. Tranquilo, Windows 95 también puede hacer esta dura tarea. En el menú contextual del Escritorio, encontramos varios comandos destinados a organizar la presentación de los iconos de acceso directo. Para abrir este menú, deberás hacer clic con el botón derecho del ratón sobre cualquier punto vacío del Escritorio.

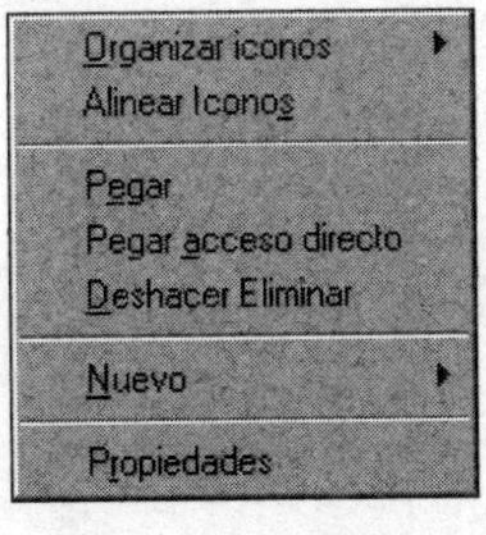

Figura 4.2. El menú contextual del Escritorio

El comando Alinear iconos sirve para alinear iconos horizontal y verticalmente. Lo primero que tendremos que hacer es seleccionar los iconos sobre los que queremos actuar. Para seleccionar un icono, basta con que hagas clic sobre él con el botón izquierdo del ratón. Cuando un icono está seleccionado, Windows 95 oscurece su contenido. Si quieres añadir nuevos iconos a la selección, mantén presionada la tecla **Control** mientras haces clic sobre ellos.

Otra forma de seleccionar varios iconos a la vez consiste en encerrarlos dentro un rectángulo imaginario. Sitúa el puntero del ratón en cualquiera de las esquinas de este rectángulo y, manteniendo pulsado el botón izquierdo, arrastra el ratón hasta que abarque todos los iconos que quieres seleccionar. Finalmente, suelta el botón del ratón. Verás cómo todos los iconos encerrados en el rectángulo quedan seleccionados.

A continuación, abre el menú contextual del Escritorio y haz clic sobre el comando Alinear iconos. De forma milagrosa, todos los iconos aparecerán alineados, como si hubiéramos utilizado un tiralíneas para colocarlos.

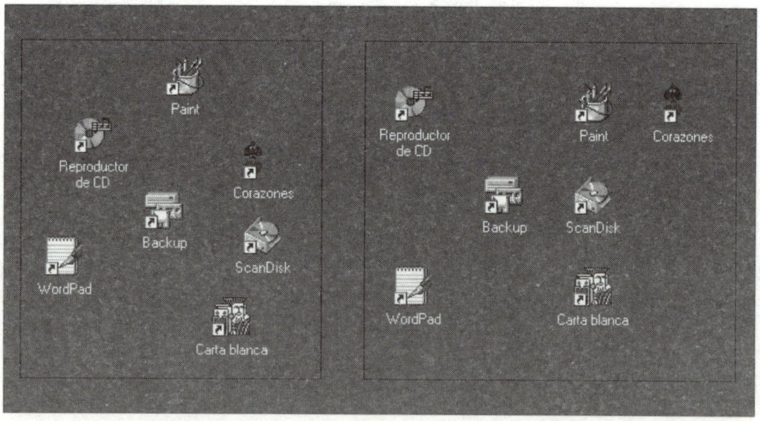

Figura 4.3. Un grupo de iconos antes y después de alinearlos

Pero esta segunda solución, puede que no te deje totalmente satisfecho. La pregunta es: ¿Cómo conseguir agrupar todos los iconos del Escritorio de manera que ocupen el menor espacio posible? Muy fácil. Utilizando la opción Organizar iconos. Esta opción afecta a todos los iconos contenidos en el Escritorio. Por consiguiente, no necesitarás seleccionarlos antes de ejecutarlo, pero tampoco podrás evitar que un icono determinado sea la excepción de esta "organización en masa".

La opción Organizar iconos del menú contextual del Escritorio nos abre un nuevo submenú que ofrece las siguientes posibilidades:

- **Por nombre**: Este comando organiza los iconos de arriba a abajo y de izquierda a derecha (empezando por la esquina superior izquierda del Escritorio) distribuyéndolos por orden alfabético según su nombre.
- **Por tipo**: Organiza los iconos manteniéndolos agrupados por tipos: iconos de acceso directo a aplicaciones, documentos, etc.
- **Por tamaño**: Organiza los iconos según el tamaño de los archivos a los cuales representan.
- **Por fecha**: Organiza los iconos según su fecha de creación.
- **Organización automática**. Representa la madre de todas las organizaciones. Esta es una opción que puede presentar dos estados, activada o desactivada. Estos dos estados se reflejan en el menú mediante la inclusión de una marca a la izquierda del nombre de la opción que nos indica que está activada. Cuando activamos Organización automática, Windows 95 se encarga de organizar automáticamente todos los iconos a medida que los vamos creando.

Y una vez que hemos organizados nuestros iconos, ¿qué podemos hacer cuando nos hemos entusiasmado tanto que ya no caben en la pantalla del ordenador? (o al menos, cuando su número ha crecido tanto que aún organizados nos resulta difícil encontrarlos).

Nuevamente, Windows 95 nos soluciona la vida. Normalmente, nosotros organizamos todos nuestros papelotes en carpetas. Así, por ejemplo, sabemos que dentro de la carpeta "Facturas del taller", podemos encontrar todas las facturas de la reparación de eso que algunos se empeñan en llamar coche, pero que tú llamarías "trasto con ruedas". De igual forma, Windows 95 nos permite crear carpetas para almacenar todos nuestros iconos en grupos de características comunes. Así, podemos crear una carpeta "Documentos" para almacenar todos nuestros documentos, una carpeta "Aplicaciones" para guardar todos los iconos de acceso directo de programas, etc.

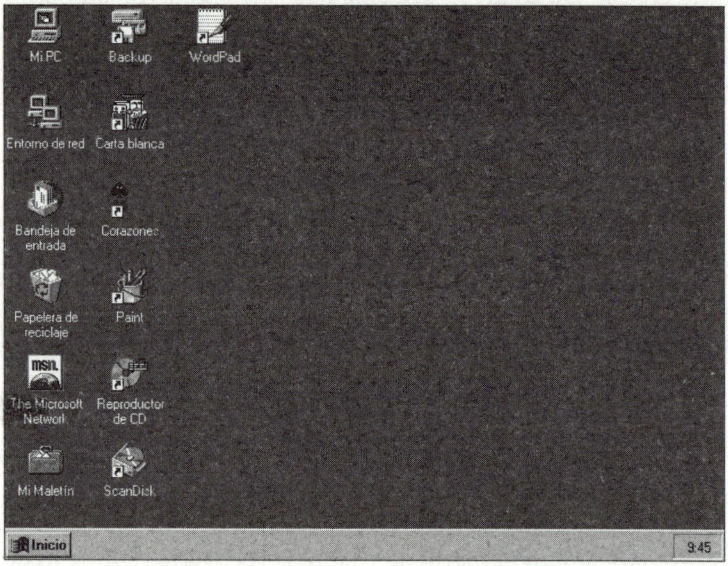

Figura 4.4. Ejemplo de iconos de acceso directo organizados por tipo

Para crear una nueva carpeta sobre el Escritorio de Windows 95, recurriremos nuevamente al menú contextual. En él encontramos el submenú Nuevo, que entre sus opciones incluye el comando Carpeta que sirve para crear una nueva carpeta. Basta con ejecutar este comando y Windows mostrará una nueva carpeta sobre el Escritorio con la etiqueta "Nueva carpeta" lista para que la cambiemos por un nombre que describa claramente su contenido. Una vez que hayamos introducido el nombre adecuado, pulsaremos la tecla Entrar **para dar por finalizada la operación.**

Ahora podemos llenar nuestra carpeta. Para mover un icono a una carpeta, simplemente lo arrastramos con el puntero del ratón y lo soltamos sobre la carpeta. Evidentemente, también puedes mover varios iconos a la vez seleccionándolos previamente mediante cualquiera de los procedimientos que hemos descrito al principio de esta sección.

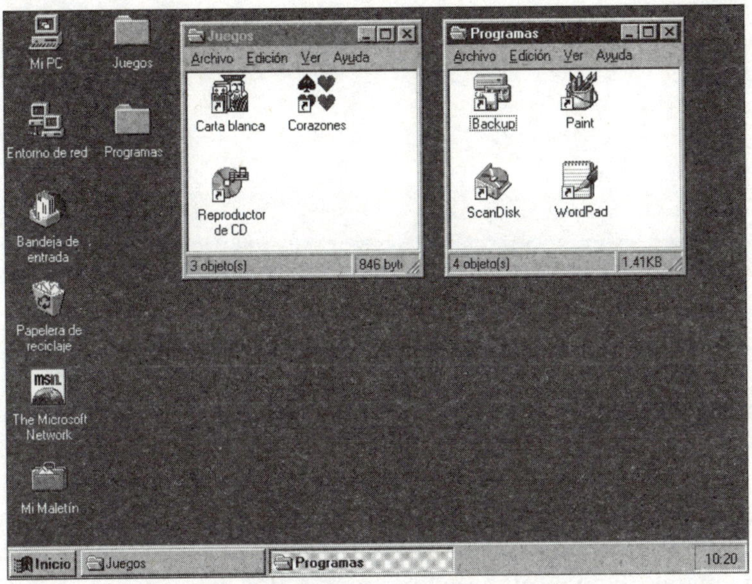

Figura 4.5. Iconos organizados en carpetas

Si prefieres copiar un icono en lugar de moverlo, es decir, mantener una copia del original sobre el Escritorio, pulsa la tecla Control mientras lo arrastras.

Y para finalizar... La pregunta del millón: ¿Qué hacemos con un icono cuando ya no lo necesitamos? Pues simplemente, tirarlo a la papelera. Lo cogemos con el puntero del ratón, lo arrastramos hacia el icono Papelera de reciclaje y, finalmente, lo soltamos. Podemos arrojar a la papelera tanto iconos individuales, como grupos de iconos que hayamos seleccionado, como carpetas completas (lo que significa arrojar todos los iconos contenidos en ella a la papelera).

Y como nuestra Papelera de reciclaje es una papelera muy inteligente, nos deja cambiar de idea una vez que hemos comprobado nuestra "metedura de pata" al eliminar el icono. Para recuperar un icono, abrimos la ventana Papelera de reciclaje (haciendo doble clic sobre el icono Papelera de reciclaje) y movemos nuevamente el icono desde la ventana de la papelera hacia el Escritorio.

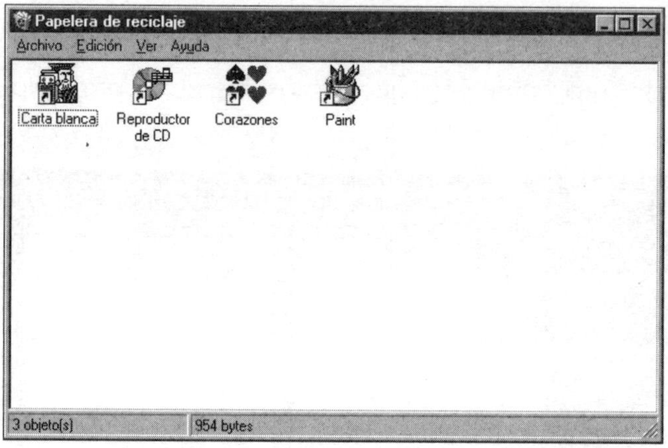

Figura 4.6. Contenido de la Papelera de reciclaje

Organizar ventanas

Una de las grandes ventajas de Windows 95, es que está diseñado para ejecutar varios programas a la vez, y acceder simultáneamente a la información contenida en todos ellos a través de sus correspondientes ventanas. Esto es algo de lo que no todos los sistemas operativos pueden presumir.

No obstante, trabajar con varias ventanas a la vez presenta un gran inconveniente. Aunque puedas pensar lo contrario, la pantalla del ordenador es pequeña, más pequeña de lo que tú te imaginas. En cuanto ejecutes 4 ó 5 programas a la vez, podrás observar cómo sus ventanas se van solapando y resulta casi imposible trabajar de una forma eficiente con ellas. Pero no debes preocuparte. Windows 95 y Megatorpe corren nuevamente en tu ayuda para solucionarte el problema. Para empezar, ahí van un par de consejos:

- Minimiza tus ventanas mientras no necesites tener visible su información en pantalla. Al minimizar una ventana, desaparece su imagen del Escritorio, liberando así el espacio que ocupa. Una aplicación minimizada sigue abierta, y puedes acceder a ella en cualquier momento utilizando su botón de la Barra de tareas. Para minimizar una ventana, haz clic sobre su botón Minimizar ( ) o ejecuta el comando Minimizar de su menú de control.

- Cuando ya no necesites utilizar una aplicación, ciérrala. Así, recuperarás el espacio que ocupa su ventana en el Escritorio y el que ocupa su botón en la Barra de tareas. De esta forma, también economizarás los recursos disponibles en tu ordenador. Aunque Windows 95 puede trabajar con varias aplicaciones a la vez, existen ciertas restricciones impuestas por las características de tu equipo. Para cerrar una aplicación, haz clic sobre el botón Cerrar de su ventana ( ), ejecuta el comando Cerrar de su menú de control, o el comando Cerrar del menú contextual de su botón de la Barra de herramientas.

Sin embargo, en algunas ocasiones no te quedará más remedio que mantener abiertas varias ventanas a la vez en la pantalla de tu ordenador. En tal caso, debes intentar ordenarlas de la mejor forma posible (digo yo, que si para algo sirve un ordenador debe ser precisamente para ordenar).

Lo primero que puedes hacer es cambiar el tamaño de las ventanas (como te expliqué en el capítulo anterior) y distribuirlas por la superficie del Escritorio de la forma que más te convenga. Pero ésta es la solución evidente (seguro que ya habías pensado en ella) y además, la que más trabajo requiere. ¿No habrá alguna forma de que Windows 95 se encargue de ordenar las ventanas automáticamente? Pues claro que sí, y la solución la podrás encontrar nuevamente en un menú contextual. En este caso, el menú contextual de la Barra de tareas. Para abrir este menú, deberás situar el puntero del ratón sobre cualquier punto vacío de la misma (esto es muy importante) y hacer clic con el botón derecho del ratón.

En dicho menú, podemos encontrar varias opciones que nos resuelven el problema de ordenar y distribuir las distintas ventanas en el Escritorio de Windows 95:

- La opción **Cascada** dispone todas las ventanas abiertas en forma de hojas superpuestas, como muestra la figura 4.8.

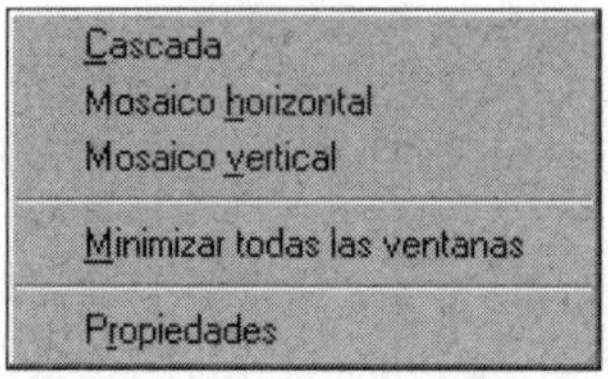

Figura 4.7. El menú contextual de la Barra de tareas

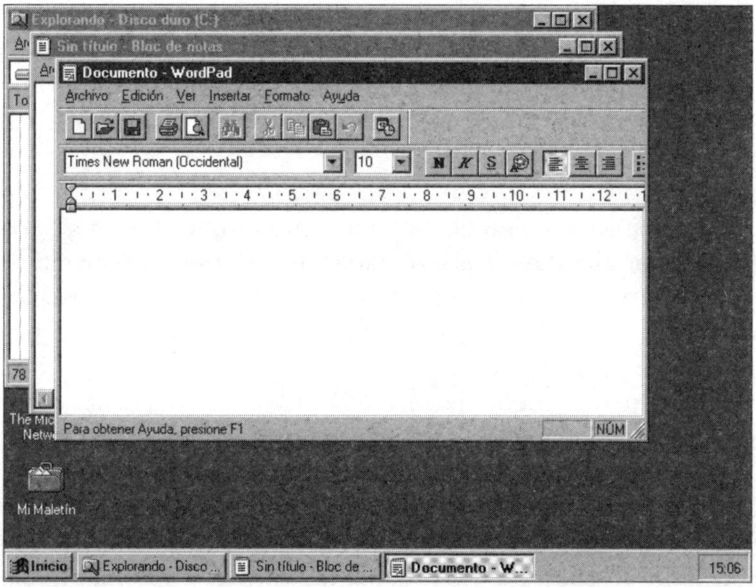

Figura 4.8. Ventanas organizadas en cascada

- Por otro lado, la opción **Mosaico horizontal** hace que las ventanas sean dispuestas en forma de baldosas sobre el espacio de trabajo, distribuyéndolas además en sentido horizontal, tal como podemos ver en la figura 4.9.
- La opción **Mosaico vertical** también dispone las ventanas en forma de baldosas, pero distribuyéndolas esta vez en sentido vertical (figura 4.10).

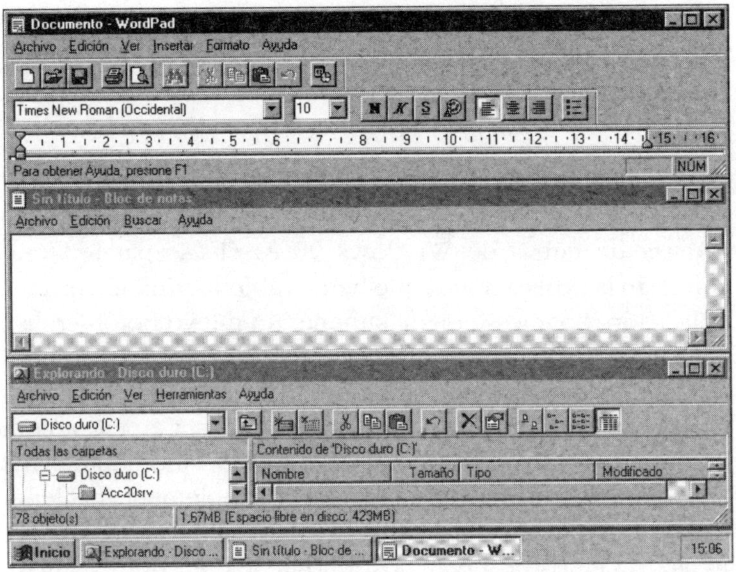

Figura 4.9. Ventanas organizadas en mosaico horizontal

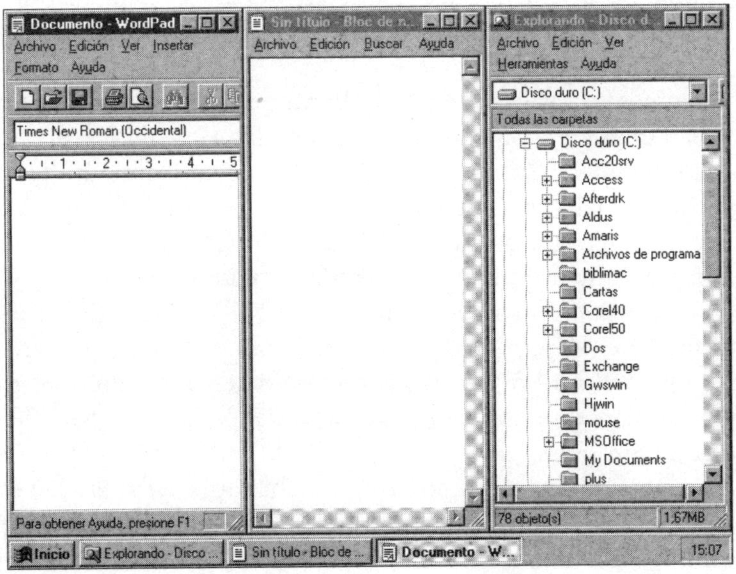

Figura 4.10. Ventanas organizadas en mosaico vertical

- Finalmente, la opción **Minimizar todas las ventanas** sirve para minimizar mediante una sola acción todas las ventanas abiertas en el Escritorio.

Ir de ventana en ventana. La Barra de tareas

La Barra de tareas de Windows 95 es el escaparate donde se anuncian las aplicaciones que hemos abierto. Cuando ejecutamos una aplicación, aparece inmediatamente un nuevo botón en la Barra de tareas que nos muestra su icono, su título y, si procede, el nombre del documento que estamos editando.

Dichos botones no sólo nos permiten conocer en todo momento los programas con los que estamos trabajando, sino que nos ayudan también a cambiar de una aplicación a otra, simplemente haciendo clic sobre ellos. Cuando hacemos clic sobre uno de los botones de la Barra de tareas, podemos observar dos fenómenos: en primer lugar, si la ventana de la aplicación se encontraba minimizada, recupera su tamaño original (el que tenía antes de minimizarla). En segundo lugar, la ventana se activa, es decir, queda preparada para responder a cualquier acción que realicemos desde el teclado o mediante pulsaciones del ratón.

Finalmente, los botones de la Barra de tareas también permiten acceder a un menú contextual (haciendo clic sobre ellos con el botón derecho del ratón) desde el que podemos llevar a cabo las tareas de organización habituales de cualquier ventana de aplicación, es decir, cambiar su tamaño, moverla por el Escritorio, minimizarla, maximizarla, restaurar su tamaño original o cerrarla definitivamente.

Una de las principales cualidades de la Barra de tareas de Windows 95 es su reducido tamaño. La Barra de tareas, nos ofrece un control absoluto sobre las aplicaciones abiertas en el entorno robándonos simplemente una pequeña franja del espacio disponible en el Escritorio. Sin embargo, esto se convierte nuevamente en un grave problema cuando necesitamos abrir muchas aplicaciones a la vez. Los botones tienen que reducir mucho su tamaño para ajustarse al espacio disponible en la Barra de tareas, llegando incluso a perder gran parte de su utilidad al no permitirnos distinguir unas aplicaciones de otras.

Debemos distinguir entre el menú contextual de los botones incluidos en la Barra de tareas y el menú contextual de la propia Barra de tareas. Para abrir este último, debemos hacer clic con el botón derecho del ratón sobre cualquier punto vacío de la Barra de tareas, o sea, un punto donde no haya botones ni ningún otro elemento especial.

Para resolver este problema, tendremos que recurrir a la solución más evidente: aumentar el tamaño de la Barra de tareas. Para hacerlo, situaremos el puntero del ratón sobre el borde superior de la misma. Podremos observar cómo el puntero se convierte en una flecha de doble punta que, como si de una ventana se tratara, nos permite desplazar este "borde" de la Barra de tareas en cualquiera de las dos direcciones disponibles.

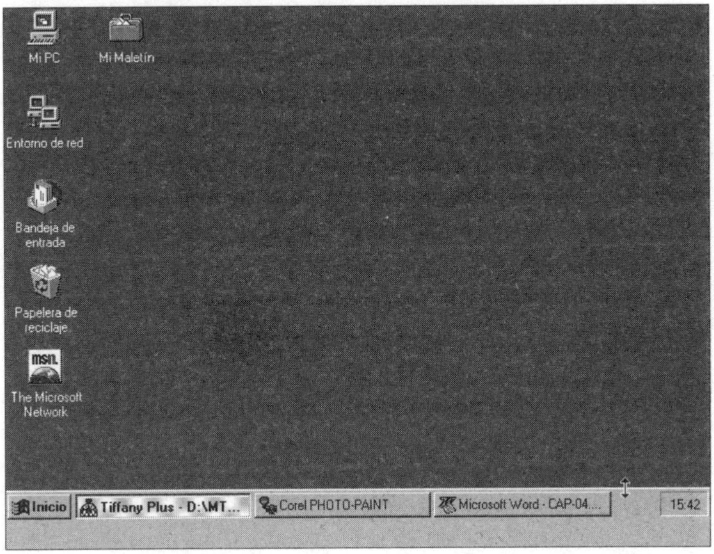

Figura 4.11. Cambio de tamaño de la Barra de tareas

Al cambiar el tamaño de la Barra de tareas, hay que tener en cuenta las consecuencias que supone en cuanto a reducción del espacio disponible en el Escritorio para las ventanas de los programas. Pero, como viene siendo habitual, Windows 95 también tiene una solución para este problema. En el menú contextual de la Barra de tareas podemos encontrar el comando Propiedades, que nos permite configurar el comportamiento de la Barra de tareas. Al ejecutar este comando, Windows 95 abrirá el cuadro de diálogo Propiedades de Barra de tareas que ilustra la siguiente figura.

Te recuerdo que para abrir el menú contextual de la Barra de tareas, tienes que hacer clic con el botón derecho del ratón sobre cualquier punto vacío de la misma.

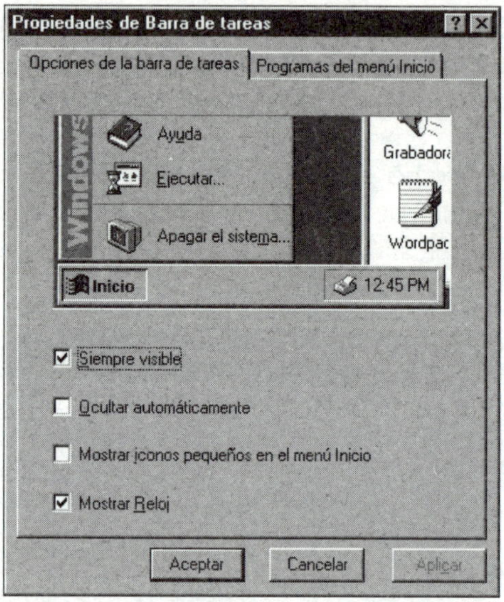

Figura 4.12. El cuadro de diálogo Propiedades de Barra de tareas

En este cuadro de diálogo existen cuatro casillas que controlan diferentes aspectos de la Barra de tareas. Estas casillas se encuentran activadas cuando aparece una marca de verificación en su interior. Para activar o desactivar una casilla, simplemente haz clic sobre ella. Las opciones disponibles en el cuadro de diálogo Propiedades de Barra de tareas son las siguientes:

- **Siempre visible**. Cuando se encuentra activada, esta casilla hace que la Barra de tareas se coloque siempre por encima de cualquier ventana abierta en el Escritorio de Windows 95. Al desactivar la casilla podremos conseguir que una ventana oculte total o parcialmente la Barra de tareas.
- **Ocultar automáticamente**. Cuando activamos esta casilla, la Barra de tareas se sale fuera de los límites del Escritorio, dejando solamente visible una diminuta franja que nos permitirá recuperar su tamaño original cuando situemos sobre ella el puntero del ratón.

- **Mostrar iconos pequeños en el menú Inicio**. Esta opción, hace referencia al tamaño de los iconos que aparecen en el menú Inicio de Windows 95. Cuando activamos la casilla, el programa reduce el tamaño de los iconos del menú Inicio, reduciendo así el tamaño del mismo.
- **Mostrar reloj**. Activar o desactivar esta casilla, le indica a Windows 95 si debe mostrar o no un recuadro con la hora actual almacenada en el reloj interno del ordenador, en el extremo derecho de la Barra de tareas.

Cuando hayamos definido a nuestro gusto el comportamiento de la Barra de tareas, podremos hacer clic sobre el botón Aceptar para aplicar los cambios realizados y cerrar el cuadro de diálogo.

Una última "frivolité" referente a la Barra de tareas. Generalmente, la Barra de tareas se encuentra situada en el borde inferior del Escritorio de Windows 95. Sin embargo, podemos cambiar su posición sin más que hacer clic sobre ella con el botón izquierdo del ratón (recuerda, sobre la Barra de tareas, no sobre los botones que contiene) y arrastrarla hacia cualquiera de los laterales de la pantalla. Busca, compara y si encuentras alguna posición que te guste más, utilízala.

Una retirada a tiempo es una victoria

Bueno, la verdad es que hemos estado un buen rato ocupados con Windows 95, haciendo trastadas y aprendiendo cosas. Pero no todo va a ser ordenador en la vida. Ha llegado el momento de irnos a casita y dedicarnos a tareas más gratificantes como tumbarnos delante de la televisión o irnos a la cama (a dormir, no seas mal pensado).

Pues apagamos el ordenador y... listo. Pues no, no es tan sencillo. Antes de apagar el ordenador, si queremos hacer realmente las cosas bien, debemos apagar Windows 95 (igual que si fuera una vulgar televisión).

Además, no es tan difícil, sólo tenemos que seleccionar la opción Apagar el sistema del menú Inicio, escoger apagar el equipo en el cuadro de diálogo Salir de Windows y hacer clic sobre el botón Sí. Al cabo de unos segundos, aparecerá en la pantalla del ordenador el mensaje "Ahora puede apagar el equipo". Pues eso, apagas el equipo y... ¡a otra cosa!

Podría parecer que salir de Windows 95 cuando acabamos de trabajar es una tarea de la que podemos prescindir (a fin de cuentas, podemos apagar directamente el ordenador y ganamos tiempo). Pero no es así, Windows 95 es un programa complejo que realiza muchas actividades de forma simultánea. Si apagamos el ordenador en un momento en que Windows se encuentra en un punto intermedio de la realización de algún proceso, podría producirse algún tipo de error y tal vez la próxima vez que entremos en Windows las cosas no funcionarían correctamente.

Es preferible indicar al programa que debe dejar de trabajar antes de apagar el ordenador. De esta forma, podemos ahorrarnos más de un dolor de cabeza.

- Puedes ordenar los iconos del Escritorio de Windows 95 utilizando los comandos Organizar iconos y Alinear iconos del menú contextual del propio Escritorio.
- El comando Organizar iconos, nos permite ordenar los iconos por nombres, tipos, tamaños y fechas de creación. También podemos indicarle al programa que asuma la responsabilidad de organizar automáticamente los iconos cada vez que realicemos cualquier modificación en el Escritorio.
- Otra forma de organizar iconos en el Escritorio es creando carpetas donde podamos guardarlos agrupados por categorías.
- Podemos organizar las ventanas abiertas en el Escritorio de Windows 95 en cascada (unas apiladas encima de otras) o en forma de mosaico (como baldosas), tanto en sentido horizontal como vertical.
- Para activar las distintas ventanas abiertas en Windows 95, podrás utilizar los botones de la Barra de tareas.
- Puedes cambiar el tamaño de la Barra de tareas arrastrando su borde superior.
- Para controlar el comportamiento de la Barra de tareas de Windows 95, deberás utilizar las opciones del cuadro de diálogo Propiedades de Barra de tareas.
- Para abandonar Windows 95, antes de apagar el ordenador deberás utilizar la opción Apagar el sistema del menú Inicio.

CAPÍTULO 5

¿Cortinas o Visillos? Mejorar el aspecto de "Windows 95"

Diario de Megatorpe

Cuenca, 15 de Septiembre

Passsa, diario:

Hace ya varios días que eso del Windows 95 hizo su traumática aparición en mi vida. Y la verdad es que el tema me tiene bastante preocupado. De tanto mirar la misma imagen fija de la pantalla del ordenador, he acabado por acostumbrarme. Incluso me he sorprendido varias veces a mi mismo embobado mirando los colorines del programa. ¡Mucho me temo que el siguiente paso pueda ser comenzar a utilizarlo!

Hoy, durante unos breves instantes de felicidad, creí haber resuelto el problema de una vez por todas. Según parece, ayer debí olvidarme de apagar el dichoso cacharro. El monitor, del año de Mari Castaña y ya de por sí bastante delicadito, no ha podido soportar tanta emoción. Esta mañana, sin previo aviso ha dejado de funcionar, creando en mi una sensación contradictoria de alegría y culpabilidad que, finalmente, se ha resuelto de la peor forma posible.

Durante gran parte del día he estado intentando ocultar como he podido el "monitoricidio", pero al final, ha resultado cierto aquello de que "el criminal nunca gana". Peláez, siempre atento a cualquier ocasión que le permita ganar puntos delante del Jefe, se ha dado cuenta y ha tardado en chivarse menos de lo que yo he tardado en arrojarle el pisapapeles. Preferiría que el "fiambre" hubiera sido el propio Peláez, pero no se puede ganar siempre en esta vida.

Para colmo de males, han sustituido inmediatamente mi monitor por otro que, maldita la gracia, estaba criando polillas en el almacén. En los próximos seis meses mi sueldo, ya de por sí escaso, se reducirá aún más para amortizar el arreglo de la dichosa pantallita. ¡A este paso, voy a tener que pagar para venir a trabajar!

Peláez no ha perdido tampoco la ocasión para poner de manifiesto sus odiosos conocimientos informáticos y me ha aconsejado que, para otra vez, utilice un "protector de pantalla". He preguntado en la farmacia de la esquina, pero me han dicho que no tienen nada de ese tamaño.

Así que ahí los tengo una vez más, dominando mi vida con sus aires de superioridad (me refiero tanto a Peláez como al ordenador). Y los dos igual de feos, monótonos, aburridos y difíciles de tratar. El ordenador porque pretende que sea yo el que aprenda a manejarlo en lugar de aprender él a complacer mis necesidades, y Peláez por no hacer caso de mis recomendaciones y negarse a pedir el translado a la sucursal de la Patagonia.

(Extraído de las notas biográficas sobre Cosme Romerales, alias Megatorpe. Enciclopedia de los grandes Superhéroes de la Informática.)

Lo primero, una mano de pintura

La verdad es que estaba totalmente equivocado. Windows 95 no sólo **no** es un programa monótono y aburrido, sino que además es facilísimo cambiar su aspecto y configurarlo para que su utilización resulte lo más cómoda y natural posible.

Entre las numerosas posibilidades de configuración que nos ofrece el programa, encontramos diversos dibujos y entramados para el fondo del Escritorio (o sea, para entendernos, la superficie visible de la pantalla del ordenador); protectores de pantalla para evitar que nuestro monitor se convierta en "El coloso en llamas" cuando tenemos que dejar el ordenador funcionando durante mucho tiempo; combinaciones de colores suficientemente llamativas como para cegar la vista más aguzada; opciones de configuración para elementos tales como el ratón y el teclado (¡zurdos de todo el mundo!, un poco de paciencia, que pronto llegará el momento de vuestra liberación) y un sinfín de posibilidades adicionales para hacer de nuestra copia de Windows 95 una pieza única.

Cambiar el aspecto de Windows 95 es tan sencillo como apretar un par de botones. Bueno, en realidad, no tan sencillo. Imagina la cantidad de botones que debería tener un ratón para permitir configurar tu ordenador con unas características tan variopintas como "*un fondo rosa pálido salpicado de pequeñas fotografías de Mitterrand y La Marsellesa sonando a modo de hilo musical*" o "*un*

Generalmente, las listas muestran solamente un reducido número de opciones en función de sus limitaciones de espacio. Para acceder a todos los elementos incluidos en una lista deberás utilizar su barra de desplazamiento. Haz clic sobre los botones ▲ y ▼ para desplazar la lista hacia arriba y hacia abajo respectivamente.

fondo de chinchetas plateadas y música heavy metal destrozándonos los tímpanos". ¡Una verdadera monstruosidad! Lo que nos permite hacer ese par de botones es acceder a un *cuadro de diálogo* donde podremos decirle a Windows 95 qué opciones de configuración queremos seleccionar.

Pero dejémonos de palabrería y pasemos directamente a la acción. Sitúa el puntero sobre cualquier punto vacío del Escritorio (donde no haya iconos, ventanas ni nada similar) y haz clic con el botón derecho del ratón. (¡No hombre no, con el derecho!) Aparecerá en la pantalla de tu ordenador un menú (uno de esos tipos de menús que hemos llamado contextuales) que incluye una lista de opciones con las operaciones que puedes realizar sobre el Escritorio.

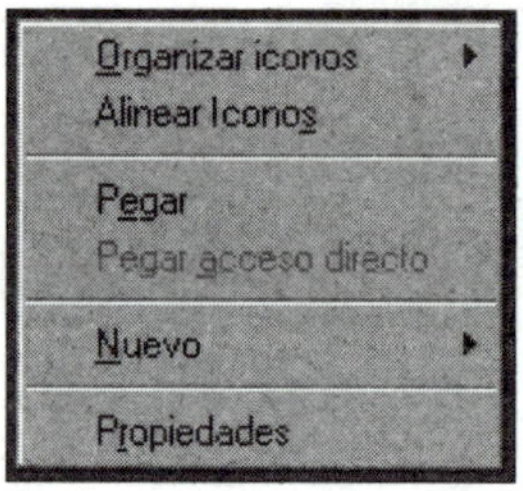

Figura 5.1. El menú contextual del Escritorio de Windows 95

Dentro de este menú, centraremos nuestra atención en el comando Propiedades. Haz clic sobre dicho comando con el puntero del ratón o pulsa la tecla **R** (la letra subrayada del nombre del comando) para ejecutarlo. Windows abrirá el cuadro de diálogo Propiedades de Pantalla que, como su nombre indica, sirve para seleccionar las propiedades de presentación de la pantalla de tu ordenador.

La mayoría de los cuadros de diálogo de Windows 95 organizan su información por categorías mediante el uso de *fichas*. Cada una de estas fichas está representada en el cuadro de diálogo por un rectángulo con los bordes redondeados (situado debajo de la barra de título) que contiene en su interior un nombre que describe el contenido de dicha ficha. Estas fichas son similares, por ejemplo, a las de nuestra agenda de teléfonos. De igual forma que bajo la ficha "L" anotamos los teléfonos de personas cuyo nombre empieza con la letra L (como "La pesada de mi suegra" o "La Mari Puri"), bajo la ficha Fondo, Windows 95 esconde las opciones de configuración del fondo de la pantalla.

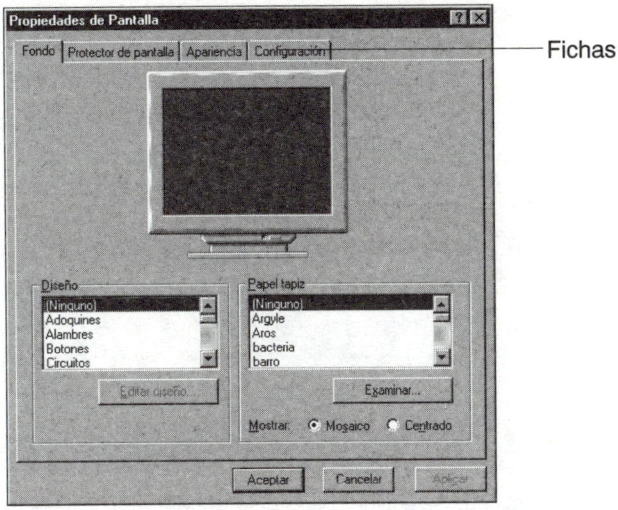

Figura 5.2. El cuadro de diálogo Propiedades de Pantalla

La ficha Fondo del cuadro de diálogo Propiedades de Pantalla (figura 5.2) se encuentra dividida en dos secciones (Diseño y Papel tapiz) que se usan para definir el aspecto del fondo del Escritorio de Windows 95.

Un *diseño* es un pequeño dibujo que se repite de forma insistente, pertinaz y en ocasiones, casi enfermiza hasta llenar toda la superficie de la pantalla del ordenador. Un *papel tapiz* es una imagen (creada con cualquier programa de dibujo) que se coloca por encima del diseño seleccionado. Para escoger un diseño, haz clic sobre su nombre en la lista de la sección Diseño. Windows 95 incluye varios diseños

Cuando abras por primera vez el cuadro de diálogo Propiedades de Pantalla, debería aparecer seleccionada la ficha Fondo, a menos que algún manazas (tu Peláez particular) haya estado manipulando tu ordenador. Para cambiar de ficha, simplemente haz clic sobre su nombre en el cuadro de diálogo.

para el Escritorio. En la parte superior del cuadro de diálogo Propiedades de Pantalla, aparece un dibujo en forma de monitor (al que llamaremos *zona de muestra*) en donde puedes comprobar los resultados de tu elección antes de aplicarlos definitivamente a la pantalla.

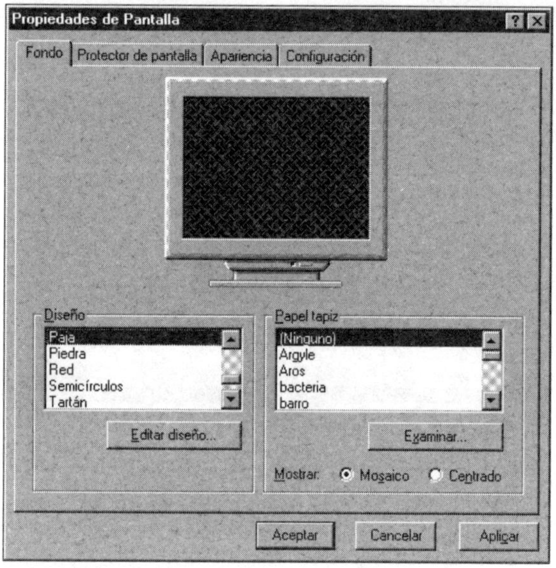

Figura 5.3. Selección de un diseño para el fondo del Escritorio

Para seleccionar un papel tapiz (sí, ya se que no hace falta que te lo diga), haz clic sobre su nombre en la lista de la sección Papel tapiz. Puedes escoger cualquiera de los tapices incluidos en Windows 95 o realizar tus propias obras de arte con un programa de dibujo como Paint, del que hablaremos más adelante.

Dependiendo del tamaño del papel tapiz, puedes situarlo simplemente en el centro del Escritorio (escogiendo la opción Centrado de la sección) o repartir varias copias del mismo sobre todo el Escritorio mediante la opción Mosaico. Prueba ambas opciones con distintos tapices y observa el resultado sobre la zona de muestra del cuadro de diálogo.

Finalmente, para comprobar los resultados definitivos en la pantalla de tu ordenador (sin cerrar el cuadro de diálogo Propiedades de Pantalla), haz clic sobre el botón Aplicar.

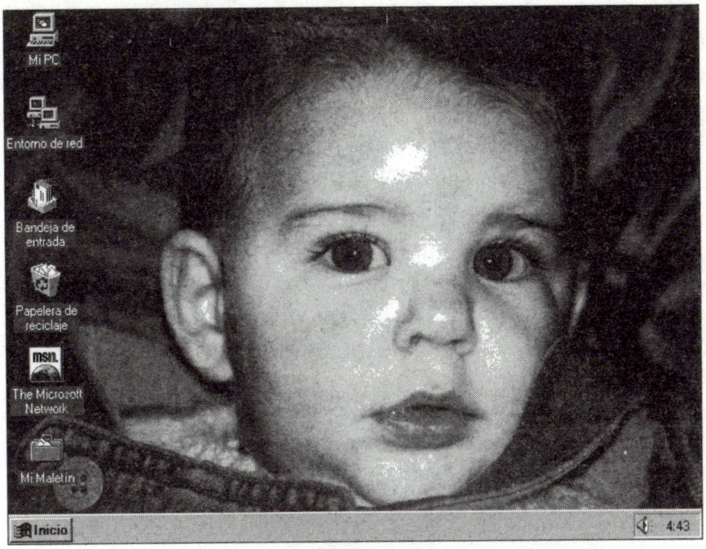

Figura 5.4. Papel tapiz sobre el Escritorio de Windows 95

Si eliges un papel tapiz que ocupe toda la pantalla del ordenador, ocultarás cualquier diseño que hayas seleccionado anteriormente en el cuadro de diálogo Propiedades de Pantalla.

Antes de llamar a los bomberos

En ocasiones, es necesario dejar el ordenador funcionando durante largos períodos de tiempo sin que éste tenga actividad alguna. Por ejemplo, cuando olvidamos apagar el equipo por la noche después de una dura jornada jugando a los barquitos con los compañeros de oficina, o durante la hora del "bocata". En estas circunstancias, la pantalla del ordenador sufre bastante desgaste al mostrar de forma continuada una imagen estática, pudiendo llegar incluso a quemarse.

La mejor solución a este problema es, por supuesto, acordarse de apagar el ordenador cuando debemos. Sin embargo, Windows 95 tiene la respuesta que protege de forma automática el monitor ante cualquier eventualidad (excluyendo riesgos por inundación, caída de

No es necesario que apagues el ordenador cada vez que tienes vayas al cuarto de baño. De esta forma, también dañarás el equipo, y además, desperdiciarás mucho tiempo volviendo a recuperar la situación en la que te encontrabas antes de apagar.

un rayo o sabotaje terrorista) y sin que tengamos que preocuparnos de nada.

Los *protectores de pantalla* (también conocidos como *salvapantallas*) son unos programas especiales que se encargan de hacer cambiar la imagen de nuestro monitor cuando transcurre cierto tiempo durante el que el ordenador no detecta ninguna actividad. La forma y el contenido de los protectores de pantalla es muy variada. Los hay que simplemente dejan la pantalla de nuestro ordenador completamente en negro, hasta los que nos muestran vistosas animaciones a todo color aderezadas con música y sonidos de fondo.

Los protectores de pantalla de Windows 95 se configuran desde la ficha Protector de pantalla del cuadro de diálogo Propiedades de pantalla (Perogrullo no podría haberlo expresado mejor). Para activar esta ficha, haz clic sobre su nombre en el cuadro de diálogo.

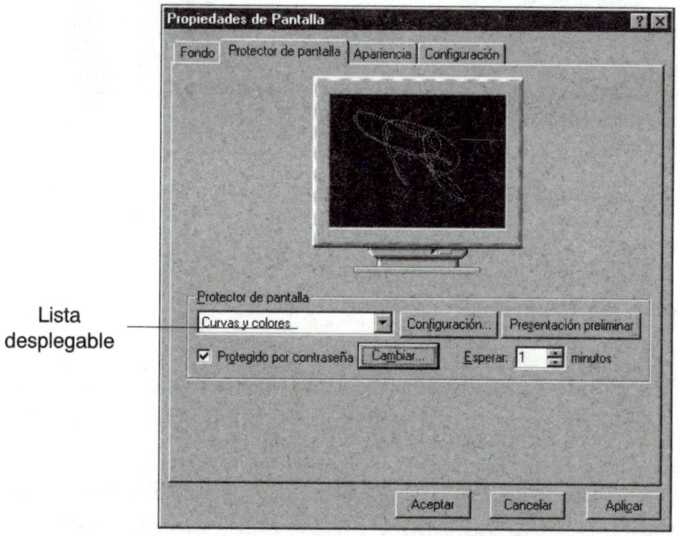

Figura 5.5. Ficha Protector de pantalla del cuadro de diálogo Propiedades de Pantalla

Para seleccionar un protector de pantalla de Windows 95, deberás hacer clic sobre su nombre en el cuadro de lista desplegable de la sección Protector de pantalla (como ves, en Windows se llama a las cosas por su nombre, aunque esto signifique repetirse hasta el aburrimiento). En una lista desplegable, las opciones disponibles permanecen ocultas hasta que abrimos (desplegamos) su contenido. Para abrir una lista desplegable, deberás hacer clic sobre el botón . A continuación, podrás recorrer los elementos de la lista utilizando la barra de desplazamiento.

Cuando selecciones un protector de pantalla, la zona de muestra (el dibujo en forma de monitor situado en el borde superior del cuadro de diálogo) te dará una idea del aspecto que presentará la pantalla de tu ordenador cuando el protector se ponga en funcionamiento. Si prefieres comprobar el aspecto definitivo del salvapantallas, haz clic sobre el botón Presentación preliminar. Para terminar la ejecución de un protector de pantalla mueve ligeramente el ratón o pulsa cualquier tecla.

Otro de los aspectos importantes en la configuración de un protector de pantalla es el tiempo que debe transcurrir para que Windows lo ponga en funcionamiento. Para cambiar el tiempo asignado por defecto por el programa, deberás introducir un valor (en minutos) en el cuadro de texto Esperar del cuadro de diálogo. Puedes hacerlo editando directamente con el teclado el contenido de dicho cuadro de texto o utilizando los botones para aumentarlo o disminuirlo en una unidad. El valor que introduzcas deberá encontrarse entre 1 y 60 minutos.

Un protector de pantalla también puede servir para evitar miradas indiscretas cuando te alejes de tu ordenador. Protegiendo tu salvapantallas con una contraseña conseguirás que nadie pueda acceder a Windows 95 a menos que conozca la palabra clave.

Para hacerlo, deberás activar la casilla de verificación Protegido por contraseña. Una casilla de verificación se encuentra activada cuando muestra una marca ( ) en su interior. Una vez activada esta casilla, podrás hacer clic sobre el botón Cambiar para establecer una nueva contraseña o modificar la contraseña ya existente.

En el cuadro de texto Contraseña nueva escribe la contraseña que desees utilizar. A continuación, activa el cuadro de texto Confirmar nueva contraseña y repite la contraseña para asegurarte de que la has escrito correctamente. Finalmente, haz clic sobre el botón Aceptar.

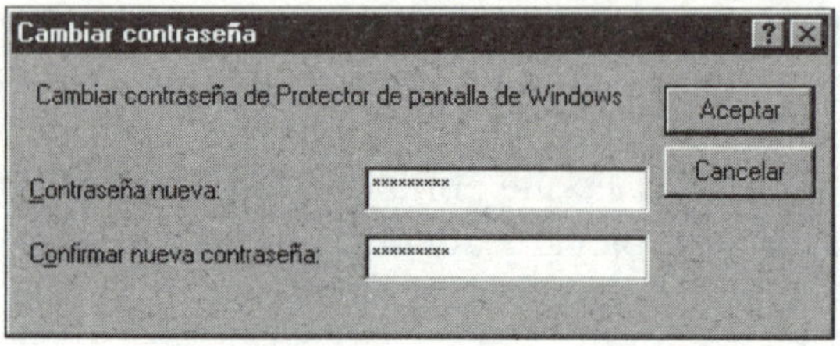

Figura 5.6. Cuadro de diálogo para cambiar la contraseña de un protector de pantalla

En el cuadro de diálogo Cambiar contraseña, Windows 95 muestra una serie de asteriscos (*) en lugar de los caracteres que estés escribiendo. De esa forma evitarás que cualquier "listillo" mire por encima del hombro (el tuyo) y averigüe tu palabra clave. Debes tener en cuenta también la combinación de mayúsculas y minúsculas que utilices en la contraseña de un protector de pantalla. Windows 95 identifica como distintas palabras tales como "Megatorpe", "MEGATORPE" o "megatorpe". Por cierto, no utilices como contraseña tu nombre, número de teléfono, o cualquier otra información que pueda ser fácilmente reconocible. Recuerda que los espías se las saben todas.

Procura no olvidar la contraseña que utilices en el protector de pantalla, ya que también te impediría a ti el acceso a Windows 95.

Pintar ventanas

O sea, que tú eres de esos que dicen que no les gusta Windows 95 porque los colores que saca en pantalla no hacen juego con tus calcetines. Pues te vamos a demostrar que no tienes nada de razón, porque tú mismo puedes modificar el color de prácticamente cualquier elemento gráfico del programa. (Desgraciadamente, para cambiar el color de nuestra habitación, seguiremos teniendo que recurrir a la brocha gorda, el bote de pintura y el aguarrás).

¡EH, TU, EL DEL MONITOR EN BLANCO Y NEGRO!

¿Dónde te has creído que vas? Aunque esta sección vaya de cambiar colores puedes seguir leyendo. Algunas de sus opciones pueden interesarte.

En la ficha Apariencia del cuadro de diálogo Propiedades de Pantalla (que a estas alturas ya casi se ha convertido en uno más de la familia) encontrarás todas las opciones necesarias para cambiar el color y el tamaño de los elementos de Windows 95.

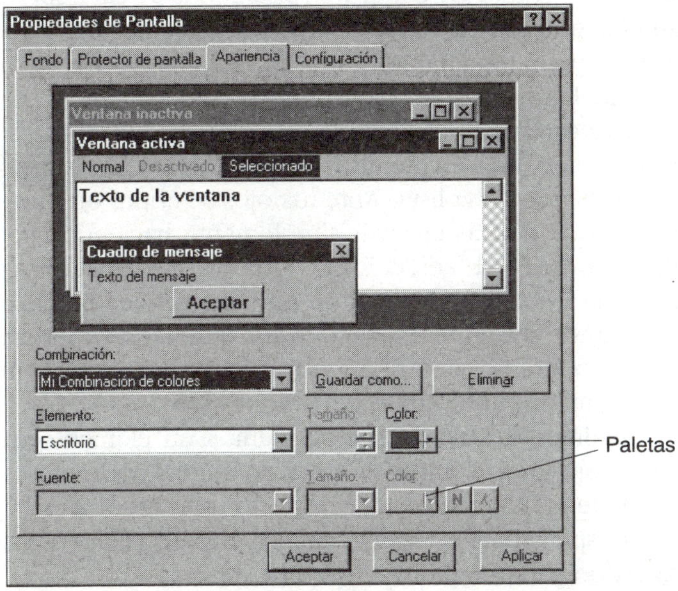

Figura 5.7. La ficha Apariencia del cuadro de diálogo Propiedades de Pantalla

En la parte superior del cuadro de diálogo (debajo de las etiquetas de las fichas) tienes una zona de muestra (esta vez sin forma de monitor) donde aparecen los distintos elementos disponibles en Windows 95 con su aspecto actual. Debajo de esta zona de muestra, dispones de una lista desplegable con el título Combinación que te permite seleccionar una serie de combinaciones de color predefinidas que los sesudos fabricantes de Windows se han molestado en confeccionar para nosotros. Estas combinaciones tienen nombres tan peregrinos como "Berenjena", "Calabaza grande" o "Día lluvioso". Si encuentras alguna que te guste (o que haga juego con tus calcetines), ya tienes resuelto el problema.

Pero como siempre hay gente rara: sibaritas, originales, exigentes, diseñadores de moda y otros especímenes, Windows 95 te ofrece la oportunidad de afinar más todavía en lo que a elegir colores y tamaños se refiere.

En la lista desplegable Elemento, encontrarás todos los elementos que puedes variar en Windows 95. Algunos de ellos sólo te permitirán cambiar el color (como es el caso del Escritorio). Otros (como los menús), permiten también especificar un tamaño, e incluso definir el estilo de letra (fuente).

Para cambiar, por ejemplo, el color del Escritorio, selecciona su nombre en la lista Elemento y abre la paleta Color () situada a la derecha de dicha lista. Ante tus ojos se abrirá un muestrario de 20 colores que podrás escoger simplemente haciendo clic sobre ellos. Observa que al seleccionar un color, el cambio se refleja automáticamente en la zona de muestra del cuadro de diálogo.

Cuando el elemento seleccionado también nos permita cambiar su tamaño, podremos hacerlo escribiendo cualquier valor en el cuadro de texto Tamaño o utilizando los botones .

Finalmente, cuando seleccionemos un elemento que contenga texto (como por ejemplo la barra de título), podremos especificar el tipo de letra, tamaño, color y aspecto utilizando respectivamente las listas desplegables Fuente y Tamaño, la paleta Color y los botones  (para tipografía negrita) y  (para cursiva).

Si después de miles de experimentos observas que tus ojos no paran de lagrimear por la estridente combinación de colores que has elegido, sentirás la imperiosa necesidad de recuperar la configuración original de tu ordenador. Para cerrar el cuadro de diálogo ignorando los cambios, basta con que hagas clic sobre el botón Cancelar.

También puede que prefieras conservar tus maquiavélicos experimentos para utilizarlos como instrumento de tortura. En tal caso, deberás hacer clic sobre el botón Guardar como y escribir un nombre adecuado en el cuadro de diálogo Guardar combinación.

El Panel de control

Windows 95 dispone de suficientes opciones de configuración como para aburrir al mayor fanático de la informática (puede incluso que lograran aburrirte a ti, estimado lector, que has demostrado una paciencia casi inagotable llegando hasta este capítulo). Sin embargo, siempre es conveniente disponer de algunos conocimientos básicos para saber cómo configurar elementos tan importantes en nuestra faena cotidiana con el ordenador como son el ratón, el teclado, las impresoras y otros cachivaches similares.

Aunque Windows 95 no es una central nuclear ni ha sido diseñado por los expertos de la NASA, dispone de un Panel de control (del que ya hablamos en el capítulo anterior) que nos permite configurar hasta el más mínimo detalle del ordenador.

Para abrir la ventana del Panel de control, despliega el menú Inicio, localiza en su interior la carpeta Configuración y haz clic sobre el comando Panel de control.

En la ventana del Panel de control encontramos varios iconos que representan las distintas opciones de configuración del programa. Para acceder a su contenido, basta con hacer doble clic con el botón izquierdo del ratón sobre dichos iconos.

El Mouse (ratón para los amigos)

Por oscuros motivos, Windows llama "mouse" al ratón. Mouse es la palabra inglesa que significa ratón, pero digo yo que para un programa que utiliza tanta gente, ya podían haberlo traducido.

Si hacemos doble clic sobre el icono mouse, aparece en pantalla un cuadro de diálogo como el de la figura 5.9.

Figura 5.8. La ventana del Panel de control

No te alarmes si los iconos de tu Panel de control son distintos de los que puedes ver aquí. El contenido del Panel de control depende de las características de cada ordenador.

Barra deslizante

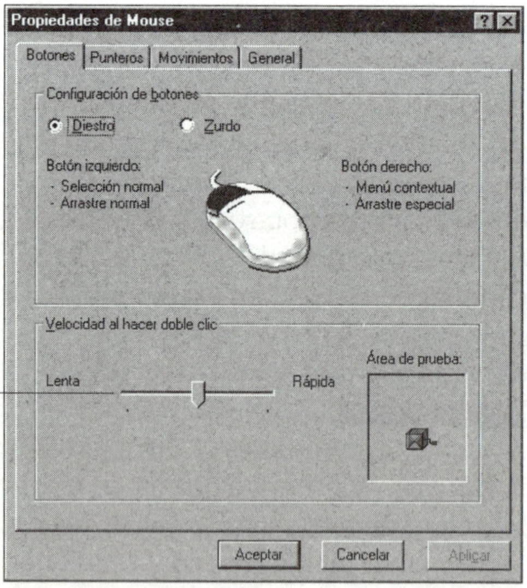

Figura 5.9. El cuadro de diálogo Propiedades de Mouse

Veamos qué posibilidades ofrece:

- En primer lugar, mediante la ficha Botones podemos definir el comportamiento de los botones de nuestro "bigotudo" ratón. La sección Configuración de botones tiene dos opciones: Diestro y Zurdo. Esta opción resulta especialmente interesante para cualquier zurdo que tenga que "batallar" con Windows 95, porque permite intercambiar los efectos de pulsar los botones izquierdo y derecho del ratón.
- En la sección Velocidad al hacer doble clic, podemos determinar lo rápido que debemos hacer dos clics seguidos para que el programa los interprete como un doble clic. Cuanto más a la izquierda arrastremos el señalador de la barra deslizante, más fácil será que dos clics un poco espaciados sean reconocidos como doble clic. Sin embargo, si lo llevamos a la derecha, necesitaremos un dedo especialmente ágil para conseguir el doble clic. No te resistas a la tentación de comprobar el funcionamiento de tu ratón haciendo doble clic sobre el área de prueba situada en la esquina inferior derecha del cuadro de diálogo. Te encontrarás con una divertida sorpresa.
- La ficha Punteros sirve para seleccionar diferentes combinaciones de punteros del ratón para los distintos estados disponibles (selección normal, selección de ayuda, selección de texto, etc.). El programa nos ofrece varias combinaciones predefinidas con punteros de diferentes tamaños, aspecto de tres dimensiones, etc. permitiéndonos, además, crear nuestras propias combinaciones de punteros.
- La ficha Movimientos define la velocidad de arrastre del ratón (que nada tiene que ver con los arrastres del mus, entre otras cosas, porque donde se arrastra es en el tute, no en el mus) y el tipo de estela que deja el puntero cuando se mueve por la pantalla. Si llevas el señalador de la barra deslizante Velocidad del puntero hacia el extremo derecho, tu ratón parecerá un Fórmula 1 y podrás llevarlo de un punto a otro con un mínimo movimiento de la mano, aunque a cambio, pierdas precisión.

En la ficha General encontrarás información sobre el tipo de controlador que domina los movimientos de tu ratón, es decir, el programa que se encarga de traducir las órdenes enviadas por el ratón al lenguaje que reconoce Windows 95.

Por el contrario, si lo llevas al extremo izquierdo podrás situar el puntero en la posición exacta que necesites, pero para moverlo de un lado a otro de la pantalla, puede que llegues a necesitar llevar la mano hasta la otra punta de la mesa.

Para activar la aparición de una estela con el movimiento del ratón, marca la casilla de verificación Mostrar estela del puntero. Esto resulta bastante cómodo cuando se trabaja con una pantalla LCD (de esas "planitas" que se ven tan mal). Así que, ahora que dominas el ratón, puedes configurarlo a tu gusto. Y una vez que lo hayas conseguido, bastará con que hagas clic sobre el botón Aceptar para que los efectos del cambio sean permanentes. Y ya sabes, si te arrepientes de algún cambio y no sabes cómo deshacerlo haz clic sobre cancelar ¡y a otra cosa!

A vueltas con el teclado

También es posible controlar la respuesta de Windows 95 frente al teclado con el Panel de control. El icono Teclado te permite cambiar la velocidad con que aparece en pantalla un carácter repetido cuando pulsas la correspondiente tecla, definir la velocidad de intermitencia del cursor e, incluso, especificar el tipo de distribución de tu teclado en función del idioma que estés utilizando.

Vamos a ver qué significa todo esto. Abre la ventana de WordPad, pulsa la letra "x" y manténla pulsada. Lo primero que aparece reflejado en el espacio de trabajo de WordPad es una x solitaria, pero al cabo de un instante, lo que consigues es que la x se repita y se convierta en una "ristra" que crece continuamente: xxxxxxxxxxxxxxxx... Ya puedes levantar el dedo, que si no, al final acabarás llenando toda la pantalla.

Las opciones de Teclado, te permiten controlar la velocidad con que se repetirá esa letra x en pantalla cuando pulsas la tecla. En primer lugar, la barra deslizante Retraso de la repetición de la ficha Velocidad te sirve para decirle al programa si quieres esperar mucho o poco antes de que comiencen las repeticiones. Por su parte, la barra Velocidad de repetición es la que controla si las repeticiones se producirán lentamente o "a toda pastilla".

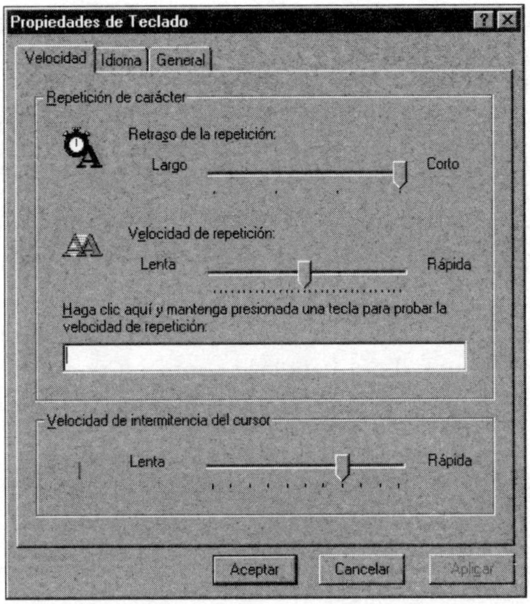

Figura 5.10. El cuadro de diálogo Propiedades de Teclado

Más abajo, la barra deslizante Velocidad de intermitencia del cursor, define la velocidad a la que parpadea el cursor de edición cuando estamos escribiendo en cualquier aplicación o cuadro de texto.

Una vez que hayas conseguido configurar el teclado como más te apetece, puedes utilizar como de costumbre el botón Aceptar para volver a Windows.

La vuelta al mundo en 8 segundos

Los ingleses, tan suyos ellos como siempre, para fastidiar quizás al resto del mundo construyen coches con el volante a la derecha y conducen por la izquierda. Pero éste no es su único rasgo de originalidad, ya que miden en pulgadas en vez de en centímetros, utilizan libras en lugar de pesetas para pagar, separan los decimales por un punto en vez de por una coma y, además, al queso lo llaman cheese.

De todas formas, y como decía mi abuela, en todas partes cuecen habas. Porque los franceses, o los alemanes, también tienen sus peculiaridades, por no hablar de los rusos o los griegos que hasta utilizan letras distintas. ¡Ah, y no te vayas a creer! Nosotros tampoco nos salvamos de la quema, con la letra "ñ" tan poco popular fuera de España e Iberoamérica.

Así que no es de extrañar que con tal diversidad de criterios, Windows 95 necesite una opción para adaptar su funcionamiento y el formato de los datos que utiliza a las particularidades de cada país (desde el tipo de teclado hasta la unidad monetaria): la opción Configuración regional del Panel de control. Cuando hacemos doble clic sobre este icono, aparece el siguiente cuadro de diálogo:

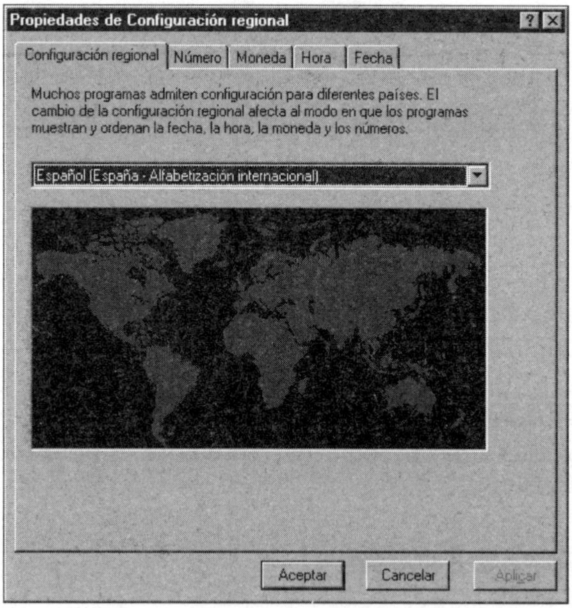

Figura 5.11. El cuadro de diálogo Propiedades de Configuración regional

La primera ficha (Configuración regional) muestra una lista desplegable para seleccionar el idioma del país donde nos encontramos. Así, disponemos de diversas variedades de español, según nos encontremos en Guatemala, Honduras, Venezuela, República Dominicana (o incluso España) y otras jergas extrañas de países tan exóticos como Liechtenstein, Nueva Zelanda o Jamaica. La distribución del teclado varía de un país a otro, con el fin de poder incluir caracteres especiales como la "ñ".

Las siguientes fichas permiten definir el formato de diversos tipos de datos: numéricos (símbolo decimal, sistema de medida, etc.), de moneda (símbolo de moneda, símbolo de separación de miles, etc.) y de fecha y hora. Así por ejemplo, nosotros resumimos el 15 de septiembre de 1995 como 15/9/95, pero en otros países hablan de 9/15/95.

Una vez establecidos todos estos formatos y situaciones, las aplicaciones que utilicemos a continuación se adaptarán a ella y presentarán al usuario un aspecto adecuado al lugar del mundo donde son utilizadas. Por ejemplo, si afirmamos estar en España, WordPad nos permitirá especificar los márgenes de un documento en centímetros, mientras que si hemos declarado ser súbditos de Lady Di, el príncipe Carlos y la reina Isabel, nos ofrecerá la posibilidad de hacerlo en pulgadas.

Puesta en hora

Windows 95 incluye un reloj que muestra la hora actual en el extremo derecho de la Barra de tareas. (¿A que no habías reparado en ello?) Si acabas de llegar a la oficina y el reloj marca las tres de la madrugada no te asustes. No se trata de que el tiempo haya pasado volando. Simplemente deberás poner tu reloj en hora. La solución se encuentra en el icono Fecha y hora del Panel de control.

El cuadro de diálogo Propiedades de Fecha y hora nos permite modificar la hora y la fecha en que vive nuestro ordenador. El procedimiento es sencillo, para seleccionar un mes, utilizamos el cuadro de lista desplegable de la sección Fecha. Para cambiar de año, haremos uso del cuadro de texto situado junto al mes. Para seleccionar un día del mes empleamos el calendario de la esquina inferior izquierda del cuadro de diálogo, haciendo clic sobre el día correspondiente. Finalmente, para ajustar la hora, seleccionamos cualquiera de los campos de la sección Hora (horas, minutos o segundos) y hacemos clic sobre los iconos de flecha arriba y flecha abajo o escribimos directamente el valor adecuado.

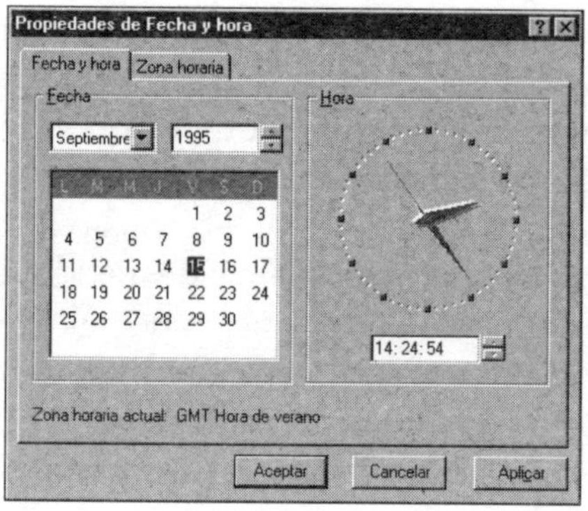

Figura 5.12. El cuadro de diálogo Propiedades de Fecha y hora

¿Y qué pasa cuando en otoño tengamos que retrasar nuestros relojes una hora? ¡Pues que podremos dormir una hora más! Y además, no tendremos que preocuparnos por ajustar el reloj de Windows 95. La ficha Zona horaria nos permite ubicar nuestro lugar de trabajo en un mapa mundi (no intentes localizar el tercero izquierda del número 27 de la calle Alcalde Rigoberto Cinillo, confórmate con encontrar Madrid) y activar la casilla Cambiar la hora automáticamente según el horario de verano para que el programa se encargue de realizar los ajustes necesarios llegado el gran momento.

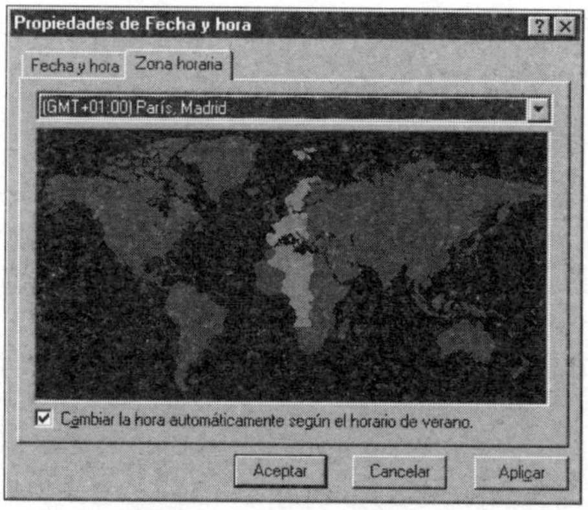

Figura 5.13. La ficha Zona horaria del cuadro de diálogo Propiedades de Fecha y hora

- Para abrir el cuadro de diálogo Propiedades de Pantalla, desde el que podrás configurar el aspecto del monitor, ejecuta el comando Propiedades del menú contextual del Escritorio.
- La ficha Fondo del cuadro de diálogo Propiedades de Pantalla te permitirá seleccionar un diseño y un papel tapiz para el fondo de tu escritorio.
- Mediante la ficha Protector de pantalla del cuadro de diálogo Propiedades de Pantalla podrás seleccionar un protector de pantalla que evitará el deterioro de tu monitor cuando el ordenador deba permanecer encendido durante largos períodos de tiempo sin actividad. También puedes introducir una contraseña para evitar que los curiosos manipulen el ordenador en tu ausencia.
- La ficha Apariencia del cuadro de diálogo Propiedades de Pantalla sirve para cambiar el color y el tamaño de los distintos elementos de Windows 95.
- Desde el Panel de control puedes configurar la mayoría de las características de tu copia de Windows 95.
- Para configurar el ratón utiliza el icono Mouse del Panel de control. Desde el cuadro de diálogo Propiedades de Mouse podrás intercambiar, la función de los botones izquierdo y derecho del ratón. También podrás especificar la velocidad de doble clic, la forma y velocidad del puntero y el tipo de estela.
- Para configurar el teclado utiliza el icono Teclado del Panel de control. Desde el cuadro de diálogo Propiedades de Teclado podrás especificar la velocidad y el retraso de la repetición de teclas, la velocidad de intermitencia del cursor y la distribución de tu teclado en función del idioma que estés utilizando.
- Mediante el icono Configuración regional del Panel de control, podrás establecer los formatos de toda la información que utilizan tus aplicaciones Windows. El cuadro de diálogo Propiedades de Configuración regional te permitirá seleccionar una ubicación para tu PC y definir los formatos numéricos, de moneda, de fecha y de hora que se utilizan en tu país.
- Windows 95 incluye un reloj que, desgraciadamente, no podemos llevar en la muñeca, pero aún así, resulta de gran utilidad. Para poner en hora tu reloj, utiliza el icono Fecha y hora del Panel de control.

CAPÍTULO 6
La diversión continua... Los juegos en "Windows 95"

Diario de Megatorpe

Cuenca, 18 de Septiembre

Mi estimado amigo de todos los días (o sea, diario):

Lunes. La palabra fatídica. El día después de un brevísimo fin de semana en el que apenas tiene uno tiempo para dedicarse a hacer lo que realmente le apetece (en mi caso no hacer nada) y presagio de una nueva y agotadora semana de trabajo. Y digo yo: ¿Es que a nadie, más que a mí, se le habrá ocurrido eliminar este día del calendario? O al menos, hacer que durante todo el año fuera festivo. Claro, que entonces, cambiaríamos el objeto de nuestro odio por el martes. ¡Menudo apaño!

En lunes, uno es capaz de hacer las mayores tonterías. Llevado por el aburrimiento, yo mismo he empezado esta mañana a hacer algo que jamás hubiera imaginado. ¡Ponerme a trastear con el ordenador! Yo solito, sin que nadie me obligara. Y fíjate por donde, he descubierto que esto de la informática también puede darle a uno algunas satisfacciones.

No me preguntes cómo lo he conseguido. Pero el caso es que, dentro de una de esas cosas que llaman menús, en la que ponía Accesorios (yo pensaba que se trataba de un catálogo de accesorios de automóvil) he descubierto la palabra mágica: Juegos. La forma perfecta de pasar un lunes. No me lo podía creer. Por fin encontraba algo útil en el dichoso Windows 95.

Enseguida (al menos, una hora y media es para mí un corto período de tiempo en lo que se refiere a la informática) he aprendido a ejecutar los juegos. Lo de aprender a manejarlos ya es otra cosa.

En la oficina, resulta imposible guardar un secreto. Pronto todo el mundo se había enterado de mi descubrimiento, y se arremolinaban entorno a mi ordenador. Bueno, todos menos el pelota de Peláez y el pesado de mi Jefe (que carece de sentido del humor para comprender eso de perder el tiempo jugando en horas de trabajo). Sin embargo, algún inconsciente ha metido la pata y el jolgorio ha llegado a oídos de Peláez.

¡De acuerdo, lo reconozco! He sido yo, pero no podía dejar pasar mi oportunidad de enseñarle a Peláez algo que él no conociera. Pero lo conocía. ¡Vaya si lo conocía! Y además sabía cómo utilizar todos y cada uno de los jueguecitos. Hasta nos ha enseñado un juego en el que pueden participar varias personas a la vez gracias a no se qué red. ¡Ya decía yo que algo olía a podrido en la oficina!

Sin embargo, el muy rastrero, después de habernos metido en el cuerpo el gusanillo del juego, ha empezado a protestar y a decir que no nos pagaban para perder el tiempo de esa forma. Que lo que teníamos que hacer era trabajar, y que como siguiéramos así no iba a tener más remedio que contárselo todo al señor Martínez (nuestro Jefe).

Hacía años que no habíamos estado tan unidos. Nos abalanzamos sobre Peláez y no sin esfuerzo (el muy puñetero no hacía más que chillar y patalear) conseguimos amordazarle y encerrarle en uno de los armarios. Pero esta vez, los gritos del cantamañanas de Peláez han acabado por alertar al jefe. Creo que te puedes imaginar las dimensiones de la bronca. Sin embargo, al final, todo se ha quedado en agua de borrajas. Eso sí, la próxima vez que nos amotinemos, y cito palabras textuales, acabaremos todos de patitas en la calle.

(Extraído de las notas biográficas sobre Cosme Romerales, alias Megatorpe. Enciclopedia de los grandes Superhéroes de la Informática.)

Jugar o no jugar. He ahí el dilema

¿Qué es lo que pretende Microsoft incluyendo varios juegos en un entorno que ha sido diseñado para servir de base a los trabajos que se realizan en la mayoría de las oficinas de este mundo? ¡Hombre, no seas mal pensado! No creo que se trate de una confabulación de la China comunista con el objetivo de hundir la sociedad occidental a base de conseguir que los empleados de todas sus empresas se dediquen a jugar en vez de a trabajar.

La explicación es, en realidad, mucho más sencilla: jugando se aprende. Igual que para aprender un idioma recurrimos muchas veces a juegos que nos hacen más llevadero el aprendizaje de un vocabulario, por ejemplo; o igual que un piloto de avión practica primero en un simulador antes de exponerse a "darse el tortazo" en una máquina de verdad; el futuro usuario de Windows 95 puede recurrir a los juegos que incluye el programa como entrenamiento.

Gracias a los juegos, podemos practicar los conceptos y técnicas básicos del programa antes de "arriesgarnos" a realizar trabajos serios en los que una equivocación puede costarnos cara.

Mover elementos gráficos, pulsar botones, utilizar menús, configurar opciones, obtener ayuda,... Son algunas de las necesidades a las que nos enfrentaremos al utilizar cualquier programa Windows. Todas ellas aparecen en los programas de juegos, y gracias a ellos, podemos perderles el miedo y aprender a trabajar con ellas sin esfuerzo y hasta incluso (en algunos casos) divirtiéndonos.

A pesar de que podemos considerar a los juegos Windows como "buenos amigos" porque nos enseñan a hacer cosas prácticas, no debes bajar la guardia. También pueden convertirse en una potente droga con una fuerte capacidad para generar adicción. No dejes que te dominen.
El ejecutivo comercial Robert Zotas de la empresa norteamericana Trolex sufrió en julio de 1994 un violento ataque de dependencia a los juegos que le obligó a pasar más de cuatrocientas horas seguidas delante del Solitario. Después de semejante experiencia fue trasladado en estado de coma profundo al Hospital Memorial George Warrington donde se ha visto obligado a permanecer durante más de seis meses.
Megatorpe no se hace responsable de los efectos que los juegos de Windows 95 pudieran tener sobre tu vida personal, ni de si te pillan en la oficina con las manos en la baraja.

Ahora, el primer paso que necesitamos dar antes de empezar a ver cómo funcionan los juegos de Windows es acceder a ellos. Los programas de juegos se encuentran en una carpeta del menú Inicio que se llama Juegos (era de esperar ¿no?).

Como hemos visto anteriormente, para abrir el menú Inicio debes hacer clic sobre el botón del mismo nombre situado en el extremo izquierdo de la Barra de tareas. Una vez abierto, sitúa el puntero del ratón sobre la carpeta Programas. Windows 95 abrirá automáticamente el submenú correspondiente. Coloca ahora el puntero sobre la carpeta Accesorios (con cuidado de no salirte de los límites del menú) y, finalmente, sobre Juegos. Windows nos abrirá todo un abanico de posibilidades para nuestra diversión, como muestra la figura 6.1.

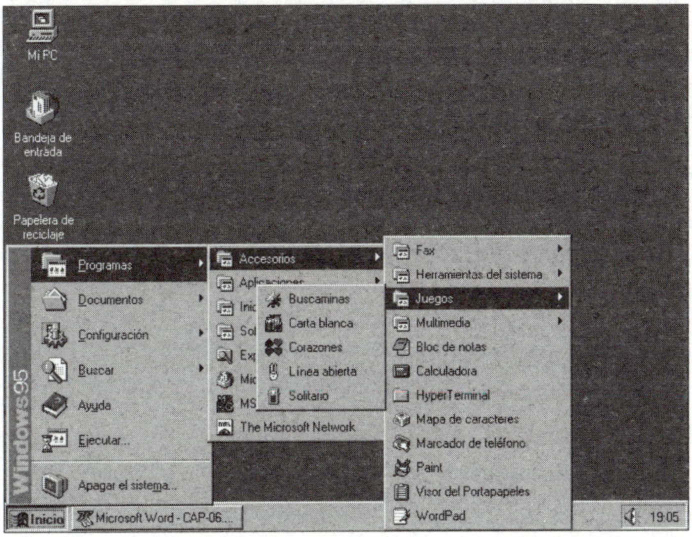

Figura 6.1. El menú Juegos

Para evitar que te pillen jugando con Windows 95, utiliza el botón Cerrar de la ventana del programa. Practica hasta que seas capaz de cerrar la ventana antes de que tu jefe diga "Quedas despedido" y, después, niégalo todo.

Dentro de este submenú podemos ver varios iconos que representan los juegos que nos regala Windows 95 al instalarlo: Solitario, Carta blanca y Corazones (tres solitarios de cartas) y Buscaminas (un juego en el que debemos usar razonamientos lógicos para localizar las minas que se encuentran escondidas bajo un tablero).

Solo ante el peligro

Para ejecutar el Solitario debes hacer clic sobre su nombre en la carpeta Juegos del menú Inicio. La pantalla del ordenador se llenará de cartas. ¡Ya era hora de que presentara algo interesante!

En la zona superior izquierda de la ventana puedes ver la representación de un mazo de cartas. Debajo, varios montones con algunas cartas tapadas y una descubierta. Estas son las cartas que deberás ir manipulando para concluir el juego. Los cuatro espacios vacíos de la zona superior derecha están reservados para colocar las cartas en escalera a medida que las vayas ordenando.

El objetivo del juego es colocar en los cuatro espacios vacíos, y en orden ascendente, las cartas que forman los cuatro palos de la baraja: corazones, rombos, picas y tréboles. Para ello, es necesario dar la vuelta a las cartas que aparecen boca abajo en los montones, con el fin de poder incluirlas en la serie ordenada. Esto podremos lograrlo retirando las que ya están boca arriba, ya que impiden el acceso a las tapadas, y situándolas en una nueva posición legal.

Las cuatro reglas que es obligatorio seguir en este proceso son las siguientes:

1. Sólo se pueden colocar cartas rojas (corazones y diamantes) sobre cartas negras (tréboles o picas) o viceversa.
2. Las cartas se deben colocar sobre otras de valor inmediatamente superior, es decir, 4 sobre 5, 10 sobre J, etc.

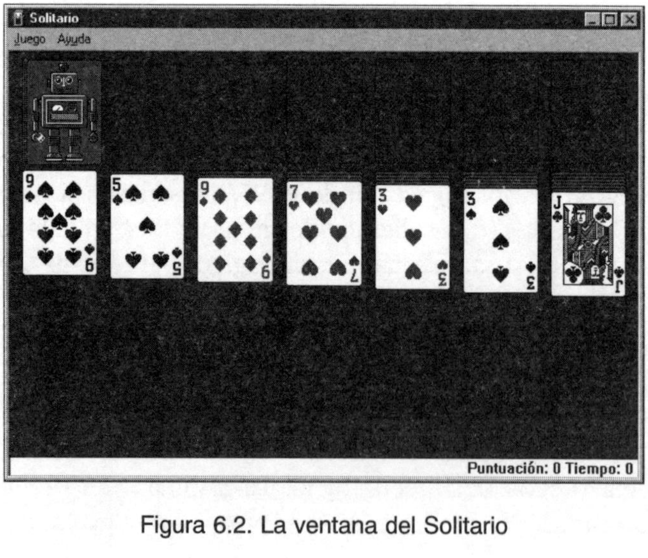

Figura 6.2. La ventana del Solitario

3. Además se debe tener en cuenta que los reyes (K) sólo pueden ser situados sobre los espacios vacíos que vayan quedando, nunca encima de otras cartas tapadas.
4. Se puede mover una sola carta o varias a la vez. Para ello, hay que sujetarla(s) y arrastrarla(s) con el ratón hasta su posición de destino. ¡Igual de fácil que mover un icono!

Cuando hayamos conseguido que una de las cartas tapadas sea la primera de su montón, podrá ser descubierta sin más que hacer clic sobre ella con el ratón. Si llega un momento en que no podamos realizar ningún movimiento más con las cartas que hay sobre la mesa, deberemos recurrir al mazo que tenemos en la zona superior izquierda. Para descubrir las cartas del mazo debemos hacer clic sobre él con el ratón. La carta que quede destapada podrá ser utilizada como eslabón intermedio en el encadenamiento descendente de cartas, o bien en la escalera ascendente de palos ordenados.

Podemos repetir esta operación tantas veces como sea necesario. Una vez agotadas las cartas del mazo, podemos pulsar sobre la marca que queda en el lugar donde estaba situado, con lo que conseguiremos que las cartas restantes vuelvan a quedar agrupadas para poder ser utilizadas. Cuando aparezca un as (A), hay que colocarlo en uno de los cuatro espacios reservados que se encuentran en la zona superior derecha de la ventana del juego. Encima de los ases, podremos ir apilando doses, treses, etc., por este orden, y siempre formando escalera del mismo palo.

De esta forma seguiremos jugando hasta colocar los cuatro reyes. Si lo conseguimos habremos ganado la partida. Para celebrarlo, el programa lanza las cartas en cascada formando un curioso gráfico. La verdad es que como premio no es gran cosa, pero siempre queda el orgullo de haber derrotado a la máquina (algo que, desde luego, no sucede tan a menudo como nos gustaría).

De todas formas, lo más habitual es que lleguemos a un punto en el juego en que nos damos cuenta que no es posible terminar de construir las escaleras. La única solución, ahora que ya tenemos en el cuerpo el veneno del juego, será empezar una nueva partida con la esperanza de derrotar al trasto ese. Para hacerlo, deberemos desplegar el menú Juego y seleccionar la opción Repartir.

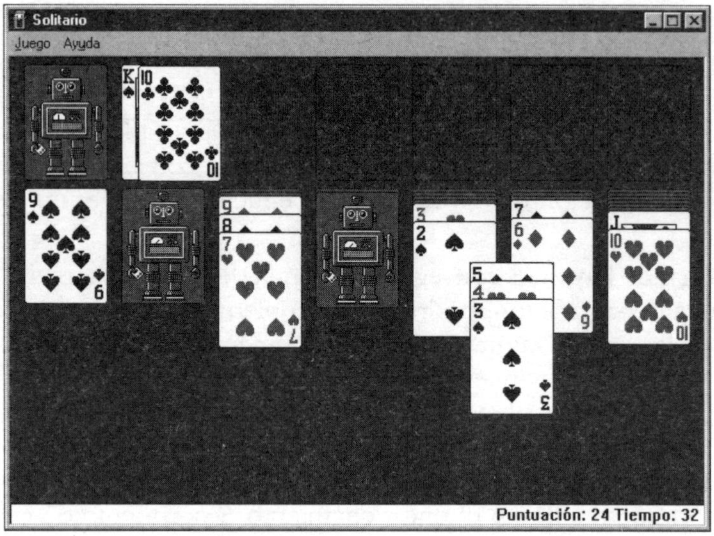

Figura 6.3. Varias cartas son arrastradas con el ratón de una posición a otra

- Para ir construyendo una escalera, normalmente arrastramos la carta en cuestión hasta la posición que deba ocupar en su montón. Sin embargo, existe una forma más fácil de conseguir esto mismo: si haces doble clic sobre una carta que pueda ocupar en ese momento su posición en la escalera, ésta pasará directamente a su posición final y no será necesario que te preocupes de guiarla.
- Existe una opción en el menú Juego, Deshacer, que nos permite rectificar un error que hayamos cometido. Imagina la siguiente situación: estas recorriendo el mazo con el fin de localizar una carta que te pueda sacar de una situación de bloqueo en la que no puedes realizar ningún movimiento. De pronto aparece un as, pero el dedo te juega una mala pasada y vuelves a hacer clic sobre el mazo con lo que el "deseado" as queda de nuevo sepultado por otras cartas. ¡Se masca la tragedia! Pero no es para tanto, utilizando la opción Deshacer del menú Juego puedes rectificar ese último movimiento. ¡Te has librado por poco!

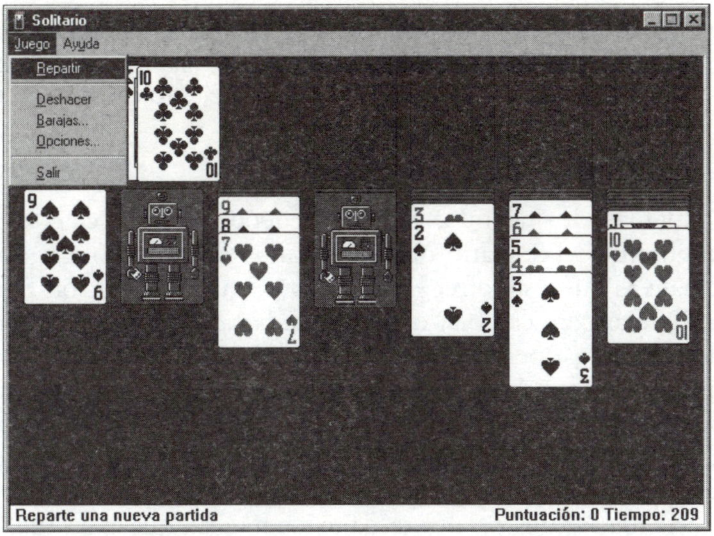

Figura 6.4. El menú juego desplegado con la opción repartir resaltada

Tras años de práctica y múltiples horas de dedicación, he reunido algunos de los trucos que me permiten considerarme uno de los más destacados jugadores de Solitario del mundo civilizado y sus alrededores:

- Es conveniente subir cartas a las escaleras en cuanto puedas. Así consigues ir despejando los montones.
- Si puedes elegir, debes tomar una carta siempre del montón que más cartas ocultas tenga (son más posibilidades de poder levantar cartas interesantes).
- Es preferible sacar una carta de un montón para dejar libres las ocultas antes que bajar una del mazo.
- Un montón vacío, si no tienes un rey (K) para llenarlo, es una posición perdida para situar otras posibles cartas.
- No debes resistirte a bajar cartas de alguna escalera si las necesitas como eslabón para bajar cartas del mazo o despejar alguno de los montones, se puede hacer, y algunas veces es la única posibilidad para seguir adelante.

- Es conveniente tratar de mantener compensadas las escaleras negras y rojas que vamos formando. Al final, si has colocado muchas más cartas de un color que del otro, te faltarán para enlazar las cartas restantes.

Además de jugando, también puedes desperdiciar tu tiempo configurando el Solitario de Windows 95 de acuerdo a las distintas alternativas que éste ofrece. Así, podrás utilizar la opción Baraja del menú Juego para cambiar el dibujo de la cara posterior de las cartas, o recurrir a la opción Opciones (algo redundante ¿no?) si quieres experimentar con las diferentes variantes del juego que te ofrece el programa. Pero la línea más importante de este menú es la última: la opción Salir. Esta es la opción que te permite dar por terminada la ejecución del programa y hacer desaparecer la ventana. Parece fácil de usar, ¿verdad? Pues pronto te darás cuenta de que para utilizarla se necesitan grandes dosis de férrea voluntad. Bueno, pues una vez que te he aburrido bien con toda esta serie de tediosas explicaciones sobre cómo jugar que seguro no necesitabas, te sugiero que pongas manos a la obra y practiques. Vamos hombre, acuérdate de cuando eras niño y juega. Seguro que aprendes cosas nuevas. Eso sí, que no te pillen.

Más solitario todavía

Carta blanca es otro solitario de cartas similar al Solitario que acabamos de describir. Para ejecutarlo, haz clic sobre su nombre en la carpeta Juegos del menú Inicio. No te precipites. Ya sé que me vas a decir que ejecutas el programa y no aparece ninguna carta sobre el tablero. Para empezar una nueva partida debes seleccionar la opción Nuevo juego del menú Juego, o si lo prefieres, pulsar la tecla F2 (nunca las dichosas teclas de función situadas en la parte superior de tu teclado, resultaron de tanta utilidad). Cuando comiences una nueva partida de Carta blanca, la pantalla de tu ordenador mostrará un aspecto similar al de la figura 6.5. Todas las cartas de la baraja aparecerán descubiertas y apiladas sobre la "mesa". El objetivo del juego, como te puedes imaginar, es formar cuatro montones (ordenados de forma ascendente) con los palos de la baraja sobre los cuatro espacios vacíos situados en la esquina superior derecha de la pantalla.

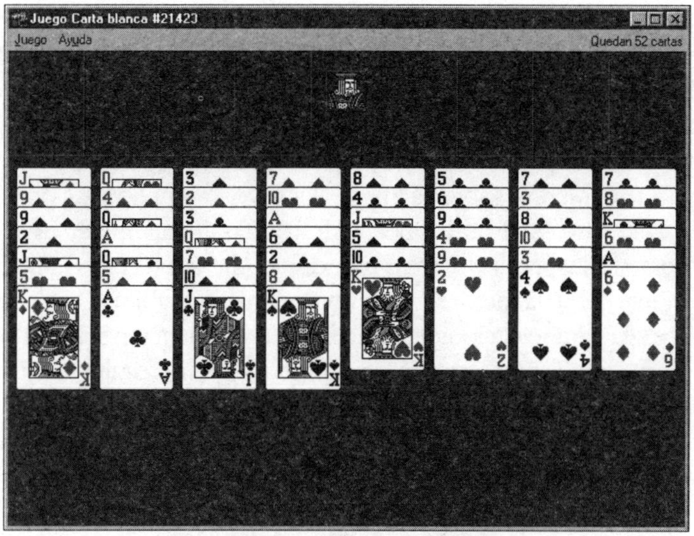

Figura 6.5. Una nueva partida de Carta blanca

Para conseguirlo debes básicamente las mismas reglas del Solitario (colocar cartas de distinto color sobre otras de valor inmediatamente superior). Sin embargo, ten en cuenta las siguientes diferencias:

- No puedes arrastrar las cartas con el puntero del ratón. Para mover una carta, haz clic sobre ella para seleccionarla. A continuación, coloca el ratón sobre la posición de destino y haz un nuevo clic.
- No puedes mover más de una carta a la vez, lo cual aumenta notablemente la dificultad del juego.
- Cuando aparezca un as, o cualquier otra carta que encaje en la escalera de palos de la esquina superior derecha de la pantalla, no necesitarás desplazarla. El programa se encargará automáticamente de llevarla a su nueva posición.
- No podrás utilizar las cartas que ya hayas colocado en la escalera de palos.
- En los espacios vacíos que vayas creando sobre la mesa, no sólo podrás colocar los reyes (K), sino cualquier otra carta.

Como compensación por todas estas limitaciones, el programa ofrece cuatro casillas libres (situadas en la esquina superior izquierda de la pantalla) donde podemos colocar las cartas que nos estorben para continuar el juego. ¿Te parecen pocas? El objetivo de estas casillas es proporcionarte una vía de escape para poder desbloquear las cartas que se encuentren cubiertas sobre la mesa. Una vez cumplido tu objetivo, es conveniente que vuelvas a liberar las casillas. Para mover una carta a cualquiera de las casillas libres, haz doble clic sobre ella. Para ponerla nuevamente sobre la mesa, sigue el procedimiento habitual, es decir, hacer clic sobre ella para seleccionarla y hacer clic a continuación sobre la posición de destino. Una vez más, podrás comprobar que no resulta sencillo hacer trampas al ordenador. Si intentas realizar algún movimiento ilegal, el programa te mostrará un mensaje como el de la siguiente figura, haciéndote ver que de momento deberás reprimir tus impulsos vengativos.

Figura 6.6. El programa muestra este mensaje cuando intentamos realizar una jugada ilegal

Si consigues derrotar al programa (cosa que resulta bastante difícil), no le quedará más remedio que felicitarte.

Ya lo sabes. Si tu jefe te prohibe jugar al Solitario, dedícate a Carta blanca. No podrá decir que has desobedecido sus órdenes.

Para llegar a ser un experto en Carta blanca, sigue mis consejos:

- Intenta mantener desocupadas las casillas libres y las columnas vacías.
- Antes de comenzar una partida, investiga los puntos conflictivos, tales como ases escondidos debajo de un buen montón de cartas.

- Si quieres ver una carta oculta, haz clic sobre ella con el botón derecho del ratón.
- Utiliza el comando Deshacer del menú Juego siempre que lo consideres necesario. Piensa que rectificar es de sabios (no de tramposos).

Figura 6.7. Carta blanca nos felicita cuando conseguimos completar el solitario

Solo o en compañía

¿Te han pillado también jugando con Carta blanca? No te preocupes, todavía dispones de otros juegos para poder amenizar tus ratos libres (y los no tan libres). Corazones es un juego de cartas que te permite jugar en solitario contra el ordenador o contra otras personas, siempre que vuestros ordenadores estén conectados a través de una red.

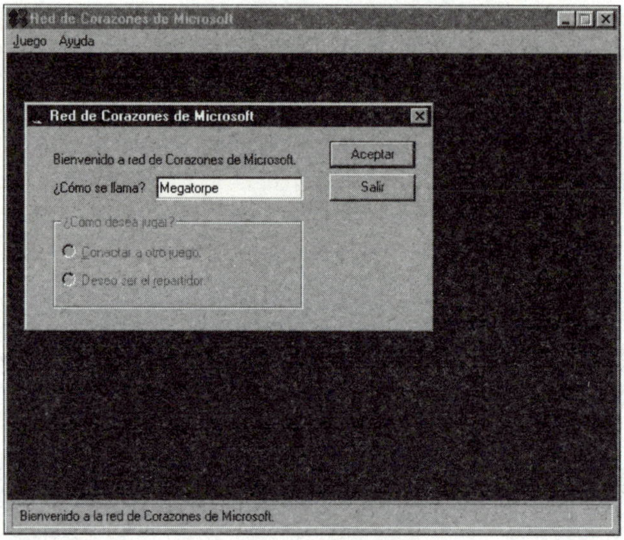

Figura 6.8. La pantalla inicial de Corazones

El hecho de que cada vez que te sientes delante de tu ordenador notes un insoportable olor a pescado, no tiene nada que ver con que tu equipo se encuentre conectado a una red. Si esto ocurre, comprueba qué es lo que ha pasado con el bocata de boquerones que dejaste a medio terminar la semana pasada.

Cuando ejecutes Corazones (seguro que ya sabes cómo hacerlo), aparecerá en tu pantalla una imagen similar a la que muestra la figura 6.8.Lo primero que debes hacer es identificarte, es decir, escribir tu nombre en el cuadro de texto ¿Cómo se llama? del cuadro de diálogo Red de Corazones de Microsoft. A continuación, selecciona cuál será tu papel en el juego. Activa el botón Deseo ser el repartidor para jugar en solitario o para esperar que otros compañeros se conecten con tu ordenador. Si ya hay otra persona que ha asumido el papel de repartidor, selecciona la opción Conectar a otro juego para entrar en contacto con él. Finalmente, haz clic sobre el botón Aceptar para cerrar el cuadro de diálogo. Para comenzar una partida de Corazones, el repartidor deberá pulsar la tecla F2 o ejecutar el comando Nuevo juego del menú Juego. La ventana de la aplicación mostrará un aspecto similar al de la figura 6.9.

Las 52 cartas de la baraja se reparten entre los cuatro jugadores sentados a la mesa. Tus 13 cartas son las que aparecen descubiertas en el borde inferior de la mesa. Por supuesto, las cartas de tus compañeros de juego aparecen tapadas. Antes de empezar la partida, deberás descartarte de tres de tus naipes e intercambiarlos con los tres naipes de los que se descartará el compañero que tienes a tu izquierda.

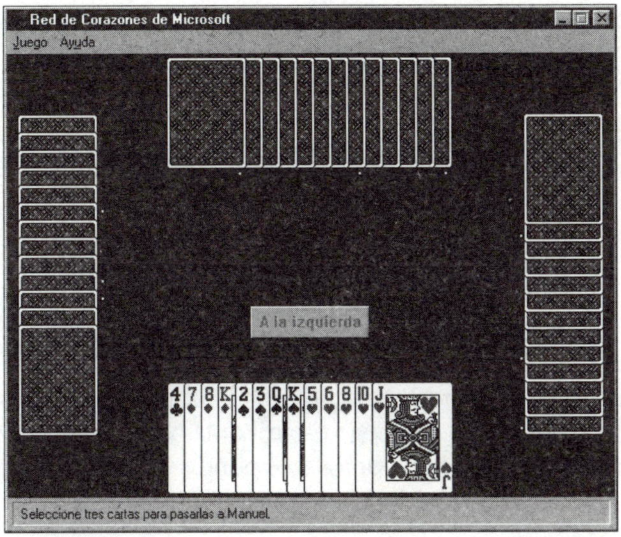

Figura 6.9. Comienzo de una partida de Corazones

Si tu equipo no se encuentra conectado a una red de ordenadores, las opciones Conectar a otro juego y Deseo ser el repartidor estarán desactivadas, y sólo podrás jugar contra el ordenador.

Para seleccionar estas tres cartas, simplemente haz clic sobre ellas. Cuando lo hayas hecho, el botón A la izquierda aparecerá activado y deberás hacer clic sobre él para realizar el cambio. En la segunda mano de la partida, intercambiarás tus cartas con el compañero de tu derecha. En la tercera, lo harás con el que se encuentre sentado frente a ti. Finalmente, la cuarta mano no te permitirá descartarte de ningún naipe. Después, se volverá a repetir esta secuencia.

El desarrollo del juego es similar al de nuestro conocido tute. Cada jugador, por turno, deberá hacer clic sobre una carta para ponerla encima de la mesa. Siempre que sea posible, es obligatorio echar una carta del mismo palo de la que haya en la mesa. Si no dispones de una carta del mismo palo, podrás arrojar cualquier otra (salvo un corazón o la reina (Q) de picas en la primera baza). El ganador de la baza será el jugador que arroje la carta más alta del palo de la carta inicial. Debes tener en cuenta, que en esta ocasión, la carta más alta es el as (A). Al ganar una baza, te llevas todas las cartas que hay sobre la mesa. Un jugador *falla* cuando se ve obligado a echar una carta de un palo distinto. El jugador que falla, no gana la baza en ningún caso. Las reglas principales que rigen este juego son las siguientes:

- En la primera baza, el jugador que tenga entre sus cartas el 2 de trébol, deberá deshacerse de ella, comenzando así la mano.
- Ningún jugador podrá arrojar un corazón o la reina de picas en la primera baza.
- El jugador que gana una baza, será el que arroje la primera carta de la siguiente baza.
- No es posible deshacerse de un corazón como primera carta, hasta que haya aparecido alguno sobre la mesa a consecuencia de un fallo.

La mano finaliza cuando todos los jugadores se han deshecho de sus trece cartas. Al final de cada mano, se contabilizan los resultados parciales de la partida. El objetivo del juego es acabar la partida de Corazones con el menor número posible de puntos. Los puntos se contabilizan mediante las cartas que hayas recogido al ganar las distintas bazas del juego:

- Por cada corazón recogido, se contabiliza un punto.
- Por la reina (Q) de picas, se contabilizan 13 puntos.
- Si un jugador ha recogido todos los corazones y la reina de picas, contabilizará 0 puntos, haciendo que sus tres compañeros sumen 26 puntos cada uno. Esta es la forma más rápida de ganar una partida de Corazones.

La partida finaliza cuando cualquiera de los jugadores alcanza 100 o más puntos. Al final de cada mano, el ordenador nos muestra un resumen de la puntuación de los jugadores, como muestra la figura 6.10.

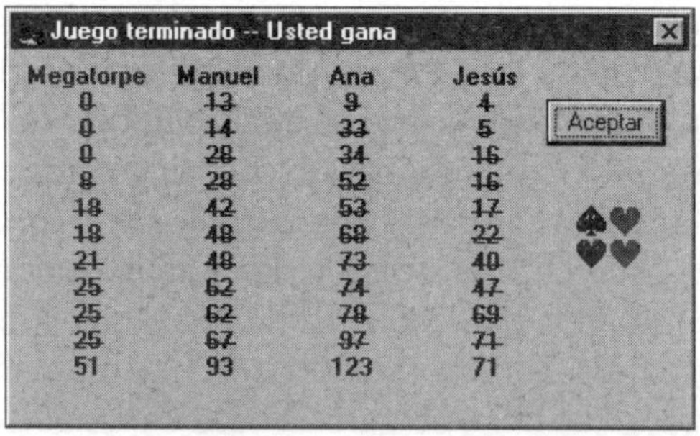

Figura 6.10. Resumen de puntuaciones de una mano de Corazones

Aquí tienes algunos consejos de Megatorpe para derrotar a tus adversarios en Corazones:

- Si deseas corregir algún descarte antes de comenzar la mano, haz clic nuevamente sobre la carta que hayas seleccionado.
- Antes de comenzar una mano, decide cuál será tu estrategia. Si dispones de cartas elevadas, la mayoría de los corazones y la reina de picas, puedes intentar ir a por todos los puntos.
- Intenta deshacerte de las cartas de más valor, siempre que tengas cierta seguridad de que tus compañeros no van a fallar echándote corazones o la reina de picas. Al principio de la mano, es más probable que tus compañeros tengan cartas suficientes para seguir el palo, y evitarás que te suelten puntos.
- Si observas que alguno de tus compañeros intenta llevarse todos los puntos, procura evitarlo robándole algún corazón.
- Procura quedarte sin cartas de alguno de los palos. Así podrás fallar y deshacerte de los naipes que te puedan obligar a ganar alguna baza (sobre todo, intenta deshacerte de la reina, el rey y el as de picas).
- Si puedes evitarlo, no eches el rey o el as de picas sobre la mesa mientras no haya salido la reina, a no ser que seas el último en tirar.
- Lleva la cuenta de las cartas que han ido saliendo, y sobre todo, síguele la pista a la reina de picas.

Emoción y aventuras con el Buscaminas

Otro de los juegos incluido en Windows 95 se llama Buscaminas. Ya sabes lo que tienes que hacer para ponerlo en marcha, así que haz clic sobre su nombre en la carpeta Juegos del menú Inicio y vamos a ver qué pasa.

De momento, aparece en pantalla una ventana como la que muestra la figura 6.11.

Podemos ver un tablero formado por un gran número de casillas. Debajo de estas casillas se esconde un cierto número de minas. El objetivo del juego es descubrirlas. En la zona superior izquierda de la ventana hay un marcador que indica el número de minas que quedan por descubrir (40 en este caso). A la derecha, un segundo marcador

Figura 6.11. El programa Buscaminas al empezar

muestra el tiempo transcurrido desde que comenzó la partida. En medio de los dos marcadores, aparece un icono en forma de cara sonriente que cambiará de expresión si pisas una mina.

Para comenzar a jugar, tienes que situar el puntero sobre una de las casillas del tablero y hacer clic sobre ella con el ratón. Si tienes suerte (si no la tienes ya te puedes imaginar lo que pasa), una o varias de estas casillas se despejarán y mostrarán un número que representa la cantidad de minas que se encuentran en posiciones vecinas. Las minas pueden encontrarse en dirección horizontal, vertical o diagonal. Cuando una casilla no tiene ninguna mina contigua aparece en blanco, y el programa nos ahorra trabajo despejando todas las casillas que se encuentran alrededor (ver figura 6.12).

La arriesgada tarea del jugador consiste en utilizar la información que proporcionan las casillas descubiertas para averiguar en qué posición se encuentra escondida cada mina. Una vez detectada una mina, puedes hacer clic sobre ella con el botón **derecho** del ratón (ten cuidado, he dicho el derecho, no el izquierdo. Una equivocación aquí podría resultar fatal). Al hacerlo, la casilla quedará señalizada con una bandera, y el marcador de minas de la esquina superior izquierda de la ventana bajará en una unidad (figura 6.13).

Ante todo no te alarmes, si pisas una mina tu ordenador no explotará, simplemente perderás la partida.

Marcar una mina sirve para poder despejar nuevas casillas. Por ejemplo, si una casilla tenía una sola mina contigua y ésta ya ha sido localizada, sabemos que todas las demás casillas de alrededor están vacías.

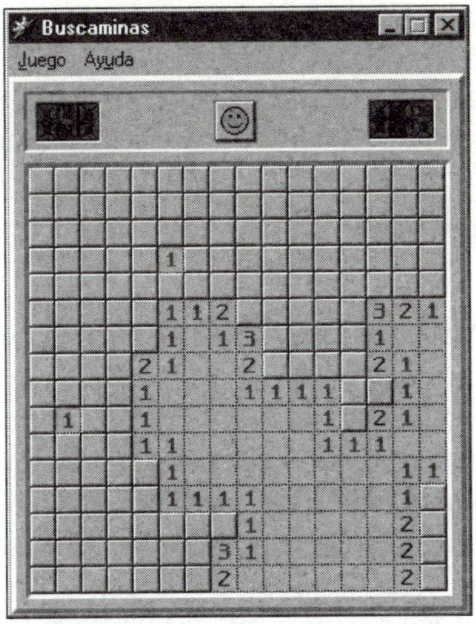

Figura 6.12. Buscaminas con una zona amplia despejada

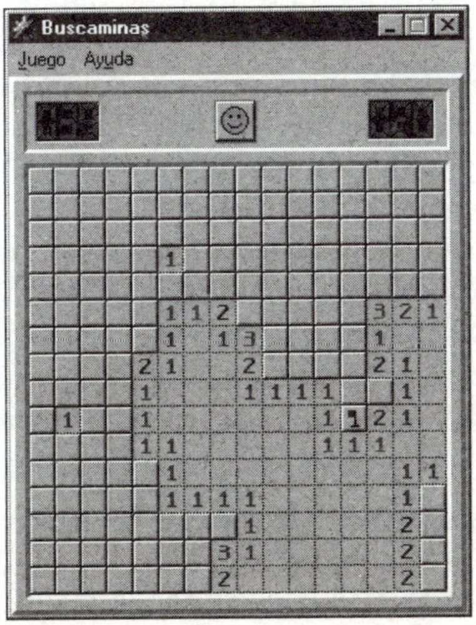

Figura 6.13. Buscaminas con una mina marcada

Recuerda que si eres zurdo y has intercambiado la función de los botones del ratón, tienes que intercambiar también tus neuronas e interpretar las palabras "botón derecho" por "botón izquierdo" y "botón izquierdo" por "botón derecho". ¡Vamos, un jaleo!

Maneja el ratón como un experto en el Buscaminas:

- Hacer clic con el botón izquierdo (el botón derecho si eres zurdo) descubre la casilla a la que señala el puntero.
- Hacer clic con el botón derecho (el izquierdo, si eres *siniestro*) marca la posición de una mina.
- Hacer clic con el botón central (o bien con el botón izquierdo y el derecho simultáneamente), despeja automáticamente todas las casillas de alrededor. ¡Ten cuidado!, esta es una herramienta práctica pero peligrosa.

Otra de las facilidades que nos permite el programa consiste en utilizar una marca especial para las casillas dudosas. Cuando sospechamos que una casilla puede contener una mina pero no estamos seguros de ello, podemos hacer clic dos veces con el botón derecho del ratón. Al hacerlo, conseguiremos que aparezca una marca en forma de interrogación que avisa de que hay que tener cuidado con dicha casilla. Esta posibilidad sirve también para deshacer errores, ya que un nuevo clic con el botón derecho sobre una casilla marcada con interrogación despeja todas las marcas y devuelve a la casilla a su estado inicial.

El juego termina cuando descubrimos todas las minas que existían en el tablero, o bien cuando descubrimos alguna casilla que contenía una mina. Cuando se produce esta triste circunstancia, el programa nos presenta la posición de las minas que quedaban por descubrir (tal vez para demostrar a los jugadores suspicaces que no les engaña).

Pero si conseguimos terminar el juego con éxito y en un tiempo suficientemente corto, el ordenador nos presenta un cuadro de diálogo en el que podemos introducir nuestro nombre, que pasará a formar parte de la lista de los mejores jugadores (figura 4.9). De todas formas, ten cuidado, porque si aparece tu récord en el ordenador de la oficina puede que alguien se pregunte a qué dedicas esas largas sesiones de trabajo frente a la máquina y todas las horas extra.

- Atención a las esquinas y los bordes del tablero. Como sabemos que fuera del entramado de casillas no puede haber ninguna mina, resulta más fácil deducir dónde pueden encontrarse las minas que rodean a una determinada casilla descubierta.

- Los números que aparecen en las casillas descubiertas no sólo proporcionan información sobre las casillas adyacentes que contienen minas, sino también (por eliminación) sobre las que no contienen nada. Debes tenerlo en cuenta.
- No te limites a realizar deducciones sobre el número de una casilla. Las combinaciones de casillas pueden darte también mucha información. Por ejemplo, un 1 junto a un 2 frente a una fila de casillas cubiertas nos indican que las dos minas deben encontrarse en las casillas más alejadas del 1 (que sólo puede tocar a una de ellas).
- Cuando no puedas deducir por lógica dónde se encuentra alguna casilla vacía, prueba a levantar al azar alguna de las que rodean a una marcada con 1. Las probabilidades de acertar con la mina son menores.

Te recomiendo que, para dejar tu récord, utilices un seudónimo (algo así como *El zapador indomable*) que no permita tu identificación en el caso de que el jefe vea el ordenador.

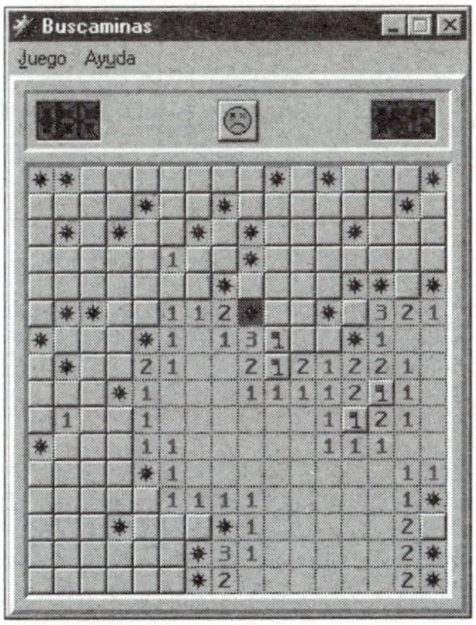

Figura 6.14. El Buscaminas con una partida perdida

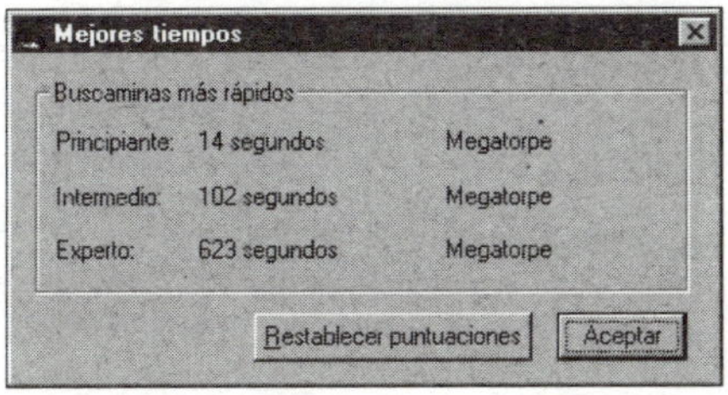

Figura 6.15. El cuadro de honor del Buscaminas

- Los juegos de Windows 95 no sirven sólo como entretenimiento. También representan una forma agradable de aprender a movernos y a manejar el entorno. ¡Y que no te pillen jugando en horas de trabajo! Te recuerdo que ni Megatorpe ni la Editorial se hacen responsables de los desastres que puedan provocar en tu vida laboral los juegos de Windows 95.
- El solitario es un juego de cartas cuya finalidad es construir cuatro escaleras de color que agrupen a todas las cartas de la baraja. Para utilizarlo debes hacer clic sobre su nombre en la carpeta Juegos del menú Inicio.
- Carta blanca es un solitario en el que deberás construir cuatro escaleras de color redistribuyendo las cartas que hay sobre la mesa. Para conseguir tu objetivo, podrás utilizar las cuatro casillas libres situadas en el extremo superior izquierdo de la ventana. Ejecuta Carta blanca haciendo clic sobre su nombre en la carpeta Juegos del menú Inicio.
- Corazones te permite jugar una partida de cartas con otros tres ordenadores conectados en red. Para ganar, deberás acumular menos puntos que tus compañeros, evitando quedarte con los corazones y la reina de picas. Puedes encontrar Corazones en la carpeta Juegos del menú Inicio.
- Para ganar al Buscaminas necesitarás descubrir todas las minas que han sido escondidas debajo de un tablero compuesto por un entramado de casillas. Para acceder a este juego haz clic sobre su nombre en la carpeta Juegos del menú Inicio.

CAPÍTULO 7
Pero... ¿Para qué sirve todo ésto?

Diario de Megatorpe

Cuenca, 19 de Septiembre

Dear diary,

Como bien sabes, mi verdadera vocación frustrada es la de escritor de novelas policiacas. En realidad, mi trabajo de oficinista no es más que una tapadera que me permite recopilar la información necesaria para mis manuscritos. Estoy seguro de que algún día, conseguirán eclipsar incluso a los de la mismísima Agatha Christie.

Esta mañana, la ciudad ha amanecido cubierta por un tupido velo gris. Un gris que hacía presagiar complicaciones. Levanté las solapas de mi gabardina, ajusté mi sombrero de felpa y salí hacia la oficina dispuesto a enfrentarme con un nuevo caso. Todas las miradas apuntaban hacia mí. Evidentemente, a estas alturas ya no resulta fácil pasar desapercibido en una ciudad tan pequeña.

Como de costumbre, llegué puntual a la oficina. Y allí estaban todos, esperando para felicitarme por mi inestimable colaboración en la resolución del caso de las joyas robadas. Entre apretones de mano y palmaditas en la espalda, apareció ella. Era una mujer de unos 30 años. Un elegante vestido negro se ceñía perfectamente a las ajustadas curvas de su escultural anatomía. Bajo su sombrero, una hermosa cabellera roja advertía del peligro de permanecer a su lado. Un velo cubría su cara ocultando sus oscuras intenciones.

Enseguida, la hice pasar a mi despacho. Entre lágrimas, me confesó que su acaudalado marido acababa de pasar a mejor vida, y pretendía cobrar cuanto antes el dinero del seguro para aplacar su inmenso dolor. Había algo demasiado sospechoso en su comportamiento, así que sin dudarlo, decidí comenzar a investigar.

Por lo general, mi jefe no me habría encargado un trabajo aparentemente tan sencillo. Pero dado que Peláez estaba de viaje, Hernández y Fernández en un congreso y Salinas de baja por enfermedad, no quedaba más remedio que fuera yo quien, una vez más, sacara de apuros a la empresa.

Salí de la oficina y decidí tomar el autobús para no levantar sospechas. Quería evitar a toda costa que alguien me siguiera. De repente, oí una terrible explosión y eché mano a mi cartuchera. Por un momento había olvidado que yo nunca utilizo pistola. El autobús había reventado una rueda. Ya no quedaba ninguna duda. Algo olía a podrido en todo este asunto, y habían intentado liquidarme para impedir que lo descubriera.

Al llegar al funeral, me perdí entre la multitud para poder investigar discretamente. Inmediatamente, descubrí el engaño. La mujer que había estado en mi despacho no era la verdadera viuda. Ya sólo me quedaba regresar a la oficina para paralizar los trámites del seguro.

Empleando mis dotes naturales para el manejo de los ordenadores, redacté un informe en WordPad. Mi jefe estaba maravillado con la rapidez con la que había conseguido resolver el caso. Enseguida, me ofreció unos días de descanso. Creo que sus palabras exactas fueron: "¡Fuera de mi vista, animal de bellota!". En realidad, el hecho de que me equivocara de funeral es simplemente un detalle sin importancia.

(Extraído de las notas biográficas sobre Cosme Romerales, alias Megatorpe. Enciclopedia de los grandes Superhéroes de la Informática.)

¡Por fin, algo útil!

Hasta ahora, amigo lector, has venido aprendiendo y familiarizándote con una serie de técnicas y elementos necesarios para iniciarte en esa especie de ciencia oculta llamada Windows 95. Pero es posible que a estas alturas, estés lo suficientemente harto de prolegómenos como para tirar el libro por la ventana si no empiezas a verle la utilidad al asunto.

Bueno, pues a eso vamos. Y empezaremos con una de las aplicaciones más prácticas y que más provecho sacan de la utilización del ordenador: ESCRIBIR. Aunque parezca mentira, escribir con un ordenador ofrece múltiples ventajas respecto a los clásicos lápiz y papel. Y además, aunque no lo creas, puede resultar igual de fácil.

La aplicación que se utiliza para elaborar documentos escritos dentro de Windows 95 se llama WordPad.

Como el lector ya ha podido comprobar, el enfoque de este libro pretende ser 104,5 por cien práctico. En consecuencia, en lugar de ponernos ahora a contar cómo funciona WordPad y aburrir al personal

WordPad en inglés está formado por dos vocablos que significan "palabra" y "bloc", es decir, algo así como "bloc de palabras". En esta ocasión, los creadores de Windows 95 le han echado un poquito más de imaginación que en la versión anterior del programa, donde llamaban Write ("escribir") al equivalente del nuevo WordPad.

con la descripción de todas las maravillas que el "susodicho" programita nos permite realizar, lo que haremos es ponernos manos a la obra y ver cómo se redacta un documento en la práctica, cómo conseguir darle un formato agradable (muy distinto al de esos "cochambrosos papelotes" que solemos escribir habitualmente), cómo imprimirlo, etc.

Igual que una máquina de escribir, pero mejor

Imaginemos que tenemos una cuenta corriente en un banco (lo de tener dinero ya es otra cosa) y que necesitamos escribir una carta al director con el fin de pedir un crédito (que probablemente no nos será concedido, pero ¡hay que intentarlo!).

Para ello, con toda la decisión del mundo, encendemos el ordenador con Windows 95, y nos ponemos a buscar el programa para escribir una carta. Se llama WordPad y podemos encontrarlo en la carpeta Accesorios del menú Inicio. A continuación, hacemos clic sobre su nombre y ¡tachaaaaaan!, la ventana del programa aparece en pantalla:

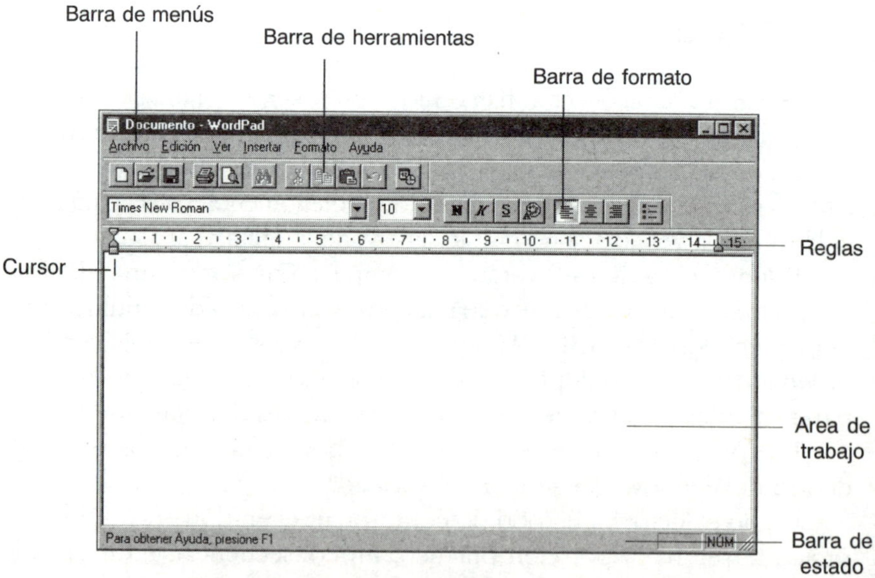

Figura 7.1. La ventana del programa WordPad

En ella se puede observar un área de trabajo en blanco, lista para que podamos comenzar a introducir texto. En la esquina superior izquierda aparecerá un cursor parpadeante, representado por una barra vertical; esto no significa que tengamos la pantalla estropeada, sólo indica la posición donde podemos introducir texto.

Encima del área de trabajo, podemos ver una barra de menús, un par de barras de herramientas (que no incluyen destornilladores, clavos, llaves inglesas ni nada similar) y una regla (para que tomemos medidas) que utilizaremos más adelante para hacerle distintas "perrerías" al texto. Abajo, una barra de estado nos irá mostrando diferentes mensajes.

Pues venga, ¡vamos al tajo! Empecemos a escribir como si lleváramos haciéndolo toda la vida. Es igual que en una máquina de escribir. Sólo es necesario tener en cuenta unas pocas reglas:

- En primer lugar, no hay que pulsar la tecla de retorno de carro al final de cada línea. El propio programa (¡listo el chico, eh!) se da cuenta de cuándo llegamos al final de la línea y automáticamente pasa el cursor a la siguiente, para que sigamos escribiendo.
- Cuando lleguemos al final de un párrafo sí necesitaremos indicárselo al programa, y lo haremos pulsando la famosa tecla Intro (esa que es como una L al revés).
- ¿Qué sucede cuando nos equivocamos?, pues que tendremos que borrar. Para ello utilizaremos la tecla retroceso (la que tiene el símbolo ç) si queremos borrar el carácter situado a la izquierda del cursor, o la tecla **Supr** si queremos borrar el carácter situado a su derecha.
- Para movernos a lo largo del texto que forma nuestro documento (y poder insertar o modificar texto en cualquier punto) tenemos dos alternativas: una consiste en utilizar las llamadas teclas de dirección del cursor (esas en forma de flecha que apuntan en las cuatro direcciones: ç é è ê); si lo hacemos, podemos ver cómo el cursor de texto se mueve a lo largo del documento. Existe una segunda, más rápida, que consiste en situarse con el puntero del ratón sobre el punto donde queremos colocar el cursor de texto y hacer clic.

Si pulsas el retorno de carro para terminar todas tus líneas, estarás diciéndole a WordPad que las interprete como párrafos distintos, y perderás muchas de las ventajas del programa. Utiliza el retorno de carro sólo para dar por terminado un párrafo completo.

- Por otra parte, ¡y teniendo en cuenta lo que me enrollo para decir cualquier tontería!, llegará un momento en que el texto introducido ocupe más que el espacio de trabajo disponible en pantalla. A partir de este momento, el texto se irá desplazando hacia arriba y desaparecerá por la parte superior de la ventana. Pero no hay que preocuparse, no desaparece para siempre. En realidad el espacio de trabajo sobre el que escribimos en WordPad es como una especie de papel de un ancho fijo y largo, muy laaargo (a qué me recordará a mí eso), sobre el que podemos escribir texto y más texto.

Para movernos a lo largo de ese rollo de papel (imagínate que fuera un pergamino) en el que hemos escrito nuestro documento tenemos varias alternativas:

1. Para empezar podemos utilizar las teclas de dirección del cursor (las de las flechas). Cuando llegamos hasta uno de los bordes del espacio de trabajo y seguimos empujando el cursor en esa dirección, el bloque de texto se desplaza en sentido contrario. Es como si tuviéramos una ventana que podemos mover sobre un espacio más grande, el espacio de trabajo real.
2. La segunda alternativa consiste en utilizar las teclas **RePág** y **AvPág** (que significan respectivamente Retroceder Página y Avanzar Página). Estas teclas nos permiten movernos por el espacio de trabajo avanzando y retrocediendo a tramos fijos, equivalentes a tantas líneas como nos caben en la ventana de WordPad. De esta forma podemos recorrer muy rápidamente un documento, aunque sea largo.
3. Finalmente, podemos usar también las barras de desplazamiento. En ellas, la longitud total de la barra representa la longitud total de nuestro documento, y el botón representa la posición relativa que ocupa la ventana respecto al documento.

Para recorrer el documento podemos agarrar el botón y arrastrarlo por la barra (recuerda que aprendimos a "arrastrarnos" en el capítulo 3 del libro). Al mover el botón sobre la barra se moverá también de forma equivalente la ventana sobre el documento. También podemos hacer clic sobre los iconos de flecha arriba y abajo que se encuentran en los extremos de la barra de desplazamiento; con ello conseguiremos desplazar el texto una posición (una línea) hacia arriba o hacia abajo.

Bueno, pues eso ha sido todo. Básicamente, las reglas que acabamos de desarrollar, son todo lo que necesitamos tener en cuenta para ponernos a escribir una carta en WordPad. Si las utilizas correctamente, no tendrás ningún problema en redactar tu carta al banco, más o menos parecida a la de este ejemplo:

Aunque no se suele utilizar mucho porque el ancho de un documento suele ser fijo (e inferior al ancho de la ventana), la barra de desplazamiento situada en la parte inferior de la ventana de trabajo nos permite realizar las mismas operaciones de desplazamiento sobre el texto que la barra vertical, pero esta vez en sentido horizontal.

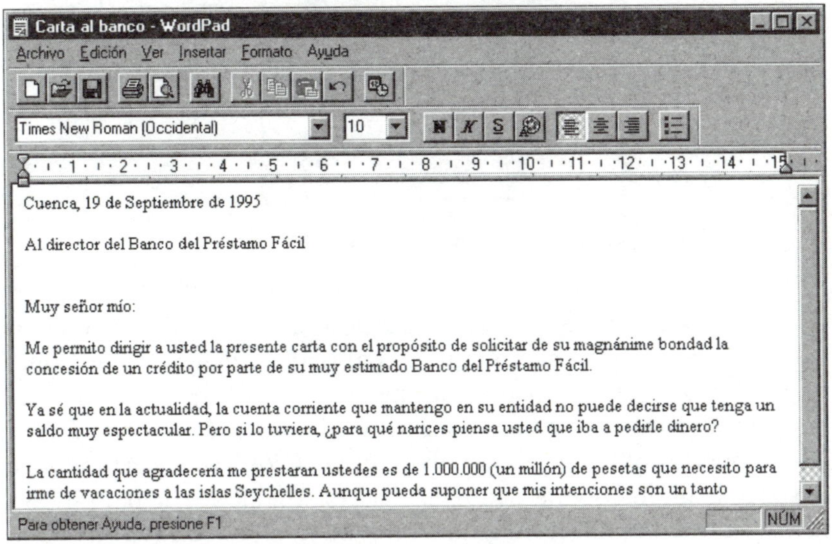

Figura 7.2. La carta al banco

Hombre, la verdad es que queda un poco "sosa", pero pronto aprenderemos a ponerle filigranas a los documentos escritos en WordPad y seguro que conseguimos escribir algunas cartas más barrocas que la Iglesia del Pilar de Zaragoza.

Cortar y pegar, pero sin tener que dedicarse al "bricolage"

La verdad es que con papel, unas tijeras y pegamento, también podemos hacerlo; pero seguro que nos queda peor. La idea es tomar un trozo de un documento y cortarlo de la posición donde se encuentra (o copiarlo, luego veremos cuál es la diferencia) para después pegarlo sobre una posición diferente.

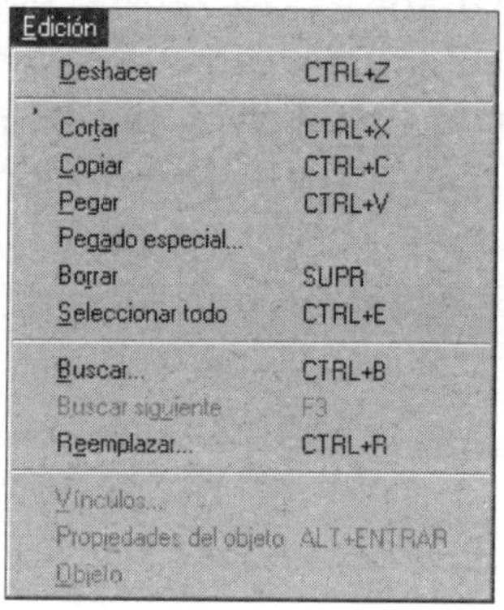

Figura 7.3. Las opciones del menú Edición

Observarás que el primer comando del menú Edición se llama Deshacer. Pues bien, si te equivocas al realizar ciertas operaciones (como borrar todo un documento que has tardado 18 horas en crear, o sustituir todas las referencias a tu "estimado jefe" por "detestado jefe"), puedes utilizarlo para volver atrás. ¡Ojo!, este comando sólo deshace la última operación realizada. Así que debes actuar raudo y veloz. Antes de hacer ninguna otra operación con WordPad (y subrayo la palabra ninguna) ejecuta el comando Deshacer para evitar la tragedia. Si desplegamos el menú Edición de WordPad, podremos observar, entre otros, los comandos Cortar, Copiar y Pegar, que funcionan sobre un fragmento de texto previamente seleccionado, y permiten realizar las siguientes acciones:

- *Cortar*: elimina el texto seleccionado de su posición original y lo almacena en un lugar especial de Windows 95 (una especie de limbo de los justos) denominado Portapapeles.
- *Copiar*: copia el texto seleccionado en el Portapapeles, pero sin eliminarlo de su posición inicial.
- *Pegar*: inserta un texto previamente almacenado en el Portapapeles en la posición actual donde se encuentra el cursor.

Vamos a ver cómo "se come" esto en la práctica. En primer lugar, seleccionaremos un fragmento de texto de nuestra carta al banco. Para ello, situamos el puntero del ratón en la posición inicial (justo antes de la primera letra) del texto que pretendemos seleccionar, pulsamos el botón del ratón, y lo mantenemos pulsado mientras movemos el puntero hasta la posición final (justo después de la última letra). Al hacerlo, veremos cómo el texto seleccionado queda marcado apareciendo en pantalla en "negativo". Una vez que todo el texto que necesitamos aparece marcado, ya podemos soltar el botón del ratón.

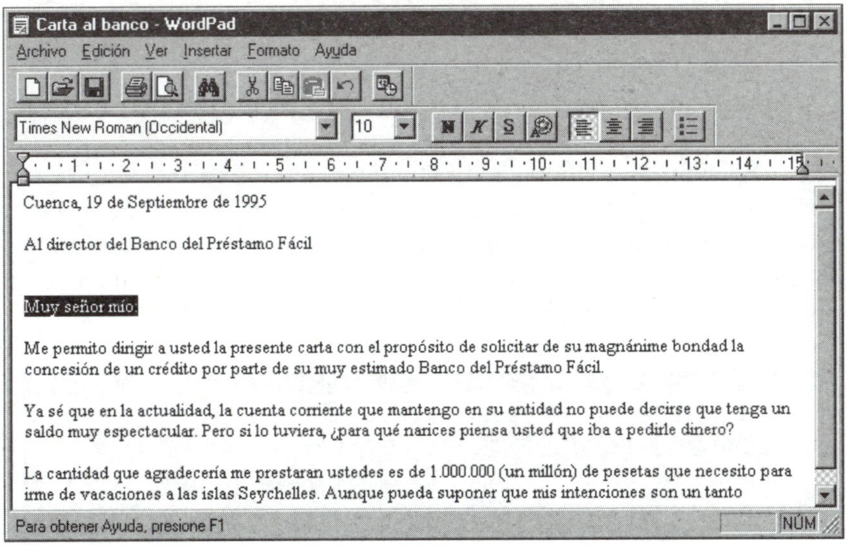

Figura 7.4. Un fragmento de texto seleccionado

Atajo. Existe una forma de seleccionar palabras completas con una sola acción del ratón. Sitúa el puntero sobre la palabra en cuestión, haz doble clic con el ratón, y ¡ya está! Palabra seleccionada.

Más rápido todavía. Sitúa el puntero del ratón en el borde izquierdo del área de trabajo (la hoja de papel) de WordPad. Verás que cambia de orientación y la flecha que representa, apunta hacia la derecha en lugar de hacia la izquierda como es habitual. Esta zona especial (e

invisible) de la ventana de WordPad se denomina *área de selección*. Haz clic con el botón izquierdo del ratón. ¡Tachaaan! ¡Acabas de seleccionar una línea completa!

A la velocidad del rayo. Sitúa nuevamente el puntero del ratón sobre el área de selección de WordPad, a la altura de cualquier fragmento de texto. Haz doble clic con el botón izquierdo del ratón. ¡¡Increíble, se seleccionan todas las líneas del párrafo!!

Megavelocidad. ¿Creías que la cosa iba a acabar aquí? Pues te equivocas. Sitúa una vez más el puntero del ratón sobre el área de selección y haz triple clic (tres clics rápidos sobre el botón izquierdo del ratón). ¡¡¡Fantástico, queda seleccionado todo el documento!!!

Ahora vamos a copiar este texto en una posición distinta de nuestra carta. Para ello, debemos utilizar en primer lugar el comando Copiar del menú Edición. A continuación, situamos el puntero del ratón en la posición donde pretendemos insertar el texto y hacemos clic. De esta forma, el cursor del texto pasará a situarse en dicho punto. Si utilizamos ahora el comando Pegar del menú Edición, veremos cómo aparece un duplicado del texto original en la nueva posición (mola, ¿eh?).

Cuando cortas o copias algo eliminas el contenido anterior del Portapapeles. ¡Y ya no lo puedes recuperar! Así que, antes de utilizar los comandos Cortar y Copiar, piensa si el Portapapeles contiene alguna información que todavía puedas necesitar.

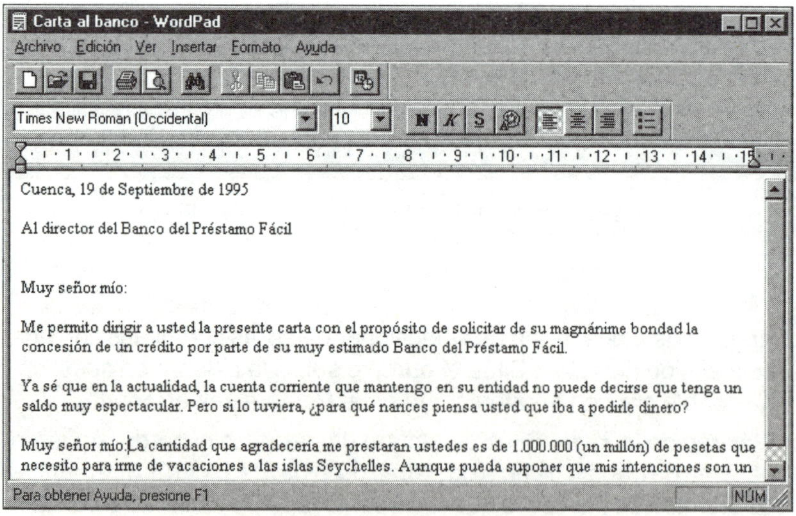

Figura 7.5. Después de copiar el texto

El comando Cortar funciona casi igual, pero haciendo desaparecer el texto seleccionado de su posición original.

La importancia de dar imagen

¡Pues ya hemos aprendido a escribir y a cambiar el texto de sitio! De momento no está mal, pero es sólo el principio. El siguiente paso será convertir esa aburrida carta que acabamos de escribir en una obra de arte. Para ello, WordPad nos facilita un buen número de utilidades para adornar y dar formato al texto a través de sus barras de herramientas y bajo la forma de opciones dentro de los menús.

En casi cualquier documento impreso podemos encontrarnos con palabras subrayadas, en cursiva, negritas, etc. Bueno, pues éste será el primer paso. Observa con atención la segunda barra de herramientas de WordPad (la que está situada debajo de la barra de menús no, la de más abajo). Esta barra se conoce con el nombre de Barra de formato. Más o menos en su parte central aparece un grupo de cuatro botones con las letras N, K, S y A en su interior (esta última acompañada de una representación muy "cuca" de la paleta de un pintor). Estos botones sirven para definir el aspecto de un fragmento de texto en WordPad.

Selecciona una palabra de la carta que estás escribiendo al banco (ya sabes cómo hacerlo, lo acabas de aprender un poco más arriba). A continuación, haz clic sobre el botón Negrita (el de la N).

Qué poco original, ¿no? La palabra seleccionada, como era de esperar, cambia de formato y convierte sus letras a negrita (desde luego, estos de Windows 95 no servirían para hacer películas de misterio).

¿Adivinas qué se puede hacer con los dos botones centrales? Pues tampoco resultan demasiado imaginativos: *Cursiva* y Subrayado, no necesitan aclaraciones.

Bien amigo lector, si habías pensado que te lo iba a dar todo hecho estabas equivocado. Ahora tendrás que conseguir por tu cuenta Cortar la primera línea de la carta (ésa donde aparece la fecha y el lugar de remite) y llevarla hasta el final de la carta. ¡Animo, está "chupao"!

Si tu impresora no es de esas que utilizan colorines, no esperes milagros. Tus documentos seguirán apareciendo como siempre, en blanco y negro, aunque eso sí, con suerte podrás ver algún que otro gris (¡qué vida más aburrida!).

Para devolver el texto a su formato original, haz clic nuevamente sobre los botones Negrita, cursiva o Subrayado que hayas utilizado (pero eso sí, asegúrate de haber seleccionado antes el texto que quieres volver a formatear). La verdad es que eso de las tres dimensiones de Windows 95 resulta muy útil. Observa que cuando aplicas uno de estos formatos a cualquier fragmento de texto en WordPad, el botón muestra un aspecto de bajo relieve (hundiéndose en las entrañas de tu monitor). Cuando eliminas el formato, el botón vuelve a recuperar su aspecto de sobre relieve. Finalmente, con el cuarto botón del grupo podrás asestar un golpe de efecto definitivo a tus escritos (¡lo nunca visto!): utilizar diferentes colores. Cuando hagas clic sobre este botón, aparecerá una lista (menú) con los colores predefinidos en el programa. Para seleccionar cualquiera de estos colores sólo tendrás que hacer clic sobre su nombre. Procura no utilizar demasiado el color *Fucsia* para tus escritos, o en la oficina empezarán a dudar de tus gustos estéticos.

Las barras son como fantasmas, que aparecen y desaparecen a voluntad (a tu voluntad, claro). Puedes ocultar o volver a mostrar las distintas barras de WordPad, utilizando los comandos del menú Ver: Barra de herramientas, Barra de formato, Regla y Barra de estado. Una marca a la izquierda del nombre del comando, significa que la barra aparece en la ventana del programa. Si eliminas dichas marcas, las barras desaparecerán como por encanto, y dispondrás de más espacio para trabajar con tu documento WordPad.

¡No se vayan todavía, aún hay más! Ahora que tienes el gusanillo de las barras de herramientas metido en el cuerpo, te preguntarás para qué sirve el resto de los botones y artilugios de WordPad. Un poco de paciencia, que todo se andará. En primer lugar, echa un vistazo a las dos listas desplegables situadas en el extremo izquierdo de la Barra de formato. Su contenido no puede ser más intrigante: "Times New Roman" y "10". No, no se trata de la clasificación de la segunda división de la liga inglesa. Times New Roman es la *fuente* utilizada para el texto de tus documentos WordPad, y 10, el tamaño de la fuente. En Windows, las medidas se toman en puntos (como en las medias). Un punto es equivalente a un cachito de centímetro (aproximadamente).

Lo de las fuentes seguro que necesita alguna aclaración adicional. En primer lugar, debemos dejar claro que no tiene nada que ver con la Fontana di Trevi. En realidad, el término FUENTE, que podemos encontrar en muchas aplicaciones Windows, significa *tipo de letra*.

Así que, manos a la obra. Selecciona un fragmento de texto, abre ceremoniosamente la lista desplegable de fuentes y selecciona la que más rabia te dé. Haz lo mismo con la lista desplegable de tamaño. En este caso, puedes seleccionar cualquiera de los valores predeterminados incluidos en la lista, o escribir tu propio valor en el cuadro correspondiente. ¡Para el carro! Si escribes un valor demasiado alto, conseguirás tener una sola letra en cada página. En la siguiente figura tienes un ejemplo de tipo de letra exótico.

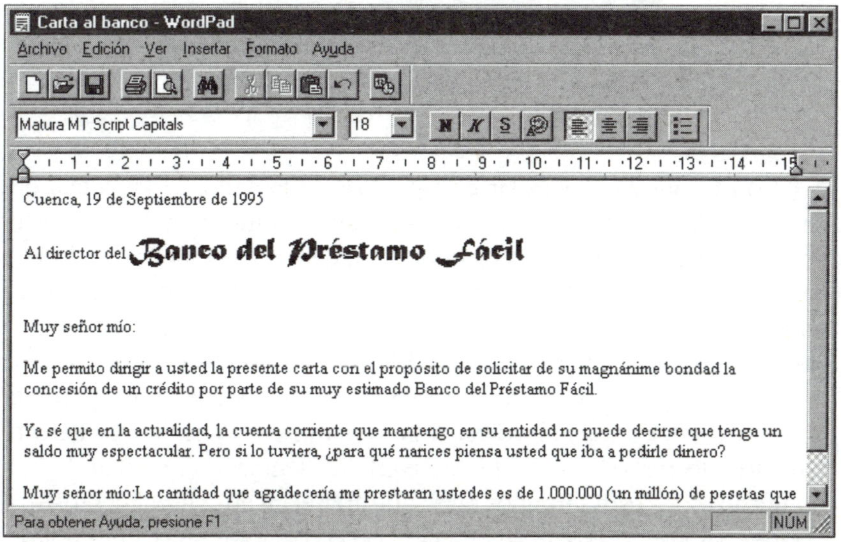

Figura 7.6. La carta al banco con un tipo de letra exótico

Y si todas estas cosas podemos hacerlas con los botones de la Barra de formato... ¿para qué puñetas sirve la barra de menús? Pues para hacer lo mismo, sólo que de forma un poco más complicada,

Los nombres de las fuentes que aparecerán en tu pantalla no tienen por qué ser iguales a los de la figura.

aunque a cambio, con alguna propinilla adicional. Despliega el menú Formato y ejecuta el comando Fuente. Aparecerá en tu pantalla un cuadro de diálogo como este:

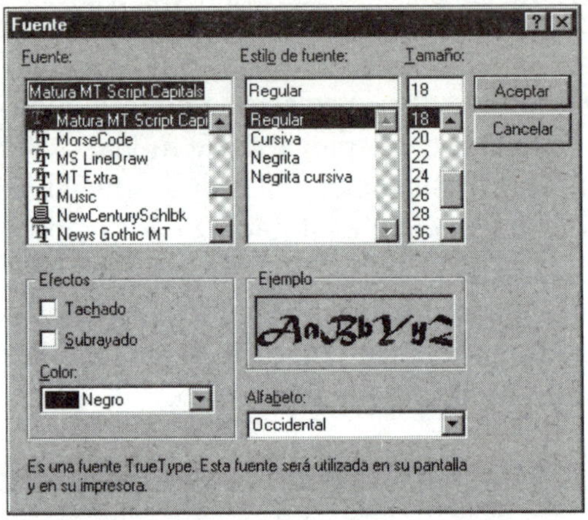

Figura 7.7. El cuadro de diálogo Fuente

Aquí tienes un resumen de algunos de los tipos de letra (fuentes) más habituales que podemos encontrarnos:

Courier, Garamond, Helvética, Bookman, Futura, Palatino, *Script*, Times.

Con él puedes controlar el aspecto y el tamaño de las letras que forman tu documento. Como puedes ver en la figura, en el cuadro existen tres listas: en la de la izquierda (Fuente) puedes elegir el aspecto de la letra; en la de la derecha el tamaño; y en la del centro (Estilo de fuente) seleccionas si quieres letra regular (normal), negrita, etc. El cuadro de Ejemplo (ese que aparece debajo de Estilo de fuente y Tamaño) te va mostrando "la pinta" del texto que estas consiguiendo, de forma que luego no te lleves sorpresas al volver a la ventana del documento. Pero tú, estimado lector (si estás ahí todavía), te seguirás preguntando qué significan todos esos términos raros que aparecen en la lista Fuente: Arial, Courier, Times... ¡Ya estamos otra vez con las palabras raras! Pues por una vez los informáticos no tienen la culpa. Esas palabras no son más que los nombres de las fuentes (¡de los tipos de letra vaya!) y se los inventan los profesionales de la imprenta y las artes gráficas.

En el cuadro de diálogo Fuente también puedes encontrar los efectos de subrayado y tachado (como cuando corriges un documento y tachas algo con el bolígrafo para fastidiar a su autor), una paleta de colores, una lista de los alfabetos disponibles para la fuente seleccionada: Occidental, Griego, Turco, Centro europeo, Cirílico (si eres uno de esos tipos raros que se pasa todo el día dándole al vodka y bailando el "kasachov"), etc. y algo de información sobre la fuente para que puedas leer antes de irte a la cama. Ya sabes cómo utilizar todos estos elementos. Conviértete en Mr. Hyde, lleva a cabo tus macabros experimentos y haz clic sobre el botón Aceptar para ver qué resultados obtienes en la ventana de WordPad.

Cambiemos ahora de tercio. Acabamos de ver las transformaciones que podemos realizar sobre las letras con el fin de modificar el aspecto del texto; el siguiente paso consistirá en analizar las posibilidades de WordPad para modificar fragmentos completos de un documento. Como puedes suponer, dichas opciones puedes encontrarlas tanto en la Barra de formato como en los menús de WordPad. El grupo de botones situado a la derecha de las herramientas de formato de letras (ya sabes, negrita, cursiva, subrayado y color) sirve para especificar el tipo de alineación que deseas utilizar para un párrafo.

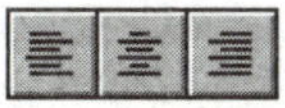

El botón Alinear a la izquierda consigue que el párrafo seleccionado quede alineado con el margen izquierdo del documento.

El botón Centrado permite centrar, respecto a los márgenes del documento, el párrafo o fragmento de texto seleccionado.

¿Adivinas para qué sirve el botón Alinear a la derecha? ¡Ideal para las fechas!

En el menú Formato, nos encontraremos con el comando Párrafo que, como de costumbre, nos reserva alguna grata sorpresa. Ejecuta este comando para abrir el cuadro de diálogo Párrafo de la siguiente figura.

Los médicos de la antigüedad (y algunos de los actuales), eran tan bestias que cuando no sabían curar una enfermedad (cosa que sucedía

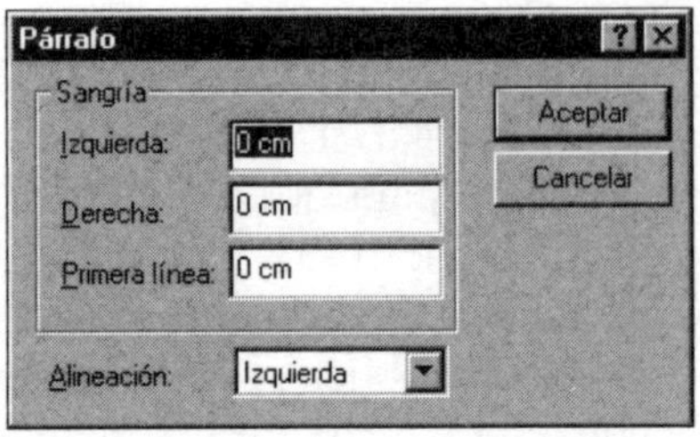

Figura 7.8. El cuadro de diálogo Párrafo

con más frecuencia de la conveniente para la salud pública) le realizaban una sangría al paciente paciente. Afortunadamente, las Sangrías de WordPad no tienen nada que ver con tan inadecuada práctica.En el cuadro de diálogo Párrafo, cuando damos un valor al cuadro de texto Izquierda de la sección Sangría, estamos indicando el espacio que nos gustaría dejar entre el margen izquierdo y el comienzo del texto; Derecha nos permite especificar el espacio que debe quedar entre el final del texto y el margen derecho; y Primer línea nos permite indicar el espacio que debe quedar entre el borde izquierdo del bloque de texto y el comienzo de la primera línea (¡menudo trabalenguas!). Pero una imagen vale más que no-sé-cuántas palabras:

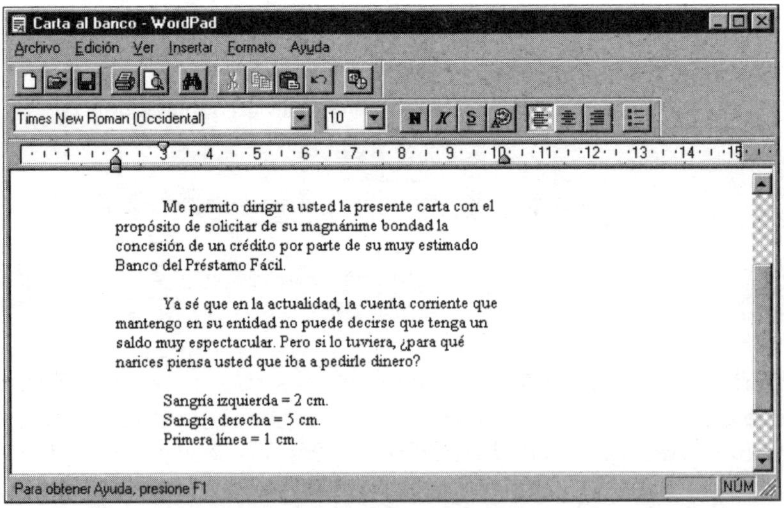

Figura 7.9. Texto con sangrías

Como puedes suponer, la lista desplegable Alineación del cuadro de diálogo Párrafo sirve para especificar el tipo de alineación del párrafo (o los párrafos) seleccionados. Pero... ¿Y todo esto no se puede hacer también mediante botoncitos? Pues más o menos. "Más" porque se puede hacer de una forma gráfica, y "menos" porque no se hace mediante botones, sino gracias a la regla (y aquí es donde entra en juego la dichosa regla situada debajo de la Barra de formato).

Habrás observado en la regla, además de las marcas de longitud (habituales por otra parte en cualquier regla "vulgaris") hay una serie de triángulos y rectángulos diminutos (no tan habituales en las reglas de andar por casa) que nos permitirán definir a "ojo de buen cubero" la posición de las sangrías de nuestro documento.

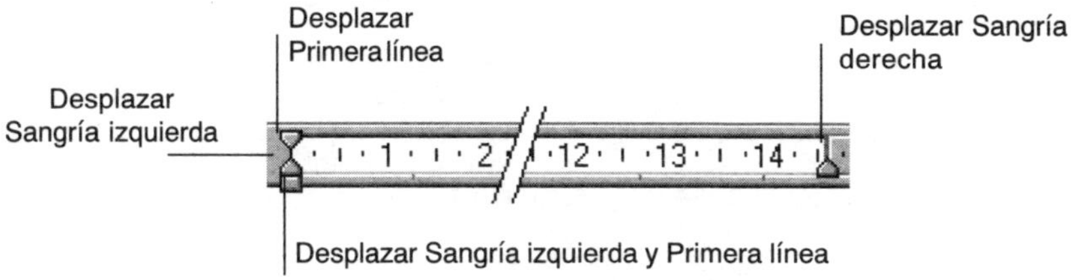

Figura 7.10. La regla de WordPad

Pues bien, para cambiar de posición la sangría izquierda del documento, arrastra el triangulito situado en la esquina inferior izquierda de la regla. ¿Qué no sabes a qué triángulo me refiero? No te preocupes hombre, echa un vistazo a la figura 7.10. Para desplazar la sangría derecha, deberás hacer otro tanto con el triángulo de la esquina inferior derecha. Finalmente, para cambiar de posición la primera línea, utiliza el triángulo de la esquina superior izquierda. ¿Fácil no? Y ya sabes, antes de cambiar el formato del texto, deberás seleccionarlo.

¡Ah, se me olvidaba! ¿Para qué sirve el cuadradito que hay debajo del triángulo de la sangría izquierda? Pues para desplazar a la vez la posición de la propia sangría izquierda y de la primera línea del texto. Así, de un plumazo. Debajo de la regla de WordPad se encuentra una última sorpresa. (No, no intentes rascar la pantalla de tu ordenador. Sólo conseguirás destrozarte las uñas.) Un simple clic sobre la superficie de la regla y conseguirás situar un tabulador en el documento. Los tabuladores son esas cosas que sirven para alinear el texto en una posición determinada, como por ejemplo cuando queremos hacer una lista similar a la de la siguiente figura:

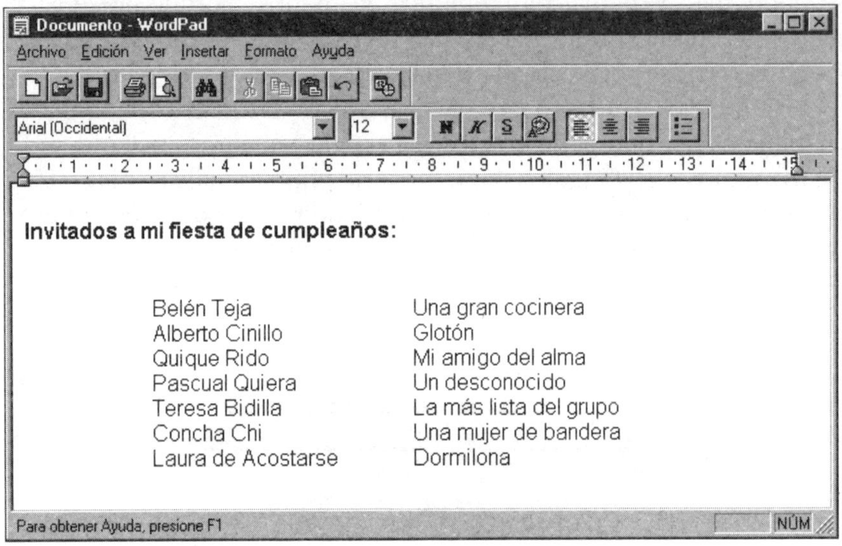

Figura 7.11. Ejemplo de texto separado con tabuladores

También podemos colocar tabuladores de forma manual utilizando el comando Tabuladores del menú Formato de WordPad. En el cuadro de diálogo Tabuladores, podrás hacer clic sobre el botón Establecer para crear un nuevo tabulador o sobre Borrar para eliminar uno ya existente. Si quieres deshacerte de todos los tabuladores a la vez, haz clic sobre el botón Borrar todo.

Para finalizar con la sección (que a estas alturas ya está adquiriendo dimensiones de "culebrón" televisivo), hablaremos de un pobre huerfanito marginado y olvidado de todos. El botón Viñetas, situado en el extremo más alejado de la Barra de formato. Como todos los huerfanitos, este botón nos puede proporcionar grandes alegrías. Lo que WordPad conoce con el nombre de viñetas tiene otros muchos apodos en el mundo de la edición: lista de boliches, puntos elevados, o simplemente, lista de "puntitos". Una viñeta es simplemente un párrafo sangrado a la izquierda con un punto (más o menos grueso) situado a la izquierda de la primera línea, como en el siguiente ejemplo:

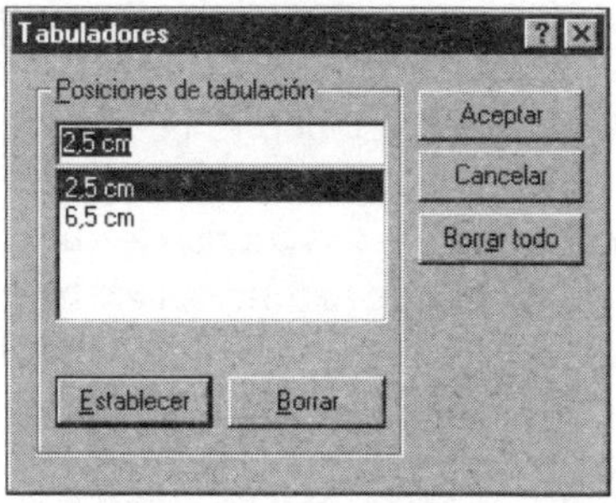

Figura 7.12. El cuadro de diálogo Tabuladores

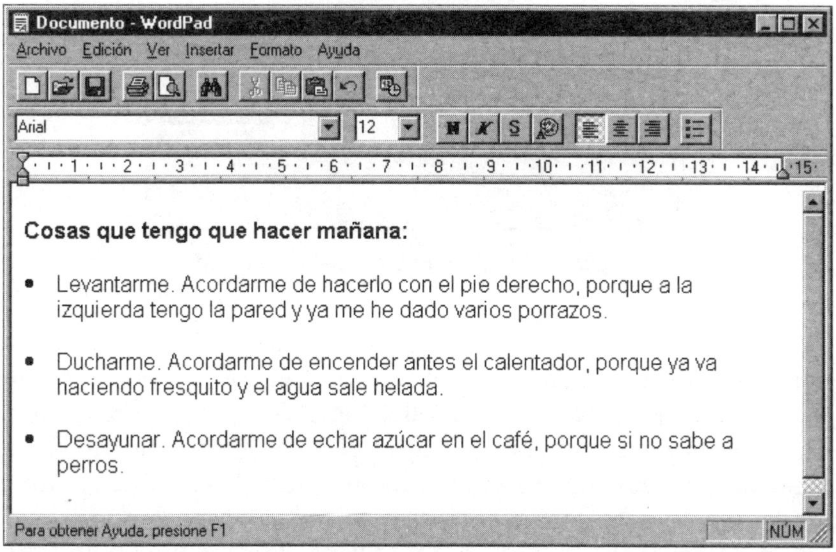

Figura 7.13. Ejemplo de una lista de viñetas

Para crear una viñeta, sitúa el cursor de edición sobre cualquier punto del párrafo que quieras modificar y haz clic sobre el botón

Viñetas. Puedes conseguir los mismos resultados, ejecutando el comando Estilo de viñeta del menú Formato.

¿Dónde se ha metido esa condenada palabra?

En un documento tan corto como nuestra "poco afortunada" carta al banco no suele pasar. Pero imagina que estás trabajando en una obra de cuatrocientas páginas sobre la influencia de la crisis del Real Madrid en la caída de los regímenes comunistas del Este de Europa. En mitad del desarrollo de tan colosal trabajo, te das cuenta de que la parte en la que hablabas sobre los remates de cabeza de Amancio no te ha quedado bien del todo.

Solución: ponerte a recorrer el texto página a página hasta encontrar el fragmento que buscabas. Un poco pesado, ¿no? Pero WordPad nos ofrece una alternativa bastante más cómoda. Si despliegas el menú Edición y ejecutas la opción Buscar, llegarás a un cuadro de diálogo que te permiten buscar una determinada palabra escondida dentro de todo el texto de un documento.

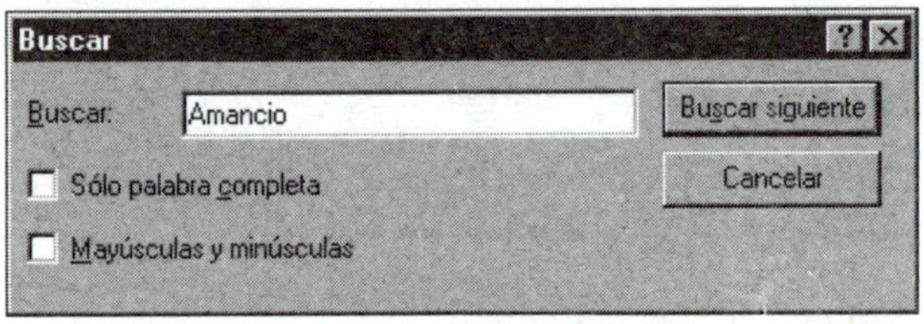

Figura 7.14. El cuadro de diálogo Buscar

Una vez introducida la palabra que buscamos, hacemos clic sobre el botón Buscar siguiente, y es el programa el que se pone a realizar nuestro trabajo. ¡Vamos, un chollo! Pero, a veces, la situación es todavía más grave. ¡Hombre (o mujer), el de los remates de cabeza era Santillana, no Amancio! Pues sí que la hemos hecho buena, ahora tenemos que volvernos a leer todo el trabajo para ir borrando la palabra Amancio y cambiarla por Santillana. Pero tranquilos, aquí está WordPad para ayudarnos otra vez. Dentro del mismo menú Edición existe otra opción que se llama Reemplazar. Al ejecutarla, aparece en pantalla un cuadro de diálogo que nos permite recorrer todo el texto automáticamente, sustituyendo una determinada palabra por otra:

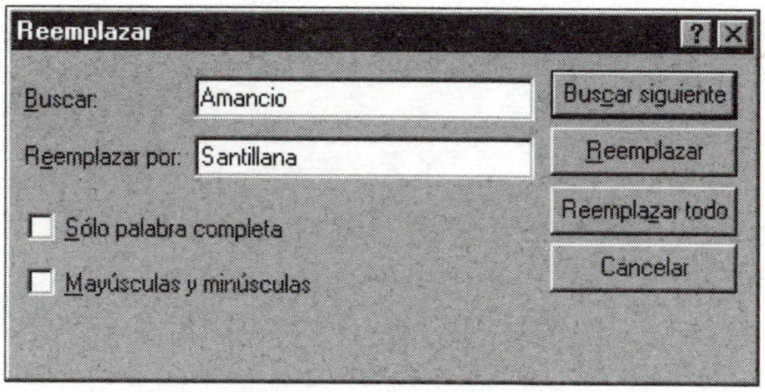

Figura 7.15. El cuadro de diálogo Reemplazar

Si hacemos clic ahora sobre el botón Buscar siguiente, el programa buscará el próximo punto del texto donde aparezca la palabra Amancio. Ahora podemos hacer clic sobre el botón Reemplazar (si queremos sustituir una palabra por otra), o de nuevo sobre Buscar siguiente (y el programa buscará la siguiente aparición de la palabra). El botón Reemplazar todo nos permite reemplazar de golpe todas las apariciones en el texto de una palabra por la otra (hay que tener cuidado al utilizar esta opción, puede tener efectos devastadores). Para salir del proceso de búsquedas y sustituciones, debemos hacer clic sobre el botón Cancelar.

Mucho cuidado al utilizar el botón Reemplazar todo. No lo uses a no ser que estés completamente seguro de que no se van a producir sustituciones por error. Imagina lo que puede pasar con palabras como SOLTERO, GIRASOL, o SOLAR, si sustituyes de golpe todas las apariciones de "sol" por "astro" (tu me dirás qué significan las palabras ASTROTERO, GIRAASTRO, y ASTROAR).

De todos modos, en el cuadro de diálogo Reemplazar tienes dos opciones que sirven para evitar este desmadre. Si marcas la casilla Sólo palabra completa, WordPad sustituirá solamente las palabras cuyas letras coincidan exactamente con las de la palabra que quieres reemplazar. Además, activando la casilla Mayúsculas y minúsculas, conseguirás que el programa distinga también entre mayúsculas y minúsculas, es decir, entenderá como distintas palabras tales como sol, SOL y Sol.

Si quieres saber más sobre impresoras, el libro Introducción a la informática de la colección Informática para Torpes de Anaya Multimedia seguro que te proporciona toda la información que necesitas.

Un legado para la posteridad

Bueno, ya hemos conseguido aprender a escribir una carta y a dejarla bonita. Incluso sabemos algunos trucos que ahorran trabajo cuando escribimos documentos largos. Todavía no han inventado los bolígrafos con las funciones de búsqueda y reemplazar, así que ahora seguro que ya no te parece tan poco práctico utilizar el ordenador para escribir una carta. Pues una vez que hemos escrito la famosa carta, habrá que hacer algo con ella, ¿no? Lo más normal es que vayamos a enviársela a alguien. Así que necesitamos una copia en papel, y para eso están las impresoras.

La impresora no es más que un cacharro que se conecta al ordenador mediante un cable y que copia (imprime) sobre papel la información que tenemos almacenada en el ordenador.

Para utilizar la impresora desde WordPad emplearemos el comando Imprimir del menú Archivo. Al hacerlo, aparecerá en pantalla el cuadro de diálogo Imprimir, mediante el que podremos controlar la operación. Este cuadro de diálogo sirve para determinar si queremos imprimir todo el documento o solamente un determinado rango de páginas, el número de copias que necesitamos, etc.

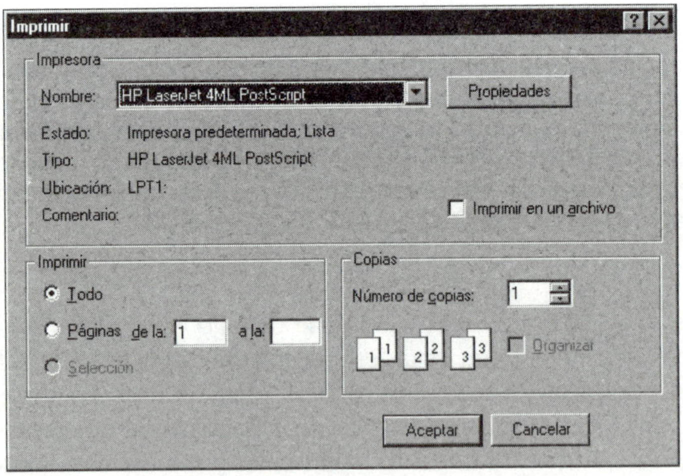

Figura 7.16. El cuadro de diálogo Imprimir

Verás que al escribir con el ordenador todo son ventajas: aquí no necesitas poner papel de calco para sacar por triplicado un documento (cosa que seguro haces a menudo si trabajas en una oficina). Tú le cuentas al ordenador lo que quieres y él se las apaña con la impresora. ¡Así da gusto! Una vez que le has indicado al programa cómo quieres que imprima tu documento, ya puedes hacer clic sobre el botón Aceptar y marcharte a comentar la película del sábado con tus compañeros mientras las máquinas trabajan. ¡Esto sí que es progreso!

Algunas veces, todo lo que nos interesa de un texto es enviar una copia a su destinatario y listo. Pero es más que probable que, pasado un cierto tiempo, volvamos a necesitar esa carta que escribimos aquel día (especialmente si ya nos hemos desprendido de ella).

Cuando se trata de papeles de verdad, suele resultar un engorro almacenarlos: ocupan mucho espacio, no sabes dónde meterlos, y al final, cuando los necesitas, no te acuerdas de dónde los has guardado. Pero estas dificultades se simplifican bastante cuando trabajas con un ordenador. Para almacenar un documento, todo lo que necesitas hacer es darle un nombre y guardarlo como un fichero en el disco duro (la parte del ordenador que sirve de almacén permanente para la información).

Dentro del menú Archivo existen un par de opciones para realizar estas operaciones. Una vez que tenemos escrita en WordPad nuestra carta al banco, veamos cómo decirle al programa que la almacene con un determinado nombre, como por ejemplo, "Carta al banco" (sorprendente, ¿verdad?).

Acabamos de toparnos de "bruces" con una de las pequeñas maravillas de Windows 95. Se acabaron para siempre las siglas y abreviaturas. Con Windows 95 ya no tendremos que utilizar nombres indescifrables para nuestros archivos como C-BANCO. Podremos utilizar descripciones más detalladas, como por ejemplo, "Carta al banco", así, con todas las letras.

En primer lugar, necesitamos desplegar el menú Archivo. A continuación ejecutamos el comando Guardar como. Al hacerlo, aparece en pantalla un cuadro de diálogo en el que introducimos el nombre del archivo donde queremos que el programa almacene

Una vez que hemos dado nombre al archivo que servirá para almacenar un determinado documento, también podemos utilizar la opción Guardar del mismo menú Archivo para volver a guardar la información en el disco del ordenador después de haber realizado alguna modificación sobre ella.

nuestra carta. Una vez que hemos escrito el nombre, bastará hacer clic sobre el botón Aceptar para que la carta quede almacenada.

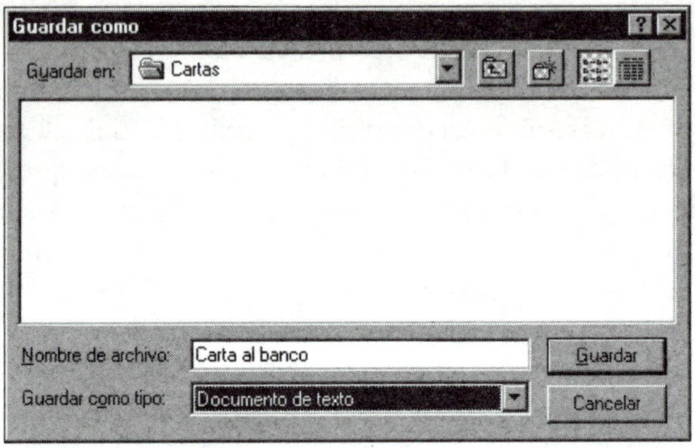

Figura 7.17. El cuadro de diálogo Guardar como

Finalmente, necesitamos un mecanismo para recuperar la carta almacenada en el ordenador cuando, pasado un cierto tiempo, volvamos a necesitarla. Esto nos lo permite WordPad mediante el comando Abrir del menú Archivo. Cuando usamos este comando, el programa nos presenta el cuadro de diálogo Abrir, donde podemos introducir directamente el nombre del archivo que queremos recuperar, o bien seleccionarlo utilizando las listas de carpetas y ficheros.

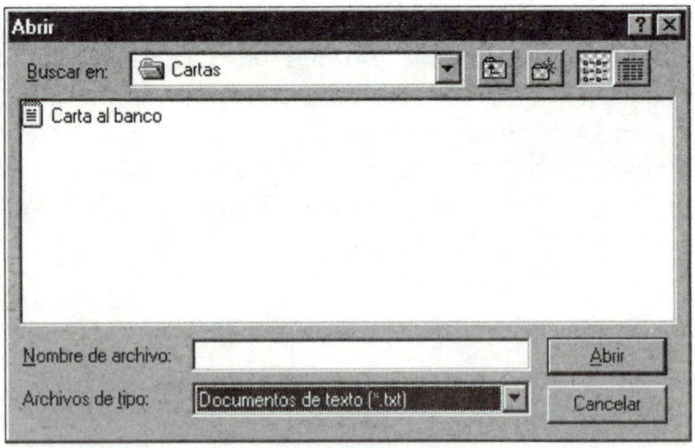

Figura 7.18. El cuadro de diálogo Abrir

En WordPad puedes abrir distintos tipos de documentos, es decir, documentos que hayas creado con otros programas similares. Para que WordPad reconozca el formato del documento que quieres abrir, deberás seleccionar el nombre del programa del que procede en la lista Archivos de tipo: Word para Windows 6.0, Windows Write, Formato de texto enriquecido, Documentos de texto, Documentos de texto en formato MS-DOS o cualquier otro tipo con la opción Todos los documentos.

Se me olvidaba...

Después de contar todas esas "historias" sobre cómo se utiliza WordPad sólo nos queda lo más importante: qué hacer cuando terminamos de trabajar y queremos dejar de utilizar el programa.

¡Pues bien sencillo! Desplegamos una vez más el menú Archivo y seleccionamos la opción Salir. WordPad desaparecerá de la pantalla y nosotros ya podemos abandonar también Windows, dedicarnos al Solitario, o ponernos a enredar con algún otro programa. No te preocupes, si tienes un documento abierto y has olvidado guardarlo, WordPad te preguntará qué quieres hacer con él

Esta forma de proceder es común a casi todas las aplicaciones Windows, así que cuando quieras abandonar un programa y nadie te haya contado cómo hacerlo, abre el menú Archivo y busca la opción Salir (o Terminar, o algo parecido).

Para terminar, y a modo de resumen, aquí tienes una lista de los botones que puedes encontrar en las barras de herramientas de WordPad y sus comandos de menú equivalentes:

Recuerda que para cerrar una ventana también puedes utilizar el botón Cerrar () situado en el borde derecho de la barra de título.

Botón	*Nombre*	*Comando*	*Descripción*
	Nuevo	Archivo/Nuevo	Abre un nuevo documento de WordPad.
	Abrir	Archivo/Abrir	Abre un archivo de WordPad almacenado en disco.

(Continúa)

Botón	*Nombre*	*Comando*	*Descripción*
	Guardar	Archivo/Guardar	Guarda un archivo WordPad en el disco duro.
	Imprimir	Archivo/Imprimir	Imprime un documento.
	Presentación preliminar	Archivo/ Presentación preliminar	Muestra el aspecto de un documento antes de imprimirlo.
	Buscar	Edición/Buscar	Busca una palabra en un documento.
	Cortar	Edición/Cortar	Corta el texto seleccionado al Portapapeles.
	Copiar	Edición/Copiar	Copia el texto seleccionado al Portapapeles.
	Pegar	Edición/Pegar	Pega el texto contenido en el Portapapeles.
	Deshacer	Edición/Deshacer	Deshace la última operación.
	Fecha/Hora	Insertar/Fecha y hora	Escribe automáticamente la fecha y hora actuales.
Times New Roman	Fuente	Formato/Fuente	Selecciona el tipo de fuente.
10	Tamaño de fuente	Formato/Fuente	Selecciona el tamaño de fuente.
N	Negrita	Formato/Fuente	Pone el texto seleccionado en negrita.
K	Cursiva	Formato/Fuente	Pone el texto seleccionado en cursiva.
S	Subrayado	Formato/Fuente	Subraya el texto seleccionado.

(Continúa)

Botón	*Nombre*	*Comando*	*Descripción*
	Color	Formato/Fuente	Cambia el color del texto.
	Alinear a la izquierda	Formato/Párrafo	Ajusta un párrafo a la izquierda.
	Centrar	Formato/Párrafo	Centra un párrafo.
	Alinear a la derecha	Formato/Párrafo	Ajusta un párrafo a la derecha.
	Viñetas	Formato/Estilo de viñeta	Crea una viñeta.

- Para escribir con el ordenador desde Windows 95 se utiliza el programa WordPad que podemos encontrar dentro de la carpeta Accesorios del menú Inicio.
- Escribir con WordPad es igual que utilizar una máquina de escribir, con la ventaja de que podemos emplear algunas teclas especiales para realizar modificaciones sobre el texto: borrar equivocaciones (sin necesidad de Tippex), movernos a un punto anterior e insertar algo nuevo, etc.
- Los comandos Copiar, Cortar y Pegar del menú Edición nos permiten copiar o mover de posición fragmentos del texto.
- Los botones de la barra de formato sirven para modificar el aspecto de las letras que forman el texto. De esta manera podemos usar negritas y cursivas, subrayar palabras, emplear distintos estilos de letras diferentes, etc. Así conseguimos dar a nuestros documentos un aspecto barroco, recargado, y un poquito "hortera", difícil de lograr sin emplear un ordenador.
- Para seguir haciendo "virguerías" con el aspecto de nuestros documentos, podemos usar los botones Alinear a la izquierda, Centrar y Alinear a la derecha, junto con los comandos del menú Formato. Con ellos podemos alinear el texto a izquierda, centro y derecha, realizar sangrías, definir tabuladores, etc.
- Para obtener una copia en papel del texto que introducimos en el ordenador con WordPad utilizaremos el comando Imprimir del menú Archivo (y una impresora, claro).
- Para almacenar en el ordenador todos esos documentos que perdemos el tiempo en escribir, debemos usar los comandos Guardar y Guardar como del menú Archivo. Y para recuperarlos una vez que han sido almacenados, necesitaremos el comando Abrir del mismo menú.
- Finalmente, para salir de WordPad y poder volver a hacer cosas normales usamos el comando Salir del menú Archivo.

CAPÍTULO 8
Buscando archivos *desperadamente...*

Diario de Megatorpe

Cuenca, 20 de Septiembre

¿Qué hay de nuevo, viejo?:

Hoy el jefe estaba más raro que de costumbre. A primera hora de la mañana se ha acercado a mi mesa con cara de pocos amigos. Al principio pensé que me iba a echar la bronca, así que antes de dejarle hablar le dije que yo no tenía nada que ver en el asunto y que la culpa sería, probablemente, de Peláez. Sin embargo, no eran esas sus intenciones. ¡Pretendía darme trabajo! Como si no tuviera ya bastante con pensar en la mejor forma de no dar un palo al agua en todo el día.

La fiebre debe haberle afectado a las neuronas. Ignorando por completo mi poco afortunado comentario, me ha pedido que buscara en los ficheros de mi ordenador los contratos de "Seguros Ruinosa", los metiera en un disquete y se los llevara inmediatamente a su despacho. Y alargando la mano, me ha soltado un pequeño cuadradito de plástico, que debe ser eso que él llama disquete, aunque yo más bien lo llamaría "cuadradete".

La verdad es que desde un principio me pareció extraño eso de que dentro del ordenador pudiera haber algún fichero. Aunque ya se sabe, hoy en día la tecnología moderna consigue verdaderas maravillas. Pero lo que me resultaba verdaderamente demencial es la idea de meter los contratos en un disquete tan pequeño, sobre todo, porque no existe ninguna ranura por la que puedan caber.

Pero el jefe es el jefe. Así que, armado de destornillador, martillo y una taladradora eléctrica me dispuse a poner patas arriba el ordenador en busca de los dichosos ficheros. Abrirlo no me costó ningún trabajo, aunque la caja de metal ha quedado un poco arrugada.

Como suponía, dentro del ordenador no había ningún fichero. Durante un buen rato, he estado revolviendo entre una maraña de cables y circuitos, pero sin resultados. Lo único que he conseguido es recibir un par de descargas eléctricas, y un peinado a lo "afro". Los famosos ficheros debían estar en otro ordenador.

Y así se lo he dicho al señor Martínez, que me ha contestado con no se qué de un animal de bellota. Supongo que estaría haciendo un crucigrama, pero me he callado lo del "cerdo" por si las moscas.

Afortunadamente (al menos para él), Peláez tenía una copia de los contratos en su poder, y se ha encargado diligentemente del asunto.

Yo, por mi parte, he aprendido mucho acerca de las interioridades de un ordenador. Al cabo de un par de horas había conseguido montar de nuevo el cacharro. ¡Y me han sobrado sólo siete piezas! Lo malo es que cuando he vuelto a enchufarlo, en la pantalla aparecían solamente una serie de símbolos extraños (debe ser escritura egipcia), y un sospechoso olor a plástico quemado inundaba toda la habitación. Probablemente, el ordenador haya cogido uno de esos virus. Claro, después de tanto tiempo abierto...

(Extraído de las notas biográficas sobre Cosme Romerales, alias Megatorpe. Enciclopedia de los grandes Superhéroes de la Informática.)

Un poco de información sobre discos, ficheros y carpetas

Sabemos que en el disco duro del ordenador se guarda información. ¿Pero cómo? Bueno, no vamos a dar detalles técnicos sobre cómo se hace exactamente a nivel electrónico, sería de locos. Pero sí es necesario, al menos, que tengas una idea de cómo están organizados los datos.

Los datos se almacenan en el ordenador en una especie de recipientes llamados ficheros, que se caracterizan por tener un nombre (y en ocasiones una extensión separada del nombre por un punto) que, en Windows 95, puede alcanzar un máximo de 256 caracteres (letras, números, y otros signos). En sistemas operativos anteriores, los nombres de ficheros estaban limitados a ocho caracteres para el nombre y un total de tres para la extensión. Por ejemplo: PEPE.DOC, FICHERO.TXT, DATOS.DAT, AUTOEXEC.BAT, COMMAND.COM y MANOLO eran nombres de ficheros válidos. Pero en Windows 95, podemos utilizar nombres mucho más descriptivos, como por ejemplo, ESTO ES UNA CARTA.TEXTO, CARTA.TEXTO o ESTO ES UNA CARTA.TXT. Los ficheros son los elementos con los que trabajan los programas y donde guardan la información para luego recuperarla.

Pero en un disco duro de un ordenador caben muchos ficheros (miles en uno "normalito"). Así que hay que buscarse alguna forma de

Los programas informáticos, a su vez, también se almacenan como ficheros en el ordenador.

organizarlos. Para eso se han creado unos elementos que se llaman carpetas. Una carpeta no es más que un recipiente donde podemos guardar ficheros y, además, otras carpetas. Para aclarar un poco todo esto, podemos comparar la estructura del disco del ordenador con un clásico archivador de papeles. En esta comparación, el disco sería equivalente al mueble donde se guarda todo; las carpetas las equivalentes a sus parientes de cartón, en las que podemos guardar hojas de papel con datos o bien otras carpetas; y los ficheros las propias hojas de papel, en las que dejamos escrita la información (los datos con los que trabajan los programas). Para organizar de forma eficiente los ficheros en el disco, se suelen utilizar varios niveles de carpetas. Esto significa que dentro de las carpetas iniciales que abrimos en el disco podemos incluir otras carpetas, y dentro de estas carpetas de segundo nivel podemos incluir a su vez carpetas nuevas, y así sucesivamente.

En el fondo, todo este lío de las carpetas se resume en un asunto de familia: si tenemos una carpeta A que contiene una carpeta B, se dice que A es la carpeta madre de B, y que B es hija de A. Si B contiene, a su vez, una nueva carpeta llamada C, se podría decir que A es abuela de C y C la nieta de A, pero los informáticos no son aficionados a utilizar este segundo nivel de terminología familiar. ¡Ellos se lo pierden!

El nivel básico de esta estructura, donde se pueden encontrar los ficheros y carpetas del primer nivel, es el disco duro. Y por encima de él, existe una nueva jerarquía, que no es otra que el propio ordenador, que en la terminología de Windows 95 se conoce como Mi PC. El último escalón de esta compleja estructura está ocupado por el Escritorio. Sobre el Escritorio situamos nuestro PC (con toda su parafernalia de discos duros, carpetas y ficheros), los restantes PC conectados al nuestro a través de la red, la Papelera de reciclaje y algún que otro elemento más que no viene al caso.

Los informáticos suelen utilizar indistintamente, y sin ningún rubor, los términos ARCHIVO y FICHERO. Con el fin de aclararte las cosas de una vez para siempre te diré que ambos términos significan exactamente lo mismo. En Windows 95 se usa casi siempre la palabra ARCHIVO, pero en general FICHERO es algo más popular.

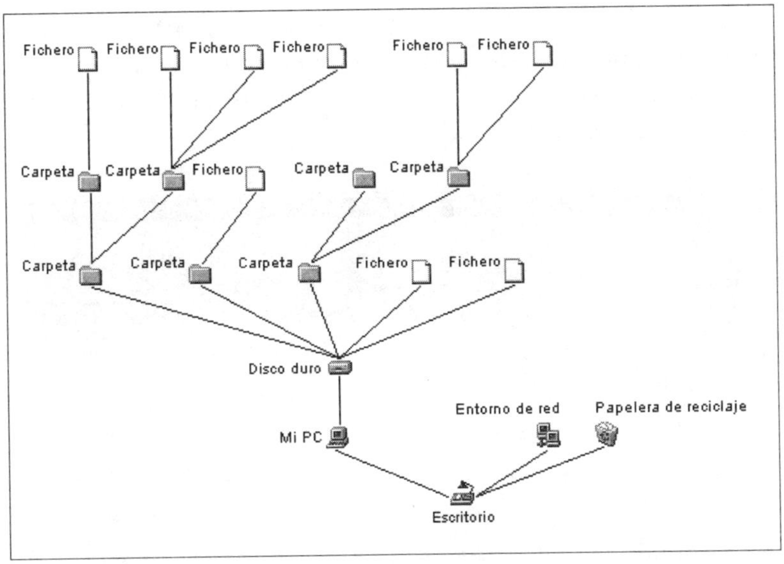

Figura 8.1. Un árbol de carpetas

El doctor Livingstone, supongo. El Explorador de Windows

Como si de una película de Tarzán se tratara, el Explorador de Windows es el programa que se encarga de organizar los archivos en la enmarañada selva de carpetas de Windows 95.

Se encuentra en la carpeta Programas del menú Inicio y, si hacemos clic sobre su nombre, aparecerá en pantalla una ventana como la que puedes ver en la figura 8.2. Esta ventana es algo más complicada que la de la mayoría de programas Windows. Aparte de los elementos más o menos habituales, vemos que en el interior de su espacio de trabajo aparece una segunda ventana, y en la parte inferior una barra con interesante información.

Además, la ventana interior es también algo barroca, toda llena de iconos, zonas de trabajo, y barras de desplazamiento. Pero en el fondo no es difícil de usar. En la parte superior de esta ventana interior aparece una barra gris con una lista donde podemos encontrar los elementos más significativos de nuestro entorno: el Escritorio, Mi PC,

No empieces a dudar de la palabra de Megatorpe si en la pantalla de tu ordenador no aparecen los mismos ficheros que en la figura anterior. ¡Todos los ordenadores son diferentes! y tienen distintos programas instalados.

las unidades de disco (tanto duro como "blando") que tenemos instaladas en nuestro ordenador, el Entorno de red, la Papelera de reciclaje y algunas carpetas generales de control de Windows 95 (llamadas carpetas de sistema).

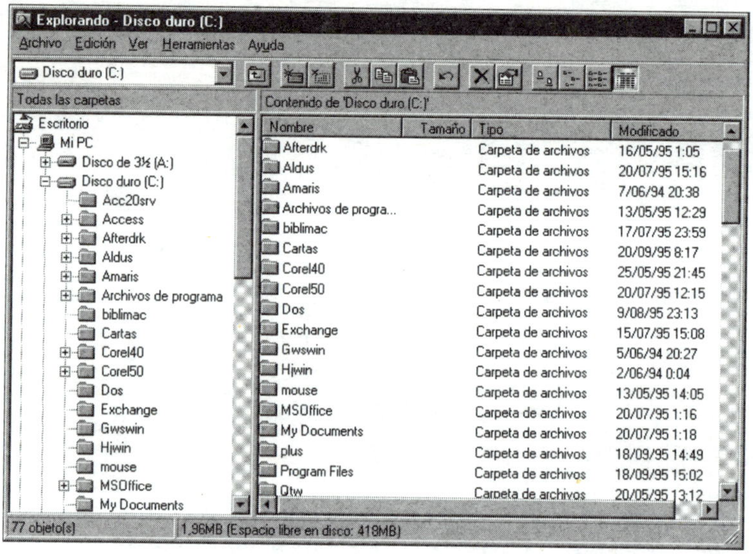

Figura 8.2. Ventana principal del Explorador de Windows

A continuación, podemos ver dos zonas que representan todos los elementos contenidos en el sistema (la de la izquierda), y las carpetas y ficheros almacenados en un determinado elemento seleccionado (la de la derecha). Para seleccionar un disco, ordenador, carpeta o cualquier otra nimiedad de nuestro Escritorio, simplemente hacemos clic sobre su icono en la ventana de la izquierda (*Todas las carpetas*). Al hacerlo, cambiará el contenido de la ventana de la derecha (*Contenido de ...*) mostrándonos todas las carpetas y ficheros incluidas en el elemento seleccionado. Parece un trabalenguas ¿no?, pero resulta más fácil de hacer que de decir. Palabra de Megatorpe.

Si observas con atención, podrás apreciar un pequeño símbolo más (+) situado a la izquierda de algunos de los elementos del entorno tales como unidades de disco o carpetas. Esto significa que dicho elemento encierra nuevas carpetas en su interior. Para hacer visible su contenido (expandir el árbol de carpetas), puedes hacer clic sobre este símbolo, o bien emplear la técnica habitual de hacer doble clic sobre el propio icono que representa al elemento. Una vez hecho esto, el símbolo más es sustituido por un símbolo menos (-) que nos indica que en cualquier momento podemos volver a contraer el árbol de carpetas haciendo clic sobre él.

¿Qué podemos hacer con los ficheros?

Bueno, en realidad no se trata tanto de lo que podemos hacer como de aquellas operaciones que puede resultar conveniente realizar. Después de elaborar un exhaustivo análisis estadístico en el que se han consultado a más de 4 usuarios de ordenador personal, Megatorpe ha llegado a la conclusión de que las operaciones que se realizan con más frecuencia sobre los ficheros son las siguientes:

Copiarlos

Es decir, obtener un duplicado del fichero en alguna otra posición del disco (en otra carpeta), o incluso en otro disco o en un disquete. Para copiar un fichero podemos utilizar la opción Copiar del menú Edición. Al hacerlo, crearemos una copia del fichero en el Portapapeles de Windows. ¿Curioso, verdad? Igual que si hubiéramos copiado un trozo de texto de un documento WordPad. ¿Y después de copiarlo qué? Pues seleccionamos la carpeta o disco de destino y, simplemente, ejecutamos el comando Pegar del menú Edición. ¿Fácil, no?

Copiar ficheros de esta forma no está mal, pero existe una todavía más sencilla: localiza el fichero que pretendes copiar y asegúrate que en la ventana de la izquierda (Todas las carpetas) se encuentra visible la carpeta o la unidad de disco de destino. Puede que tengas que expandir o contraer algunas ramas del árbol de carpetas para conseguirlo. A continuación, sitúa el puntero del ratón sobre el fichero a copiar, haz clic sobre él y, mientras mantienes pulsada la tecla **Control**, arrástralo hasta situarlo sobre la carpeta (o la unidad de disco) de destino. Suelta ahora el botón del ratón. El programa te mostrará un cuadro de diálogo como el de la siguiente figura para informarte del estado del proceso de copia del fichero.

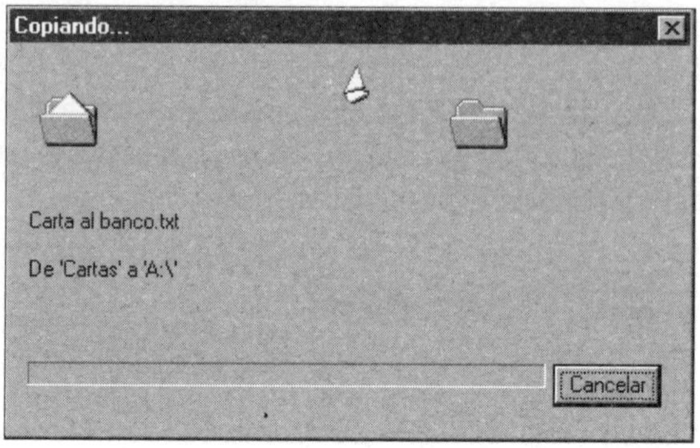

Figura 8.3. Cuadro de diálogo Copiando...

Moverlos

Básicamente, es lo mismo que copiarlos. Pero con la diferencia de que el fichero "movido" desaparece de su posición original y queda sólo en el punto de destino.

Una de las formas de mover un fichero consiste en usar la opción Cortar del menú Edición (muy parecida a la opción Copiar que vimos en el punto anterior) y pegarlo posteriormente sobre la carpeta de destino mediante el comando Pegar del mismo menú. Hasta que no peguemos el fichero sobre la carpeta de destino, no desaparecerá de su posición original. Pero para esta operación también existe una alternativa con "truco": en primer lugar, distribuimos el espacio de trabajo del Explorador de Windows de forma que queden visibles en pantalla tanto el fichero que pretendemos mover como la carpeta de destino. A continuación, situamos el puntero del ratón sobre el nombre del fichero, hacemos clic y lo arrastramos hacia la carpeta de destino, manteniendo pulsada esta vez la tecla **Mayús**. Cuando soltemos el botón del ratón, Windows nos mostrará un cuadro de diálogo similar al de la figura anterior, indicándonos el desarrollo del proceso.

Borrarlos

Borrar un fichero significa hacerlo desaparecer, vamos, enviarlo al limbo de los justos (o por lo menos, y de momento, a la Papelera de reciclaje de Windows 95). Para "dar el pasaporte" a un fichero, podemos recurrir a varios procedimientos. El primero de ellos consiste en seleccionarlo (haciendo clic sobre él con el puntero del ratón en la ventana Contenido de...) y ejecutar a continuación el comando Eliminar del menú Archivo o pulsar la tecla **Supr** para enviarlo directamente a la Papelera de reciclaje (ambos métodos son totalmente equivalentes). Antes de proceder a su eliminación, el Explorador de Windows nos pedirá confirmación mediante el siguiente cuadro de diálogo:

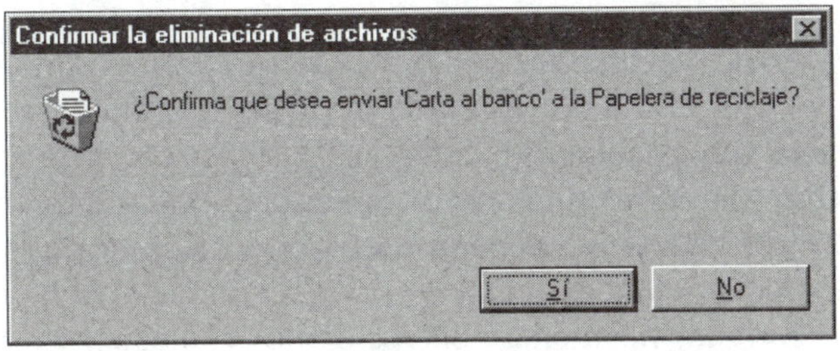

Figura 8.4. Confirmación para eliminar un fichero

Si todo es correcto y estamos de acuerdo con borrar el fichero, podemos hacer clic sobre Sí (evidentemente, si nos hemos equivocado y tenemos seleccionado un fichero que no queremos borrar, debemos hacer clic sobre No). Como segunda alternativa, podemos cortarlo con el comando Cortar del menú Edición (como vimos en el apartado anterior) y pegarlo a continuación directamente sobre la Papelera de reciclaje. En este caso, el programa no nos ofrecerá la posibilidad de confirmar la operación. Finalmente, también podemos seleccionar el fichero y arrastrarlo hacia el icono de la Papelera de reciclaje de la ventana Todas las carpetas (esta vez sin necesidad de pulsar las teclas **Control** o **Mayús**).

Debes tener cuidado al borrar ficheros. La dura experiencia demuestra que por mucho que uno presuma de ser un tío/tía cuidadoso/a y ordenado/a, acabará borrando algo que necesitaba. ¿Qué hacer ante tamaña catástrofe?

Existe una forma abreviada para acceder a las opciones Copiar, Cortar y Pegar del menú Edición: utilizando directamente las combinaciones de teclas Control+C, Control+X y Control+V respectivamente.

CASO 1

Te das cuenta de la metedura de pata justo después de haber eliminado el fichero. Ningún problema. Ejecutas inmediatamente el comando Deshacer del menú Edición y... ¡caso resuelto! Este comando también está disponible cuando copias o mueves un fichero de una carpeta a otra.

CASO 2

Han pasado ya unas semanas desde que cometiste aquél fatal error. Debes empezar a preocuparte. De todas maneras, puede que la cosa todavía tenga solución. Echa un vistazo por la Papelera de reciclaje (haz clic sobre su icono en la ventana Todas las carpetas del Explorador de Windows) y comprueba si en la lista de la ventana Contenido de 'Papelera de reciclaje' se encuentra el anhelado fichero. Si es así, ningún problema. Selecciónalo y ejecuta el comando Restaurar del menú Archivo. El fichero volverá mansamente a su redil.

CASO 3

Han pasado algunos meses desde que eliminaste el fichero. Se masca la tragedia. En un intento desesperado por evitar lo inevitable, echas un vistazo a la Papelera de reciclaje pero, evidentemente, no encuentras nada que se parezca ni por asomo a tu querido fichero. Sólo te queda "llorar como una mujer por lo que no supiste defender como un hombre". Eso sí, te servirá de lección para ser más cuidadoso la próxima vez.

Es conveniente que vacíes de vez en cuando tu Papelera de reciclaje. Aunque la papelera representa un elemento indispensable para recuperar nuestro trabajo en caso de catástrofe natural (porque natural es que, de vez en cuando, metamos la pata) no podemos pensar en ella como un pozo sin fondo donde se almacenen todos los archivos que en uno u otro momento de nuestra vida deseemos eliminar. La Papelera de reciclaje consume mucho espacio en tu disco duro, y tiene sus limitaciones.

Para vaciar la Papelera de reciclaje, selecciona su icono en la ventana Todas las carpetas del Explorador de Windows y ejecuta el comando Vaciar Papelera de reciclaje del menú Archivo. ¡Eso sí! Asegúrate primero, por última vez, de que los documentos que contiene ya no volverán a ser necesarios.

Cambiarlos de nombre

Normalmente, el nombre de un fichero trata de dar una idea sobre cuál es su contenido. Sin embargo, a medida que pasa el tiempo y vamos haciendo más y más operaciones sobre el ordenador, el número de ficheros se multiplica, y tal vez, un nombre que inicialmente daba una idea clara del contenido de un cierto fichero empieza a entrar en conflicto con otros nombres de fichero. Cuando llegamos a esta situación, la solución consiste en cambiar el nombre de alguno de ellos. Para conseguirlo, podemos seleccionar el fichero en cuestión y a continuación, ejecutar el comando Cambiar nombre del menú Archivo. Una vez hecho esto, comprobaremos cómo la etiqueta del fichero en la ventana Contenido de... aparece enmarcada por un recuadro y el texto queda seleccionado para que lo editemos a nuestro gusto. Escribe el nuevo nombre del fichero y pulsa la tecla **Intro** para validar la operación. Como procedimiento alternativo, una vez seleccionado el fichero podemos hacer un nuevo clic sobre su nombre (teniendo cuidado de espaciar las dos pulsaciones del ratón el tiempo suficiente para que no sean interpretadas como un doble clic) y editar el texto de la etiqueta como en el caso anterior. ¡Y no te vayas a pensar que puedes engañar al ordenador! Si intentas utilizar el nombre de otro fichero que ya tengas en la misma carpeta, el Explorador de Windows te mostrará un mensaje de error, obligándote a que utilices un nombre distinto.

¿Y qué más?

En el menú Archivo encontramos una última opción imprescindible para tratar con los archivos y carpetas de nuestro entorno. Dentro del submenú Nuevo, aparece el comando Carpeta que, como su propio nombre indica, nos permitirá crear una nueva carpeta sobre la unidad de disco o carpeta seleccionada.

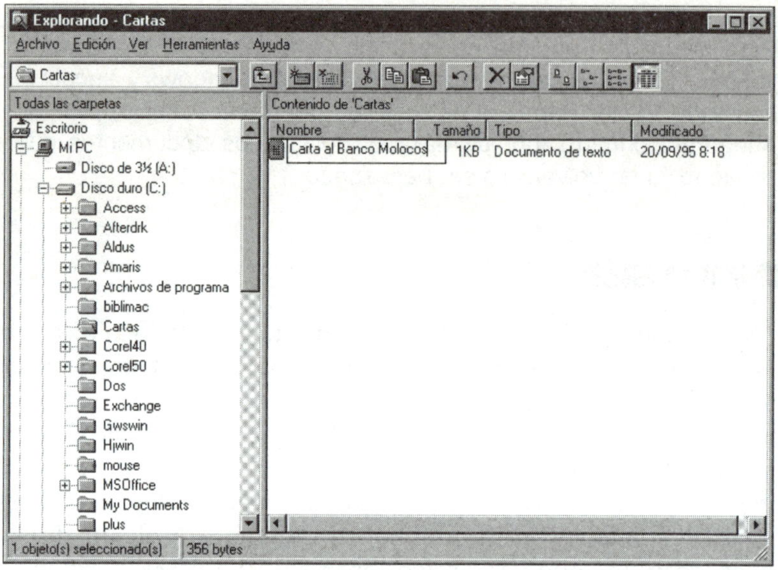

Figura 8.5. Edición del nombre de un archivo

Selecciona la carpeta o unidad de disco sobre la que quieres crear la nueva carpeta, abre el menú Archivo, coloca el puntero del ratón sobre el submenú Nuevo y, finalmente, haz clic sobre el comando Carpeta.

El Explorador de Windows creará automáticamente una nueva carpeta con el nombre "Nueva carpeta" (original el muchacho) aunque podrás cambiar este nombre por cualquiera que te parezca más adecuado escribiéndolo directamente sobre la etiqueta. Finalmente, para validar la operación, pulsa la tecla **Intro**.

Y ahora, ¿qué podemos hacer con todo el disco?

Si te portas bien y no te dedicas a hacer cosas demasiado raras con el ordenador, existen solamente un par de operaciones sobre discos que puedes llegar a necesitar realizar: dar formato a un disquete y copiar el contenido de un disquete sobre otro (es decir, duplicarlo).

Seguro que alguna vez has oído mencionar esa operación misteriosa que se llama dar formato a un disco. Bueno, pues no se trata de recortar los ángulos que sobran para que quepa bien en la disquetera.
Dar formato a un disco significa, ni más ni menos, prepararlo para poder almacenar información en él. Esto quiere decir que hay un programa que realiza ciertas manipulaciones sobre el disquete (manipulaciones que ni necesitamos ni tenemos ningún interés en conocer). Pero en la práctica todo lo que debemos recordar es que, antes de copiar datos en un disco, es necesario darle formato, o "formatearlo" como dicen los iniciados en el mundillo.

Para formatear un disquete, recurriremos a nuestros viejos amigos los menús contextuales (hacía tiempo que no hablábamos de ellos). Sitúa el puntero del ratón sobre el icono de tu disquetera en la ventana Todas las carpetas del Explorador de Windows y haz clic con el botón derecho. En la pantalla del ordenador, aparecerá el siguiente menú:

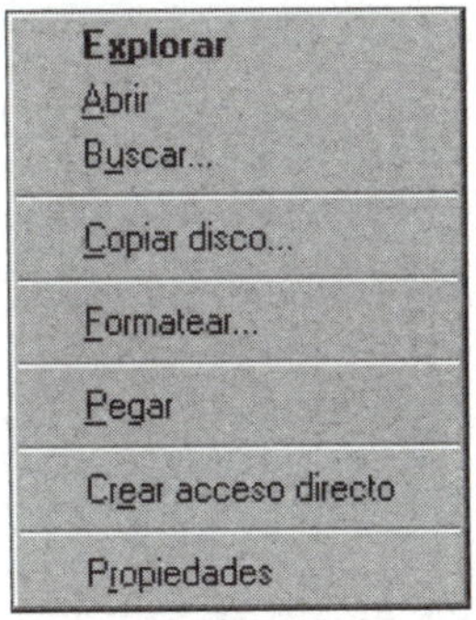

Figura 8.6. Menú contextual de una disquetera

¡Vamos al tajo! Cuando ejecutes el comando Formatear del menú contextual de la disquetera, se abrirá el cuadro de diálogo Formatear que ilustra la figura 8.7.

En primer lugar, deberás seleccionar la capacidad de almacenamiento de tu disquete. Generalmente, las unidades de disco de 3 1/2 (como la del ejemplo de la figura 8.7) permiten utilizar disquetes de

Puedes diferenciar los dos tipos de disquetes por que los primeros tienen en su parte inferior dos pequeños agujeritos cuadrados, mientras que los segundos, sólo tienen uno.

1,44 Mb y 720 Kb, opciones que aparecerán disponibles en el cuadro de lista desplegable Capacidad del borde superior del cuadro de diálogo.

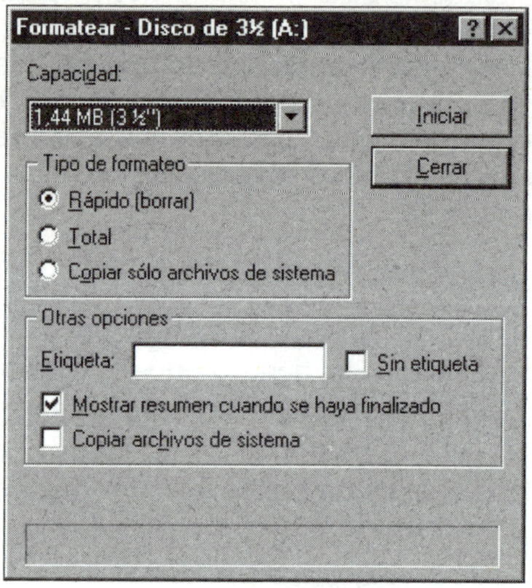

Figura 8.7. El cuadro de diálogo Formatear

A continuación, deberás seleccionar el tipo de formato (o formateo) que pretendes dar a tu disquete. En la sección Tipo de formateo del cuadro de diálogo, dispones de las siguientes opciones:

- **Rápido**. Elimina cualquier carpeta o fichero contenido previamente en el disquete y lo deja preparado para que puedas escribir en él (quiero decir copiar ficheros y carpetas, no pintarrajearlo con un bolígrafo).
- **Total**. Además de dejar el disquete preparado para almacenar información, lo examina en busca de posibles errores o sectores defectuosos.
- **Copiar sólo archivos de sistema**. Sólo se puede utilizar con disquetes previamente formateados. Esta opción, no elimina los ficheros o carpetas que pueda contener ya el

disquete, sino que simplemente, hace una copia de los archivos de sistema de Windows 95 para que podamos arrancar el ordenador desde él, como si se tratara de un disco duro en miniatura.

En la sección Otras opciones, puedes especificar una etiqueta (un nombre) para el disquete (o prescindir de ella marcando la casilla de verificación Sin etiqueta), y especificar si quieres que el programa te muestre un resumen de resultados de la operación una vez que haya finalizado y si deseas que se cree en el disquete una copia de los archivos de sistema, en el caso de que hayas seleccionado cualquiera de los dos primeros tipos de formateo (Rápido o Total).

Para dar comienzo al formato del disquete, simplemente haz clic sobre el botón Iniciar. Si has seleccionado la opción Mostrar resumen cuando se haya finalizado en el cuadro de diálogo Formatear, al terminar el formato aparecerá un mensaje similar al de la siguiente figura:

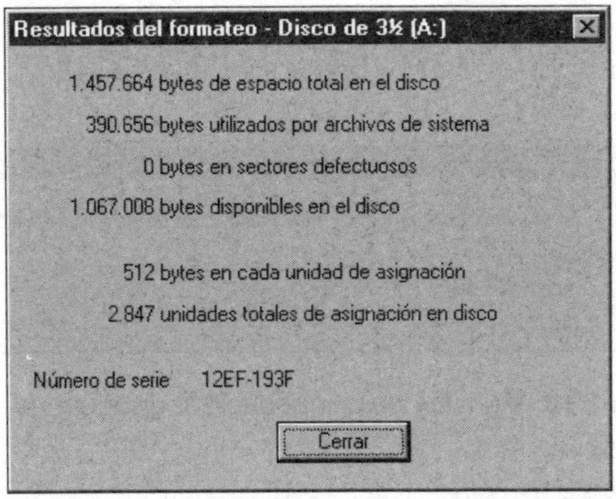

Figura 8.8. Resumen de resultados del formato de un disquete

Haz clic sobre Cerrar para regresar al cuadro de diálogo Formatear y nuevamente sobre Cerrar para abandonar este cuadro de diálogo y regresar a la ventana del Explorador de Windows.

Duplicar disquetes resulta mucho más sencillo todavía. Basta con seleccionar la opción Copiar disco del menú contextual. Al hacerlo, el programa nos mostrará el siguiente cuadro de diálogo, donde podrás seleccionar la disquetera de origen en el cuadro de lista Copiar desde y la disquetera de destino mediante la lista Copiar a (esta posibilidad está pensada para el caso, cada vez menos frecuente, de que dispongas de dos disqueteras en vez de una instaladas en tu ordenador).

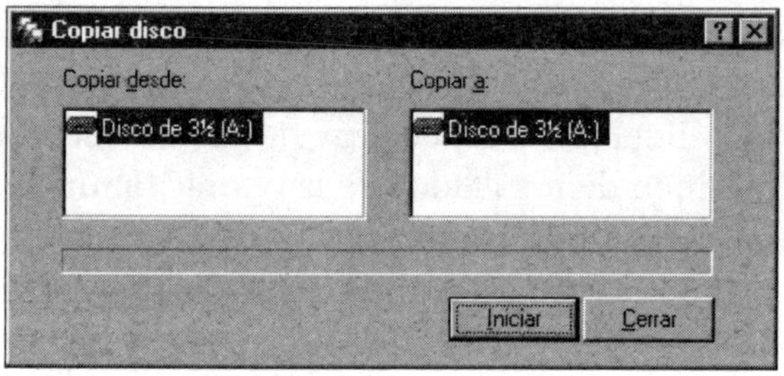

Figura 8.9. El cuadro de diálogo Copiar disco

Cuando hagas clic sobre el botón Iniciar, el programa comenzará a leer los datos del disco de origen. Al cabo de unos segundos, el programa se detendrá mostrándote el siguiente mensaje para que introduzcas en la disquetera correspondiente el disco de destino.

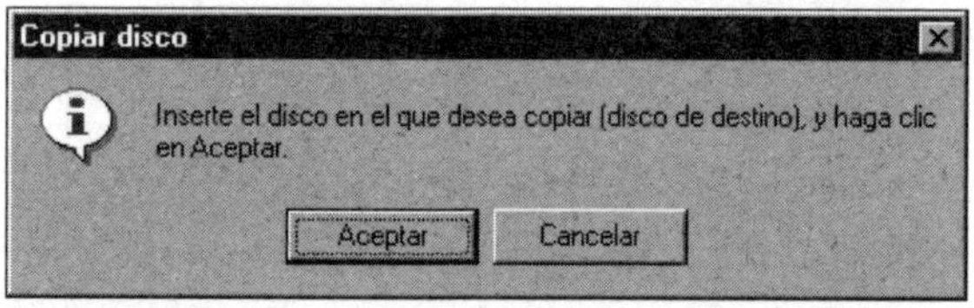

Figura 8.10. Mensaje para introducir el disquete de destino

Una vez que hayas insertado el disquete de destino, haz clic sobre Aceptar para completar la operación. Finalmente, podrás cerrar el cuadro de diálogo Copiar disco haciendo clic sobre el botón Cerrar.

Cómo verlo claro

Bien pensado, el Explorador de Windows es un programa que trabaja con muchos datos y elementos: las ventanas Todas las carpetas y Contenido de..., los iconos y nombres que representan las carpetas y ficheros, etc. Y teniendo esto en cuenta, no resulta extraño que disponga de varias opciones que nos permiten controlar la presentación de todas estas informaciones. Para controlar la presentación de la ventana del Explorador de Windows podemos recurrir a los botones de la barra de herramientas del programa (los que aparecen debajo de la barra de menús). En concreto, nos centraremos sobre el grupo de cuatro botones situado en el extremo derecho de la barra:

- **Iconos grandes**. Muestra los iconos de los ficheros incluidos en una unidad de disco o carpeta colocando el nombre de los mismos debajo del icono, tal como muestra la figura 8.11.

Figura 8.11. Presentación de Iconos grandes en la ventana Contenido de...

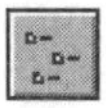

- **Iconos pequeños**. Reduce el tamaño de los iconos en la ventana Contenido de... y coloca el nombre de los ficheros y carpetas a la derecha del icono.

- **Lista**. Muestra una lista ordenada de los iconos y nombres de ficheros y carpetas sobre la ventana Contenido de..., tal como muestra la figura 8.12.

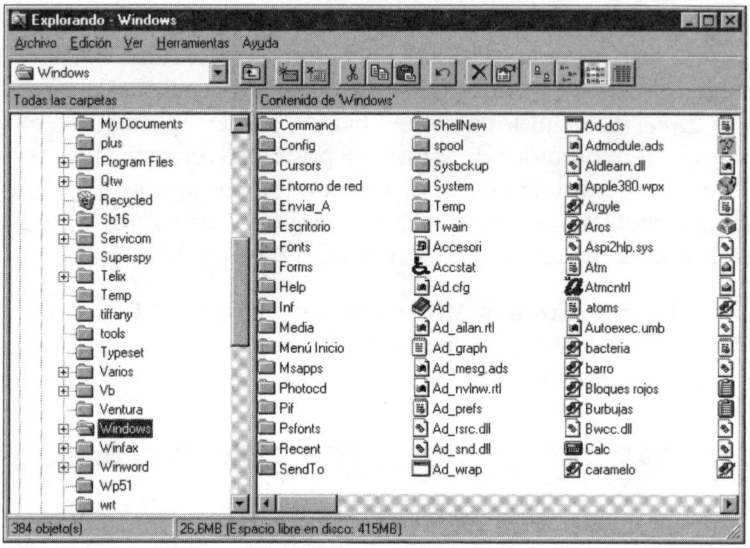

Figura 8.12. Lista de ficheros y carpetas en la ventana Contenido de...

- **Detalles**. Muestra una lista ordenada de iconos y nombres de ficheros y carpetas, incluyendo también otras informaciones tales como el tamaño, el tipo de elemento y la última fecha en la que fueron modificados.

Si tienes problemas para recordar un nombre

El disco duro de tu ordenador puede resultar un mundo mucho más complejo de lo que podrías pensar inicialmente. Suele suceder con relativa frecuencia que estás seguro de haber almacenado un cierto fichero. Incluso casi puedes recordar cómo se llama. Pero no hay forma de que te acuerdes de dónde narices está (¡el muy puñetero!).

En este caso, la herramienta Buscar de Windows 95 hace que sea el propio programa el que se encargue de recorrer el disco para localizar el fichero que necesitas. Puedes ejecutar la herramienta Buscar a través de la carpeta Buscar del menú Inicio o desde el propio Explorador de Windows, mediante el submenú Buscar del menú Herramientas. En dicho submenú, deberás ejecutar el comando Archivos o carpetas para abrir la ventana Buscar de Windows 95 (figura 8.13).

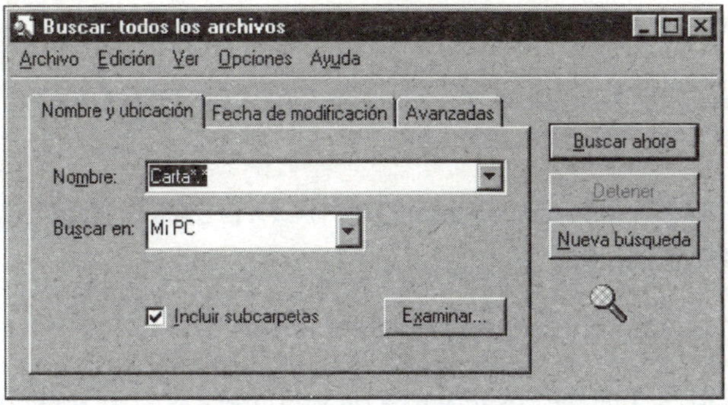

Figura 8.13. La ventana Buscar

La ventana Buscar está dividida en tres fichas que nos permiten acceder a tres modalidades distintas de búsqueda. La primera de ellas, Nombre y ubicación sirve para localizar ficheros cuyo nombre tenemos en la punta de la lengua, o bien recordamos por completo, pero somos incapaces de localizar en la maraña de carpetas de nuestro ordenador.

Así por ejemplo, para encontrar la carta que hace unas semanas escribimos al banco (y que probablemente contenga la propia palabra "carta" en su nombre), utilizaremos como criterio de búsqueda la siguiente cadena: carta*.*. Es decir, la palabra "carta" junto con cualquier otra palabra o combinación de caracteres y una extensión formada también por cualquier combinación de caracteres. Dicho criterio deberemos introducirlo en el cuadro de texto Nombre de la ventana Buscar.

Una de las ventajas de la herramienta Buscar es que permite utilizar los llamados "caracteres comodín" para especificar el nombre del fichero que buscamos. Estos caracteres son como el comodín de la baraja, que valen por cualquier otra carta. Hay dos tipos:

? representa cualquier carácter (pero uno sólo) que pueda formar parte del nombre de un fichero.

* representa cualquier grupo de caracteres, desde nada, hasta un grupo de la longitud máxima permitida.

Veamos algunos ejemplos:

- CARTA?.TXT puede representar CARTA1.TXT, CARTA2.TXT, CARTAS.TXT, etc., etc., etc.
- C?RTA.* puede representar CARTA.TXT, CARTA.DOC, CARTA, CORTA.DC, etc.
- y *.* puede representar cualquier cosa.

Lo bueno de utilizar caracteres comodín para buscar un fichero es que no necesitamos recordar exactamente su nombre sino algo aproximado. Por ejemplo, si escribimos *.DAT en la ventana Buscar, el programa localizará todos los ficheros con extensión DAT (una buena extensión para ficheros que contienen datos de algún tipo).

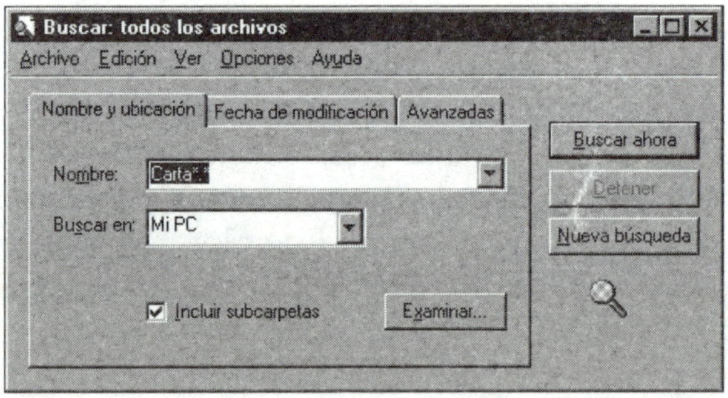

Figura 8.13. La ventana Buscar

Ahora bien, si nuestra memoria da para ello, podemos echarle una manita al ordenador. ¿Estamos seguros de haber guardado la carta en el disco duro C:? ¿O acaso lo almacenamos en un disquete? ¿No estará tal vez en una carpeta determinada como por ejemplo la carpeta Cartas? Si conocemos la respuesta a cualquiera de estas preguntas, podemos seleccionar el disco o la carpeta correspondiente en el cuadro de lista Buscar en. Por el contrario, si no tenemos la menor idea de dónde puede estar, lo mejor será que seleccionemos Mi PC en dicha lista. Esto nos asegura que el programa buscará en todas las unidades de disco del ordenador. Además, para que la búsqueda comprenda todo el árbol de carpetas de la unidad seleccionada, debemos comprobar que la casilla Incluir subcarpetas se encuentre activada.

Y ahora, a comenzar la búsqueda. Hacemos clic sobre el botón Buscar ahora y esperamos que el programa realice su trabajo. Al cabo de unos segundos, Buscar nos mostrará los resultados de sus pesquisas en una lista que aparecerá situada en la mitad inferior de la ventana, tal como muestra la figura 8.14.

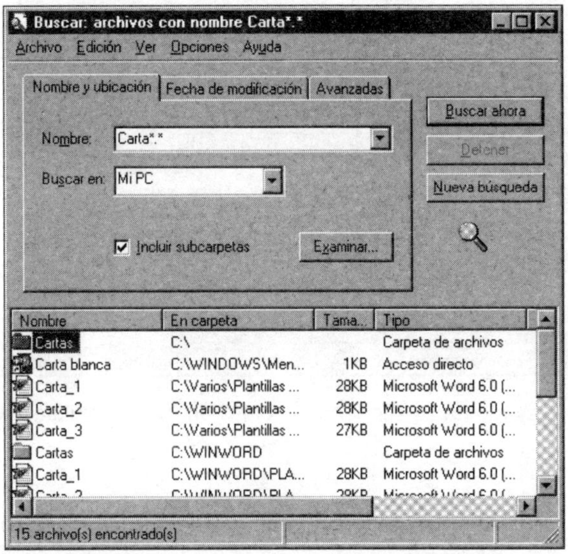

Figura 8.14. Resultados de la búsqueda

Como ves, el programa ha localizado todos los elementos de tu ordenador que tienen algo que ver con la palabra carta: un par de carpetas llamadas “Cartas”, el ejecutable del juego “Carta blanca” y otros muchos documentos. Seguramente, la carta que buscabas se encuentre entre ellos, pero si deseas reducir más las posibilidades deberás concretar el criterio de búsqueda, introducirlo en el cuadro de texto Nombre y hacer clic nuevamente sobre el botón Buscar ahora.

La segunda ficha, Fecha de modificación, nos permite limitar nuestra búsqueda cuando tenemos más o menos localizada en el tiempo la fecha de creación o modificación de nuestro fichero. Para activar esta nueva ficha, basta con que hagas clic sobre su etiqueta.

Figura 8.15. La ventana Buscar con la ficha Fecha de modificación activada

Las opciones disponibles en esta ficha son las siguientes: Todos los archivos, para localizar todos los archivos que coincidan con los criterios especificados en la ficha Nombre y ubicación, sea cual sea su última fecha de modificación y Buscar todos los archivos creados o modificados, que nos permite especificar un rango de fechas determinado para la búsqueda. Cuando seleccionamos esta segunda opción, disponemos de tres nuevas posibilidades: entre ... y ... (para fijar una fecha inicial y final para la búsqueda); durante los ... meses anteriores (para determinar el número de meses anteriores a la fecha actual sobre los que se debe centrar la búsqueda) y durante los ... días anteriores (para determinar el número de días que damos de margen a la búsqueda). Al hacer clic sobre el botón Buscar ahora, podemos ver cómo se reducen los resultados de la búsqueda al período de tiempo que hayamos especificado (figura 8.15).

Para finalizar, la ficha Avanzadas (figura 8.16) nos permite hilar fino en nuestras búsquedas de ficheros.

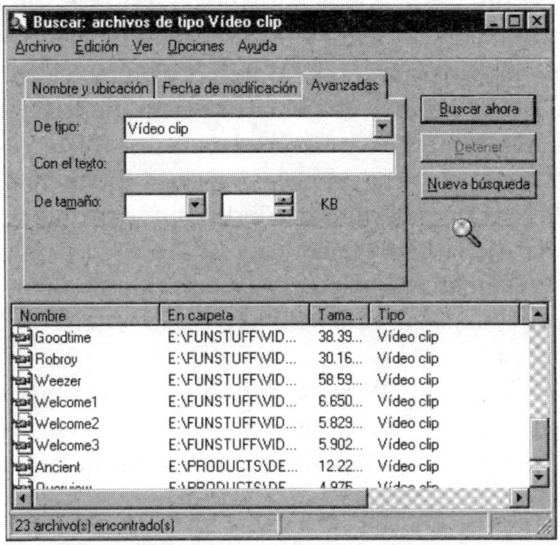

Figura 8.16. El cuadro de diálogo Buscar con la ficha Avanzadas activada

En la ventana Buscar, aparecerá un cuadro de lista (De tipo) donde podrás especificar el tipo de fichero que deseas localizar. Puedes escoger entre ficheros de acceso directo, archivos de ayuda, carpetas, cursores, iconos, protectores de pantalla, y un largo etcétera de posibilidades.

Si lo prefieres, también puedes especificar una determinada cadena de texto incluida en el tipo de fichero buscado (mediante el cuadro Con el texto) y fijar un margen de tamaño del fichero mediante la sección De tamaño Mínimo/Máximo ... KB.

- La información se almacena en el ordenador en elementos llamados ficheros. Con el fin de organizar los ficheros, el disco se divide en unidades llamadas carpetas.
- El programa Windows que sirve para manejar los ficheros se llama Explorador de Windows.
- Con las opciones de los menús Archivo y Edición del Explorador de Windows podemos realizar diferentes operaciones sobre los ficheros: copiarlos o moverlos de un punto a otro, eliminarlos, cambiarlos de nombre, etc.
- Gracias a los menús contextuales, podemos realizar algunas operaciones sobre discos completos: darles formato, o duplicarlos.
- Los botones Iconos grandes, Iconos pequeños, Lista y Detalles del Explorador de Windows nos permiten controlar "la pinta" de la información que aparece en pantalla, incluyendo el tamaño de los iconos, cuánta información necesitamos en pantalla sobre los ficheros, o la ordenación con que nos son presentados.
- Para localizar un fichero de cuyo nombre no podemos (o no queremos) acordarnos, entre la maraña de carpetas y unidades de disco de tu ordenador, puedes utilizar la herramienta Buscar de Windows 95.

CAPÍTULO 9
Una Imagen vale más que mil palabras

Diario de Megatorpe

Cuenca, 21 de Septiembre

Diario:

Por fin ha salido a relucir mi vena artística. Si Picasso levantara la cabeza, seguramente la volvería a inclinar rendido ante la evidencia. Probablemente, se trate de un legado familiar que se remonta a la noche de los tiempos, cuando mis antepasados decoraban las paredes de las cuevas de Altamira en lugar de perder el tiempo trabajando en la caza del mamut. Sin embargo, como suele suceder con la mayoría de los genios, mis aficiones se han visto frustradas por los que no saben nada de arte.

Hoy las ciencias adelantan que es una barbaridad. No sé si por suerte o por desgracia, dispongo de las más sofisticadas herramientas para desarrollar mis cualidades artísticas. Alguien me ha contado que en Windows 95 existe un programa que sirve para dibujar. Al principio, yo estaba un poco escéptico. ¿Cómo es posible que sobre el cristal del monitor agarren las acuarelas y la pintura al óleo? Pero no obstante, decidí poner manos a la obra. Ni corto ni perezoso, saqué mis trastos de dibujo (mis pinceles, mi carboncillo y mi bote de aguarrás) y me dispuse a realizar mi primera obra de arte informática.

Al principio, me costó un poco localizar el dichoso programita de dibujo de Windows. Andaba sobre la pista. Seguramente debía llamarse algo así como "Programa para dibujar con Windows" y venir representado por una imagen en miniatura de "Las Meninas" o "La Rendición de Breda". Pero no, después de casi tres horas recorriendo el maldito Windows, resulta que se llama Paint (no sé que tendrá que ver el nombrecito con toda esta historia) y viene representado por un dibujo bastante "cutre" en forma de botecito lleno de pinceles.

La primera sorpresa ha sido que no son necesarios ninguno de mis trastos de pintar. Resulta que el propio Paint se encarga de todo. Mi primera (y última) obra maestra tenía que ser un retrato de mi estimado y nunca bien ponderado jefe, el señor Martínez. En cuanto aprendí a manejar el programa (cosa que solamente me ocupó otras tres horas) ya no fue posible detenerme. Con pulso firme y precisión de relojero, comencé a dibujar. El retrato ha quedado perfecto. Bueno, casi perfecto, porque he tenido que introducir algunos cambios (por otra parte obligados) para que nadie pudiera reconocerle.

Sin embargo, he cometido un pequeño error. Una vez finalizada mi obra maestra, he mandado ha imprimir el dibujito de marras. Pero en lugar de sacar una única copia para mi uso y disfrute personal, han salido por la impresora cerca de 138 copias. Evidentemente, ha sido imposible ocultarlo, y al final de la tarde, todo el mundo tenía una copia del retrato en sus manos, incluido Peláez, y por consiguiente el propio jefe.

Una nueva amenaza de despido (y ya son 14 en lo que va de mes) se ha cernido sobre mi cabeza. No sé cómo habrán conseguido adivinar que el dibujo representaba al jefe. Probablemente por lo bien que he plasmado su sonrisa, la precisión de los trazos con que representaba su prominente barbilla o por la etiqueta que cubría prácticamente toda la hoja con el texto "Arretratadura del jefe. Por Cosme Romerales".

(Extraído de las notas biográficas sobre Cosme Romerales, alias Megatorpe. Enciclopedia de los grandes Superhéroes de la Informática.)

Si Picasso hubiera tenido Paint...

A pesar de los efectos que tuvo la herramienta de dibujo de Windows en la carrera profesional de Cosme Romerales, lo normal es que con Paint uno quede bien. Porque se trata de una herramienta de dibujo muy completa que permite realizar gráficos de todas las clases (técnicos, artísticos, presentaciones, ...), muy flexible y versátil y con grandes posibilidades. Con Paint hasta un "manazas" puede dibujar, porque es el propio programa el que se ocupa de los pequeños "detalles técnicos", el usuario sólo tiene que poner su creatividad. Cuando trazas una recta, no tienes que preocuparte de mantener el pulso y no necesitas usar una regla; sólo indicas con el ratón el punto donde debe comenzar y el punto donde debe terminar. El ordenador se ocupa del resto. Además, si te equivocas puedes corregir inmediatamente el desastre, existen funciones para deshacer lo último que has pintado, para borrar y para modificar el dibujo punto a punto (¡menudo trabajo fino!).

En Paint, dispones de montones de herramientas que te permiten trazar diversos tipos de elementos geométricos y dibujar con diferentes estilos y técnicas: a mano alzada, con aerógrafo (el espray de las pintadas), rellenar zonas de un cierto color, etc. Y como guinda del pastel, tienes una paleta de colores de lo más completa. Además, existen en el mercado otros programas de dibujo sobre Windows, todos ellos muy elegantes, sofisticados y profesionales, pero tienen un inconveniente: hay que pagar por ellos, mientras que Paint es gratis.

Empecemos por el principio

Bueno, arrancamos Paint y ¿qué pasa? Aparece en pantalla la ventana de la aplicación. Algo parecido a esto:

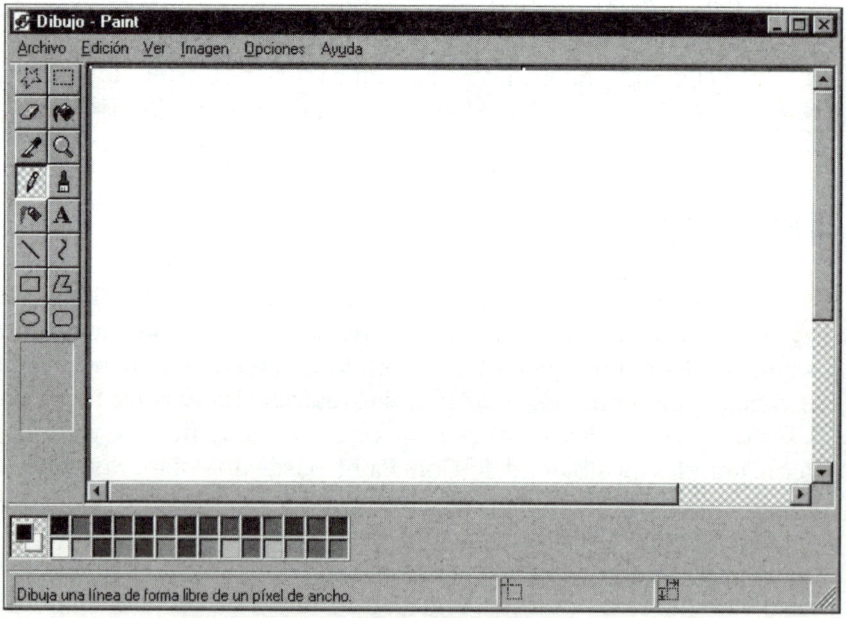

Figura 9.1. La ventana de Paint

Aquí tenemos nuestro tablero de dibujo. Ahora sólo tenemos que aprender a utilizarlo. Empezaremos por describir los diferentes elementos que tenemos a nuestra disposición en la ventana. Aparte de la barra de título de la aplicación y la barra de menús (que son ya viejas conocidas) nos encontramos con algunas zonas especiales:

- El área de dibujo es esa "hoja en blanco" que ocupa la parte principal de la ventana y sobre la que desarrollaremos nuestras obras de arte. Abajo y a la derecha, tiene asociadas un par de barras de desplazamiento, que nos permiten movernos a lo largo del espacio de trabajo (igual que hacíamos en WordPad).
- A la izquierda del área de dibujo está el cuadro de herramientas. Un grupo de botones que sirve para seleccionar las diferentes herramientas de trabajo. Cada botón tiene dibujado un icono que representa el tipo de gráfico que podemos realizar cuando lo seleccionamos (haciendo clic con el ratón, como es habitual).

Cuando situamos el puntero del ratón sobre una herramienta (pero sin hacer clic, ¡ojo!) aparece un mensaje indicándonos su nombre. Además, al seleccionar una determinada herramienta, la forma del puntero cambia para representar el estilo de dibujo al que tenemos acceso. Esto no sólo nos recuerda en cada momento qué herramienta estamos utilizando, sino que nos facilita su aplicación porque nos da idea de la forma que tiene y el área que cubre.

- Debajo del cuadro de herramientas está el cuadro de selección del formato de herramienta. No es lo mismo dar retoques con un delicado y fino pincel que pintar el cuarto de invitados con una brocha del siete. Por eso, en Paint podemos elegir el ancho de línea, el tamaño del borrador, el porcentaje de ampliación, la potencia del aerógrafo, etc. Para ello, hacemos clic sobre el formato de herramienta que más se ajusta al efecto que pretendemos conseguir.
- Debajo del área de dibujo tenemos la paleta o Cuadro de colores. La paleta no es, como cabría pensar, una señora nativa de Villabotijos de Abajo o de cualquier otro punto de nuestra geografía rural patria, sino un conjunto de botones de selección que nos permiten elegir el color con el que debe pintar la herramienta de dibujo previamente activada.

Y, ¿qué podemos hacer con todos estos elementos? Pues ponernos manos a la obra y empezar a dibujar. Vamos a ver cómo.

Nos ponemos a pintar

Lo primero que intentaremos será trazar un monigote a mano alzada. Bueno, más que alzada, la mano debe estar sujetando el ratón, pero es una forma de hablar. Hacer esto con lápiz y papel resulta sencillo, cogemos el lápiz y nos ponemos a pintar. Hacerlo con Paint resulta igual de fácil, pero es necesario saber cómo se coge el lápiz.

Antes de ponernos a ensuciar el área de dibujo debemos haber pensado cómo. ¿Usaremos un lápiz o un pincel? ¿Vamos a utilizar una pintura de color o un lápiz negro? ¿Vamos a utilizar una pintura de trazo fino o grueso? ¡Uf, la verdad es que eso de ponerse a pintar es más complicado de lo que parece! Pero no hay que asustarse, con Paint todo esto se hace en tres segundos (se tarda más en contarlo que en hacerlo). Lo primero será elegir la herramienta de dibujo. Vamos a usar el pincel, así que ya puedes ir haciendo clic sobre el botón que representa un pincel (el cuarto de la segunda columna). Verás como el botón presenta un aspecto de bajo relieve indicando que ha sido seleccionado.

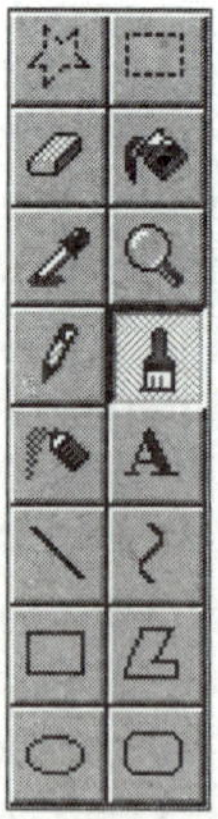

Figura 9.2. La caja de herramientas con el pincel seleccionado

A continuación debemos seleccionar la forma del pincel. Queremos que nuestro monigote se vea, luego debemos elegir un trazo de un cierto grosor. Además, lo ideal es que el acabado sea lo más suave posible. Así pues, seleccionaremos el pincel redondeado de mayor grosor

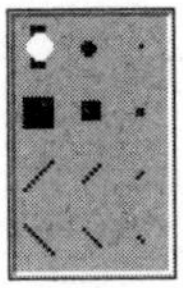

Figura 9.3. Selección de un pincel redondeado grueso

El último paso antes de demostrar nuestro talento pictórico será elegir el color apropiado para el dibujo. El azul es un color tan bueno como cualquier otro. Haz clic sobre el botón azul. Verás como el primero de los pequeños recuadros que aparecen a la izquierda del cuadro de colores, cambia al color que acabas de seleccionar. Este recuadro es un indicador que nos permite saber en cada momento cuál es el color de dibujo que tenemos seleccionado (dentro de un rato hablaremos del color de fondo y cómo definirlo).

Figura 9.4. Paint después de dibujar el monigote

Y ahora, ¡a dibujar! Lleva el puntero del ratón hasta la posición donde quieres comenzar el dibujo y pulsa el botón izquierdo. Mientras mantienes pulsado el botón ve desplazando el puntero. Verás como el puntero va dejando huella, va dibujando sobre la pantalla. Si levantas el dedo del botón el puntero dejará de dibujar. Puedes situarlo en una nueva posición y comenzar un nuevo trazo volviendo a pulsarlo.

¡Animo! Vamos a ver cómo te sale tu primer monigote dibujado por ordenador.

Enviad vuestros dibujos de monigotes realizados con Paint a la editorial. Un jurado internacional compuesto por los expertos en arte más relevantes de esta parte del planeta elegirá el PEOR de todos ellos, que recibirá un magnífico premio: una foto de Megatorpe dedicada.

Curiosidades

Paint es un programa bastante rico en cuanto a opciones y posibilidades. Vamos a describir algunas de las más curiosas y útiles.

Color de fondo

Si quieres dedicarte al arte moderno, prueba a comprar papel de dibujo de color negro, ponle un marco y luego di que es el retrato de un gato negro en un barril de petróleo. A lo mejor lo vendes por unos cuantos millones.

Cuando dibujamos, lo hacemos normalmente sobre papel de color blanco. Sin embargo, algunas veces, tener papel de otro color puede ahorrarnos mucho trabajo: imagina que quieres pintar el horizonte sobre el mar. Si compras papel azul, bastará con que dibujes una línea horizontal en medio del papel y ya tienes el dibujo terminado (no te rías, algunos pintores consagrados trabajan de una forma muy parecida).

Pues bien, Paint nos permite utilizar papel de cualquier color que nosotros elijamos. Para ello, sólo tenemos que seleccionar un color de fondo distinto del blanco. Es sencillo, basta con hacer clic con el ratón sobre el color de la paleta que nos interesa. Pero la operación tiene truco. Si hacemos clic con el botón izquierdo, lo que estamos seleccionando es el color con el que vamos a desarrollar el dibujo. Para elegir el color de fondo, tenemos que hacer clic, pero con el botón derecho del ratón.

Inténtalo, es fácil. Verás cómo al hacerlo, el segundo recuadro situado a la izquierda de la paleta (el de abajo) cambia de color y refleja el nuevo color de fondo que has elegido. Sin embargo, el color de fondo del área de dibujo no cambia inmediatamente. Para ello, es necesario utilizar el comando Nuevo del menú Archivo. En el fondo tiene sentido: estamos diciendo al programa que vamos a empezar un dibujo nuevo, con papel de un determinado color.

Formas de pincel

Nuestro amigo el monigote presenta un acabado muy profesional. Para suavizar su contorno hemos elegido un pincel con forma redondeada. Te habrás dado cuenta de que, cuando seleccionamos este formato de herramienta, el puntero del ratón se ha convertido en un círculo cuya superficie es la que define el trazado del dibujo que vamos realizando. Esto significa que los bordes de los trazos que realicemos tendrán forma circular. Esto puede resultar conveniente algunas veces, pero otras, nos interesará utilizar trazos con bordes cuadrados o en ángulo. La diferencia entre elegir uno u otro se hace especialmente importante cuando el ancho de dibujo es grande.

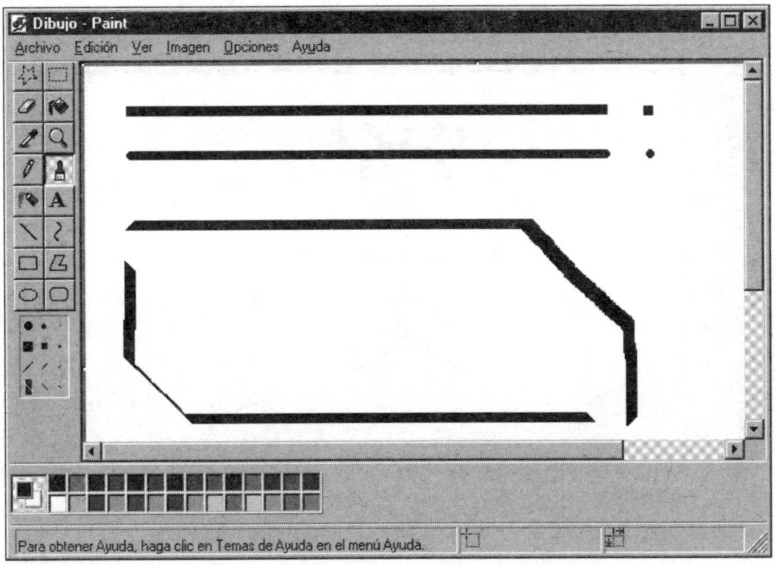

Figura 9.5. Paint con trazos de diferentes formas de pincel

Cuando seleccionamos el pincel, el cuadro de selección del formato de herramienta nos enseña los diferentes tipos y grosores disponibles en el programa. Haz clic sobre la forma que más te guste y prueba su efecto en el área de dibujo.

Ampliación

La herramienta Ampliación (la tercera de la segunda columna), nos ayuda a examinar nuestras obras de arte desde la perspectiva adecuada. Al seleccionar esta herramienta, el cuadro de selección del formato de herramienta muestra los porcentajes de ampliación que podemos aplicar (1x para tamaño normal, 2x para duplicar el tamaño, 6x para multiplicarlo por 6 y 8x para ampliarlo hasta 8 veces). Al hacer clic sobre cualquiera de estas opciones, conseguimos ampliar (o reducir, según el caso) de forma automática el tamaño del dibujo.

Además, si seleccionamos la herramienta Ampliación cuando el dibujo se encuentra a su tamaño normal, el puntero del ratón se convierte en un rectángulo que podemos situar sobre la zona particular del dibujo en la que nos interese trabajar con detalle. Al hacer clic, la

Figura 9.6. El dibujo del monigote con una zona preparada para Ampliación

zona seleccionada se amplia hasta ocupar toda la pantalla. Esto nos permite trabajar con nuestro dibujo punto a punto y realizar sobre él modificaciones con una precisión máxima. Al seleccionar nuevamente la herramienta Ampliación, podremos devolver el dibujo a su modo de presentación normal desde el modo ampliado. De esta forma podremos apreciar con perspectiva el resultado de nuestros desvelos artísticos.

Cómo aumentar el área de dibujo

Una vez que te pones a dibujar nunca sabes cuándo vas a acabar. A veces, el dibujo crece y crece y crece, cada vez con más elementos, hasta que llega un momento que no te cabe dentro del área de trabajo. Para estos casos están las barras de desplazamiento, que nos permiten ir recorriendo las diferentes partes de un dibujo que no cabe en el espacio permitido por el tamaño de la ventana del programa.

Pero aún en el caso de que necesitemos tener todo el dibujo de una vez en pantalla, Paint nos ofrece una solución. Las opciones Cuadro de herramientas, Cuadro de colores y Barra de estado (esa barra situada en el borde inferior de la pantalla, que de vez en cuando

Figura 9.7. Ampliación sobre la zona seleccionada del dibujo del monigote

nos cuenta su vida) del menú Ver nos permiten activar y desactivar la presentación en pantalla de estos elementos. Cuando los desactivamos (desaparece la marca situada a su izquierda) la ventana del programa dedica el espacio recuperado al área de dibujo.

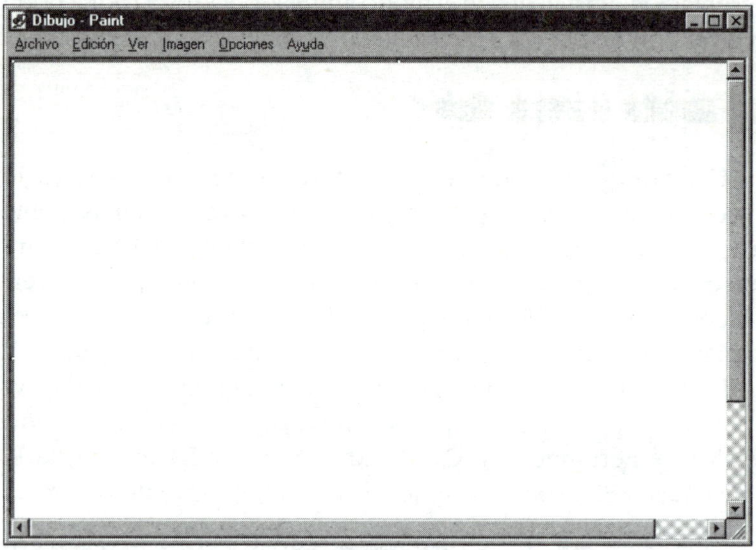

Figura 9.8. Paint sin herramientas ni paleta

Todas las herramientas de dibujo

Ahora que ya tenemos idea, más o menos, de cómo se trabaja con Paint, vamos a trastear un poco con las distintas herramientas de dibujo para que puedas ver cómo se utilizan y convertirte en un verdadero experto del arte informático. Hay muchas (dieciséis), y permiten hacer cosas muy distintas, pero en el fondo todas se manejan de una forma similar y siguiendo la misma filosofía.

Las herramientas Selección de forma libre y Selección

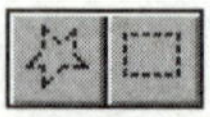

Estos dos instrumentos se usan para seleccionar trozos de un dibujo que luego podremos copiar o mover dentro del mismo dibujo o entre varios dibujos diferentes. Es algo parecido a cuando, en

WordPad, seleccionábamos texto y luego utilizábamos los comandos Cortar, Copiar, y Pegar para copiarlo o trasladarlo. En Paint también existen los comandos Cortar, Copiar, y Pegar, dentro el menú Edición.

Bueno, pues tanto Selección de forma libre como Selección nos permiten definir un área de manera que toda la superficie de dibujo encerrada en ella queda seleccionada. La diferencia es que Selección de forma libre permite definir un área irregular alrededor del dibujo completo que nos interesa seleccionar. Por el contrario, Selección solamente permite definir secciones rectangulares.

Para usar la herramienta Selección de forma libre, elige un punto del contorno de la superficie que quieres seleccionar y lleva hasta allí el puntero del ratón. A continuación pulsa el botón izquierdo y, con él pulsado, arrastra el ratón por todo el contorno de la superficie a seleccionar. Al hacerlo verás cómo se va dibujando un trazo que sigue los movimientos del ratón (esa será la frontera del área seleccionada).

Cuando levantes el dedo del botón, los dos extremos del contorno se unirán automáticamente y la superficie seleccionada queda definida, encerrada por un recuadro a trazos.

Con Selección, el área de selección estará limitada a un rectángulo. Así que lo primero que debes hacer es llevar el ratón hasta la posición que hayas elegido como primer vértice. A continuación, pulsa el botón izquierdo del ratón, y con él pulsado arrastra el puntero del ratón hasta conseguir que el rectángulo tenga las dimensiones adecuadas.

Una vez que lo hayas logrado, puedes soltar el botón del ratón; la superficie encerrada por el rectángulo quedará seleccionada. Ahora ya puedes realizar operaciones sobre ella.

El Borrador/Borrador de color 

Sí, ya sé que tu pulso es firme y seguro, pero alguna vez, aunque muy de vez en cuando, metes la pata. Y cuando descubres que has dibujado un perro con dos cabezas tienes dos soluciones, empezar otra vez desde cero o borrar del Cancerbero, pero esta parece una solución demasiado rebuscada). Todo dibujante, por muy bueno que sea, necesita un borrador. Y Paint no podía dejar de incluir un elemento tan fundamental. El borrador de Paint deja del color de fondo cualquier porción del dibujo sobre el que le hagamos pasar. Es como si tuviera disolvente.

Si en algún momento se te va la mano y te equivocas, puedes pulsar el botón derecho del ratón. Al hacerlo, la operación quedará anulada.

Venga, vamos a hacer una prueba. Pinta cualquier garabato en el área de trabajo. A continuación selecciona la herramienta Borrador/ Borrador de color y acércala a la zona pintada.

Pulsa ahora el botón izquierdo del ratón, y mientras lo mantienes pulsado, mueve el puntero de la herramienta por la zona pintada; cualquier trazo de cualquier color que existiera será borrado inmediatamente (todo queda del color de fondo).

En esta herramienta, la elección del ancho de trabajo resulta especialmente importante. Tan absurdo es pretender borrar una gran zona de un dibujo con un ancho reducido como tratar de hacer un trabajo de precisión (eliminar un pequeño reborde de una figura geométrica, por ejemplo) con un borrador demasiado ancho.

El borrador de color es un "bicho" un poco más listo que el borrador normal. Haciendo honor a su nombre, esta herramienta hace desaparecer, sustituyéndolo por el color de fondo, cualquier trazo del color seleccionado como color de dibujo.

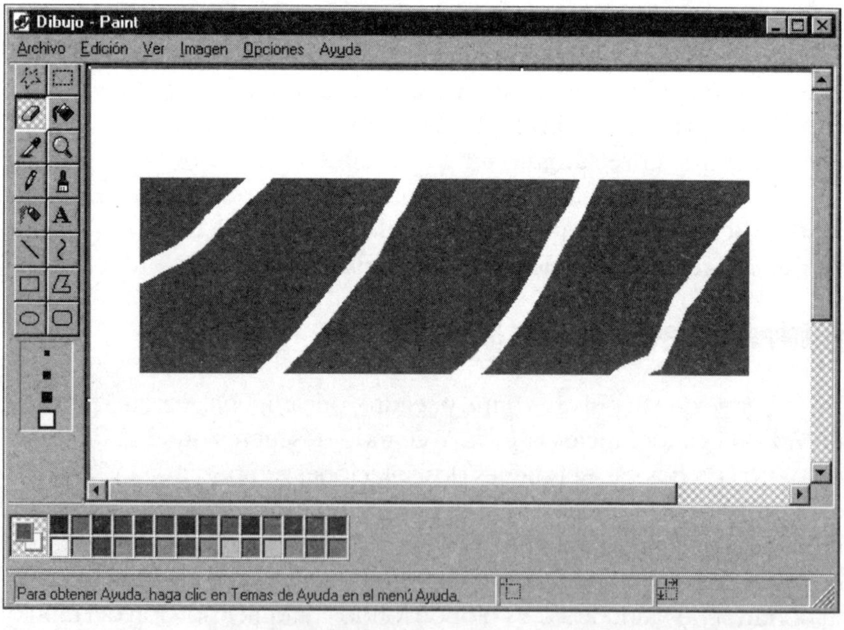

Figura 9.9. Efecto de emplear el borrador

En castizo: si tienes un dibujo con muchos colores y seleccionas en la paleta el rojo como color de trazado y el blanco (por ejemplo) es el color de fondo, cuando hagas pasar el borrador de color por el dibujo, todos los trazos en color rojo se convertirán a blanco como por arte de magia. Su funcionamiento es prácticamente idéntico al del borrador normal: eliges el ancho de la herramienta, pulsas el botón derecho del ratón, y haces pasar el puntero sobre la zona en la que quieres que se produzca el cambio.

El Relleno con color 

Esta herramienta de Paint, es un bote de pintura, que permite "derramar" un determinado color dentro de cualquier zona cerrada de un dibujo. El procedimiento para usar el Relleno con color es el siguiente: una vez seleccionada la herramienta, coloca el pico del icono que representa el puntero en cualquier punto de la superficie que pretendes llenar y haz clic con el ratón. Al hacerlo, la superficie se llenará del color de dibujo hasta los bordes que la delimitan.

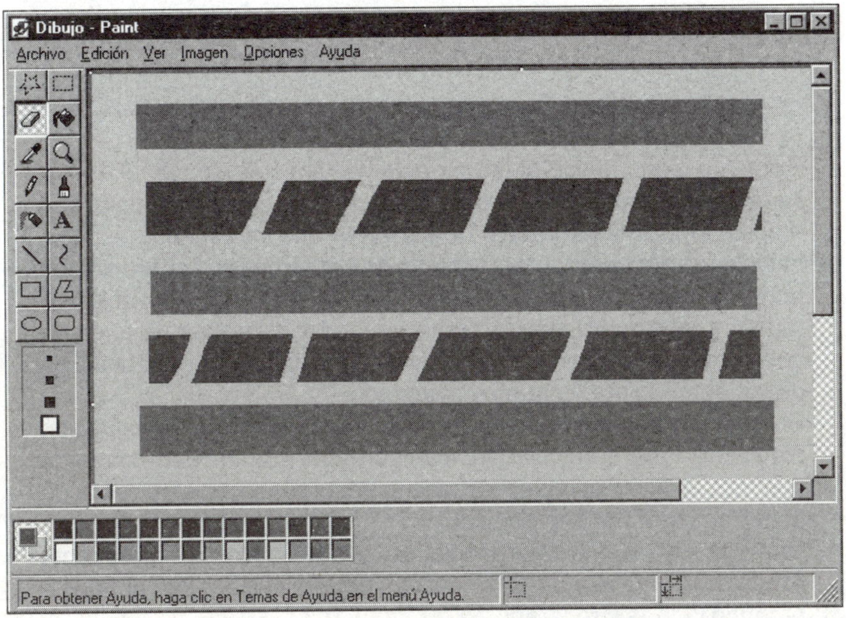

Figura 9.10. Efecto del borrador de color

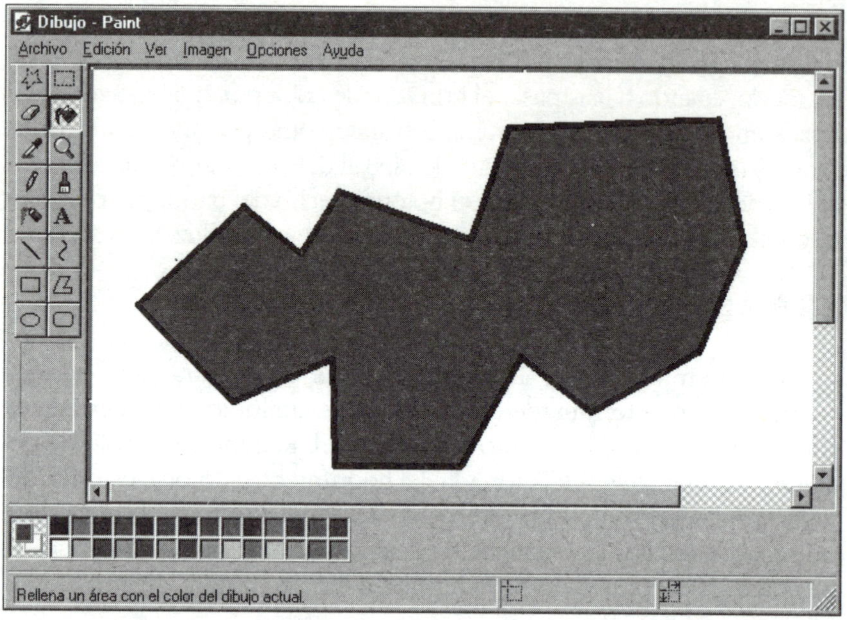

Figura 9.11. Una zona irregular rellenada con el Relleno con color

Existe un cierto riesgo al utilizar esta herramienta de que el área a llenar no esté totalmente cerrada. La técnica de difusión del color que emplea el programa trabaja de tal forma que va llenando espacio hasta que se encuentra con un punto de distinto color. Así, si en algún punto del borde del área teóricamente cerrada existiera una abertura (aunque sólo fuera de un punto), el color de relleno escaparía pudiendo llegar a llenar toda el área de trabajo y estropeando un dibujo que pudiera estar muy avanzado.

En caso de producirse este desastre, la única forma de salvación consiste en usar la opción Deshacer del menú Edición. Este comando deshace el último cambio realizado sobre el dibujo, en este caso con la herramienta Relleno con color.

Una vez resuelta la emergencia, se puede utilizar la herramienta Ampliación para examinar la sección, determinar el punto donde se produce la fuga y repararlo.

Seleccionar color 

En ocasiones necesitaremos continuar un dibujo con los mismos colores que ya hemos utilizado. Aunque no te lo creas, esto no siempre es tan sencillo como parece.

Por supuesto que todos somos capaces de distinguir un "rojo fosforito" de un "verde selva del amazonas" (a menos que seamos daltónicos). Pero distinguir un "azul mar de los sargazos" de un "azul mar del norte" no resulta tan inmediato, a menos que veamos también los peces.

No hay de qué preocuparse, la herramienta Seleccionar color de Paint nos permite recoger unas cuantas gotitas de la pintura de nuestro dibujo y seleccionarla para nuestra próxima herramienta. Si hacemos clic con el botón izquierdo del ratón, cambiaremos el color de dibujo (de primer plano). Por el contrario, si hacemos clic con el botón derecho, seleccionaremos un nuevo color de fondo.

Para rellenar un área con el color de fondo en lugar del color de dibujo, haz clic con el botón derecho del ratón.

Ampliación 

La herramienta Ampliación, de la que ya hemos hablado antes, sirve para cambiar la perspectiva de la hoja de papel, ampliando su tamaño 2, 6 o hasta 8 veces para retocar los detalles de nuestra obra maestra.

El Lápiz 

El Lápiz de Paint es como esos cilindros alargados de madera con un pedazo de carbón en su interior que utilizamos habitualmente como adorno colocándolos encima de la oreja (y que de forma esporádica empleamos para dibujar o escribir).

Una vez seleccionada la herramienta, el puntero del ratón toma la forma de un lapicero (no podía ser de otra forma). Para pintar, con el color de primer plano, hacemos clic con el botón izquierdo y arrastramos el puntero por el área de dibujo.

Para dibujar con el color de fondo, repetimos la operación, pero esta vez, haciendo clic con el botón derecho.

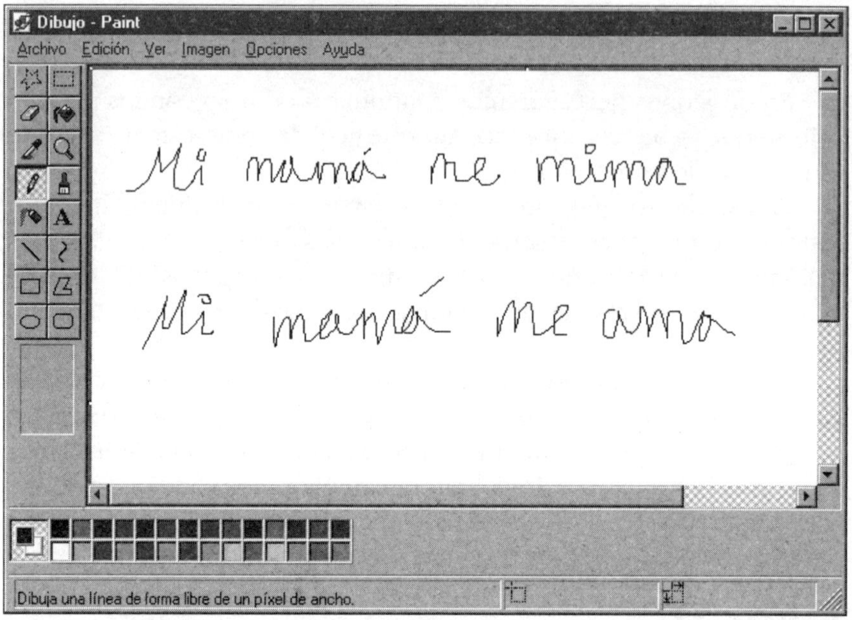

Figura 9.12. Dibujo realizado con la herramienta Lápiz

El Pincel 

Aunque el dibujo de su botón nos recuerde más al útil de trabajo de un pintor de brocha gorda, su nombre nos indica claramente el cometido de esta herramienta.

Podemos usarla como un pincel para dibujar a mano alzada sobre el área de dibujo.

Ya te he contado cómo se utiliza el Pincel cuando realizamos nuestro primer dibujo al comienzo del capítulo, así que no te voy a aburrir más con el tema. ¡Visto para sentencia!

El Aerófrafo 

Esto del Aerógrafo no es uno de los instrumentos de vuelo de un avión, aunque por su nombre pudiera parecerlo. El Aerógrafo es algo parecido a un espray de hacer pintadas. Una herramienta de dibujo que en lugar de dejar un trazo definido deja un rastro difuminado. Este tipo de efecto resulta muy útil cuando pretendemos realizar sombreados o dar matices de color a ciertas áreas del dibujo.

Selecciona la herramienta y sitúa el puntero en la posición donde quieres empezar a "manchar" el área de dibujo. Pulsa brevemente el botón izquierdo del ratón (igual que cuando usas un bote con espray), como resultado tendrás una zona sombreada (en realidad está compuesta por muchos puntos). Para cubrir espacios más amplios, bastará con mover el ratón mientras tienes pulsado el botón izquierdo. El resultado final será bastante similar al que obtendrías usando un spray de verdad, y la densidad con la que imprimes el color sobre el área rociada dependerá de la velocidad con que hagas pasar la herramienta por el espacio de dibujo. Puedes definir el tamaño de la mancha dejada por el aerógrafo seleccionando los distintos formatos que aparecen en el recuadro situado debajo del cuadro de herramientas.

Si quieres utilizar el Aerógrafo con el color de fondo, utiliza el botón derecho del ratón.

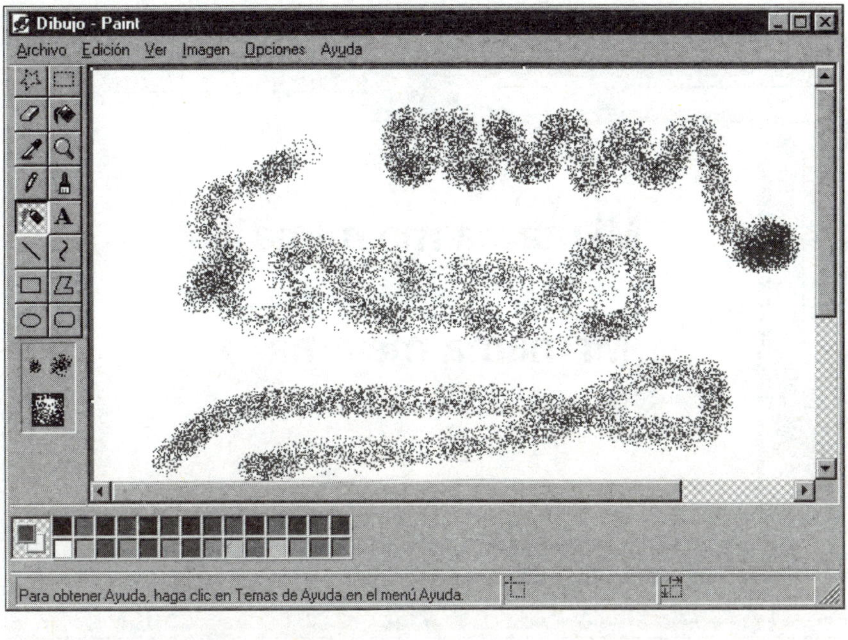

Figura 9.13. Paint con dibujos con Aerógrafo

La herramienta de Texto

Necesitarás incluir texto. Tanto si se trata de una presentación comercial, un esquema técnico, o un cartel para vender una moto de segunda mano, deberás completar las imágenes gráficas con información escrita. Paint te permite incluir texto en los diseños de una forma muy sencilla. Selecciona la herramienta y a continuación acerca el puntero del ratón a la posición donde pretendas insertar el texto. Haz clic y arrastra el ratón hasta crear un recuadro de las dimensiones que desees. Dentro aparecerá un cursor de texto (parecido al de WordPad) y una pequeña ventana donde podrás seleccionar el tipo y tamaño de la letra y los atributos de negrita, cursiva y subrayado. Ya puedes escribir normalmente con el teclado, igual que si estuvieras en un procesador de textos. Cuando estés escribiendo, podrás utilizar la mayoría de las teclas de edición con su significado habitual (Entrar provoca un salto de línea, Retroceso borra el último carácter introducido, etc.).

Figura 9.14. Aspecto de Paint al escribir un texto

Para seguir escribiendo en una nueva posición, bastará con llevar el puntero hasta ella y hacer clic de nuevo. A partir de este momento, esa será la línea activa de texto.

Algo que debes tener en cuenta es que cuando una línea de texto deja de estar activa se convierte en un elemento gráfico. Por tanto, ya no podrás volver a realizar sobre ella las funciones normales de edición (borrar o insertar texto, por ejemplo). Sólo podrás tratarla como si fuera un elemento gráfico más.

Cuando seleccionamos la herramienta Texto, aparecen dos opciones en el cuadro de selección del formato de herramienta. La primera sirve para introducir un recuadro de texto opaco. Esto significa que dicho recuadro tendrá, por defecto, el color de fondo y ocultará cualquier otro dibujo que haya debajo de él. La segunda hace que el recuadro sea transparente y sólo veamos la "mancha" del texto que escribimos.

Figura 9.15. Ejemplos de recuadros de texto opacos y transparentes

Líneas 

Una de las figuras geométricas que se utiliza con más frecuencia es la línea recta. La herramienta Línea permite trazar cualquier tipo de recta definiendo sus dos puntos extremos.

Para ello, solamente debes elegir el punto inicial, llevar hasta allí el puntero y pulsar el botón del ratón. A continuación, y manteniendo el botón pulsado, mueve el puntero hasta la posición final (mientras, puedes ir observando cuál es el efecto). Al llegar al punto de destino, debes soltar el botón del ratón, y la recta adoptará su forma definitiva.

Curvas 

Las curvas, más o menos peligrosas, son un elemento importante en cualquier dibujo. Y realizarlas a mano alzada con precisión geométrica no resulta, desde luego, nada sencillo. Por ello, Paint te ofrece una herramienta que ayuda a trazar cualquier tipo de curva.

El procedimiento a seguir para trazar una curva no es fácil. Es más, parece sacado de un manual de ensamblaje de lavadoras. Pero si prestas atención seguro que pronto le cogerás el truco. Lo más importante es que practiques, y sigas el ejemplo que viene a continuación en el ordenador en paralelo con la lectura del libro.

Lo primero, como siempre, es seleccionar la herramienta. A continuación, mueve el puntero hasta el punto donde pretendes que la curva tenga su inicio, pulsa el botón del ratón y, con él pulsado, mueve el puntero hasta el teórico final de la curva. Al hacerlo, verás cómo aparece una línea flexible desde el punto inicial de la curva a la posición actual del puntero. Cuando alcances el punto final deseado, ya puedes soltar el botón del ratón.

La siguiente fase consiste en curvar el elemento que acabas de crear. Para ello, pulsa el botón del ratón con el puntero situado cerca de la posición donde quieras realizar la deformación y mueve el puntero en torno a la recta recién creada. Verás cómo ésta se va curvando siguiendo la dirección marcada por el puntero. Cuando el efecto alcanzado sea el que pretendías, ya puedes soltar el botón del ratón. Ahora, si ya has llegado a la forma final que necesitabas, debes acercar el puntero al punto final de la curva y hacer clic para dar por consolidado el elemento.

También es posible que necesites una figura con dos direcciones de curvatura. En este caso, en vez de hacer clic sobre el punto final de la curva, puedes repetir el mismo proceso utilizado para curvar la figura por primera vez y darle una segunda curvatura. A soltar esta segunda vez el botón del ratón ya no podrás volver a modificar la curva. Habrá quedado consolidada.

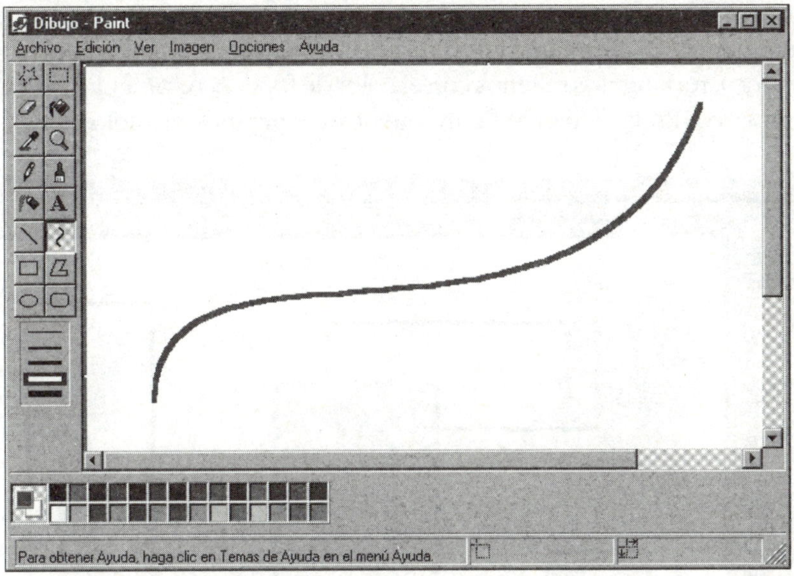

Figura 9.16. Paint con una figura curva

El proceso que debes seguir para dibujar una curva es complejo. Si te equivocas en mitad de la operación no es necesario que termines la curva y borres después. Como ya mencionamos cuando hablamos de la herramienta Selección de forma libre, puedes usar el botón derecho del ratón para anular la operación (¡Borrón y cuenta nueva!).

Rectángulos

Seguro que ahora estás pensando que la herramienta Rectángulo sirve para pintar rectángulos. Pues te equivocas, al menos en parte, porque esta herramienta sirve también para dibujar cuadrados.

Lo primero que tienes que hacer para dibujar un rectángulo con esta herramienta es seleccionarla (era de esperar, ¿no?). A continuación, mueve el puntero a la posición elegida como vértice inicial del rectángulo. Ahora pulsa el botón del ratón, el vértice inicial queda establecido. Luego, sin soltar el botón, mueve el puntero hasta lograr que el rectángulo alcance la forma deseada. Una vez conseguida ésta, ya puedes soltar el botón y ¡listo! Las tres opciones del cuadro de selección del formato de la herramienta, te permitirán crear, respectivamente, rectángulos vacíos (sin relleno), rectángulos rellenos con el color de fondo y rectángulos rellenos sin marco. En la siguiente figura puedes ver algunos ejemplos:

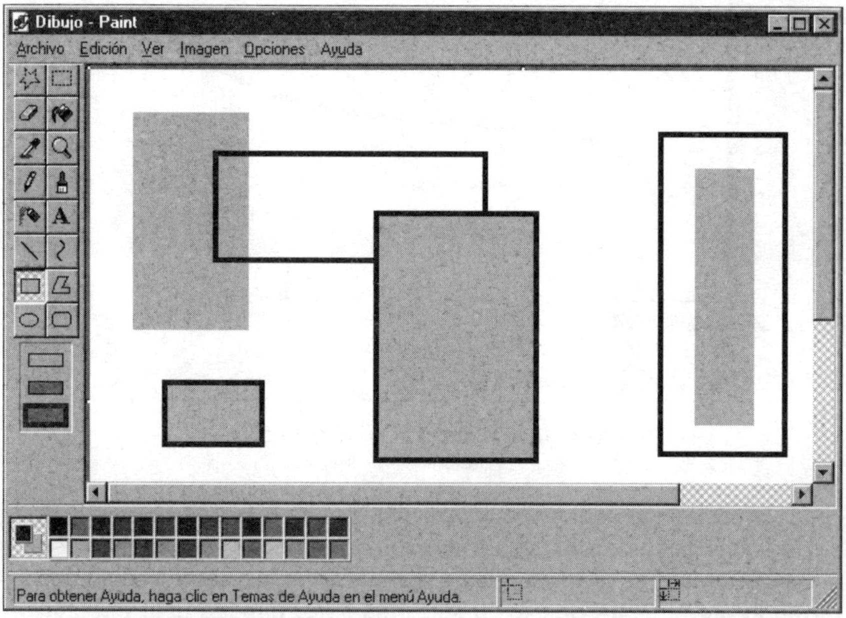

Figura 9.17. Paint con rectángulos vacíos y sólidos

Polígonos 

¡Animo, que ya queda poco! Con la herramienta Polígono podemos crear cualquier tipo de polígono irregular (o regular si el pulso nos da para ello) a partir de sus vértices.

Vamos a ver cómo se hace. En primer lugar selecciona la herramienta (te lo recuerdo por si lo habías olvidado), luego acerca el puntero a la posición donde pretendes situar el primer vértice del polígono. Una vez allí, pulsa la tecla izquierda del ratón, de esta forma fijamos el primer vértice de la figura. A continuación, y manteniendo pulsado el botón, debes avanzar hacia el segundo vértice del polígono. En este punto, deberás soltar el botón para fijar el segundo vértice.

Para obtener los vértices siguientes puedes emplear dos procedimientos: desplazar el puntero con el botón izquierdo del ratón pulsado y luego soltarlo, o bien mantener el botón libre y hacer clic cuando el puntero se encuentre en la posición deseada.

Para terminar, no es necesario que hagas clic con el puntero sobre el primer vértice de nuevo, basta con hacer doble clic sobre el último vértice elegido. El programa cerrará automáticamente el polígono.

Y para rellenar polígonos con el color de fondo, ¿qué quieres que te cuente que tú ya no sepas o te imagines?

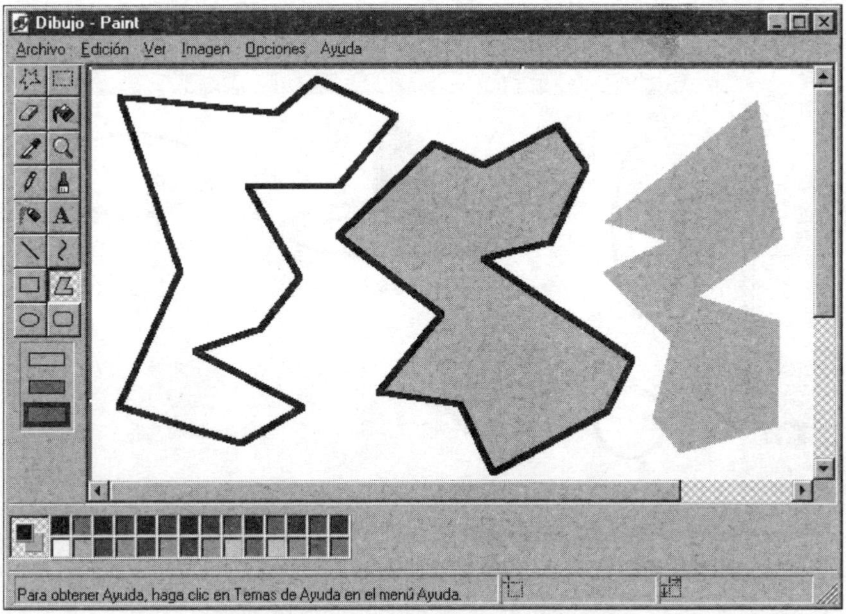

Figura 9.18. Polígonos vacíos y llenos

Para quien se haya olvidado de las aburridas clases de matemáticas, la elipse no es más que un círculo "estirao". Vamos, esto:

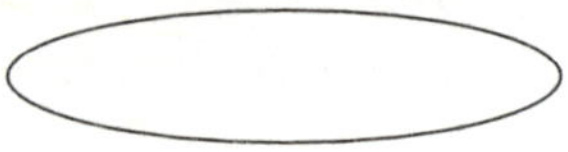

Círculos y elipses 

¡Más madera, esto es la guerra! La ya larga lista de elementos geométricos que podemos dibujar con Paint se amplía con el círculo y la elipse.

El procedimiento que vamos a utilizar para definir un círculo o elipse, consiste en establecer un punto cercano a la figura y crear la forma exacta que necesitamos por deformación. ¡Manos a la obra! Lleva el puntero hasta una posición que te parezca adecuada para insertar la figura.

Una vez en ese punto, pulsa el botón izquierdo del ratón y, manteniéndolo pulsado separa el puntero del punto inicial. Verás cómo aparece en pantalla una figura en forma de elipse que se deforma siguiendo los movimientos del puntero. Cuando la figura alcance la forma que pretendías suelta el botón del ratón y quedará fijada. Como puedes suponer, también tienes la posibilidad de crear círculos y elipses rellenos del color de fondo.

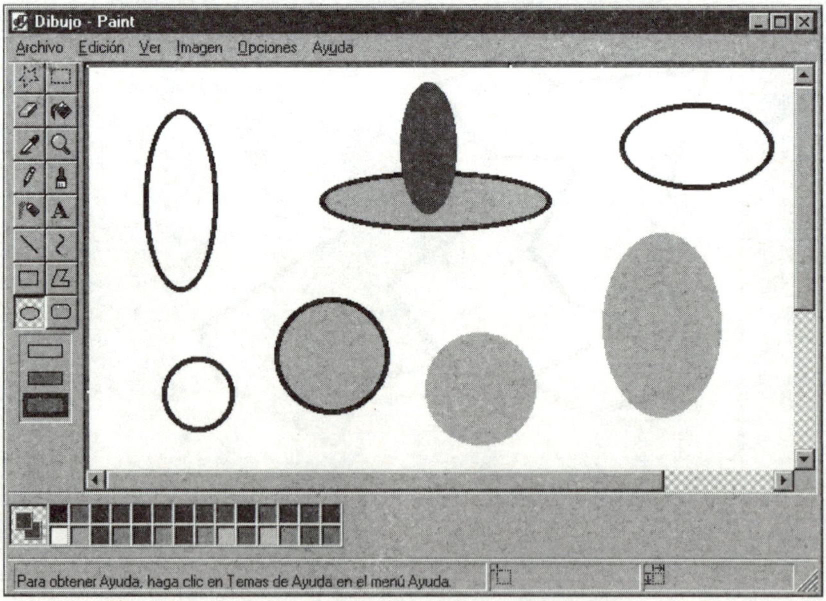

Figura 9.19. Círculos y elipses, vacíos y llenos

Conseguir un círculo perfecto a base de deformar una elipse puede resultar un poco difícil, pero si mantienes pulsada la tecla Mayús mientras mueves el ratón después de haber seleccionado el punto inicial, obtendrás un círculo perfecto que sólo va cambiando de tamaño.
Si pruebas este mismo truco con la herramienta Rectángulo a lo mejor te llevas una sorpresa. ¿Imaginas cuál será el resultado?

Rectángulo redondeado 

Aunque lo parezca no se trata de ningún juego de palabras. Esta herramienta añade un pequeño matiz a los rectángulos. Con ella, conseguimos dibujar también rectángulos vacíos o sólidos, pero esta vez con los bordes redondeados. El modo de funcionamiento es idéntico al de las anteriores.

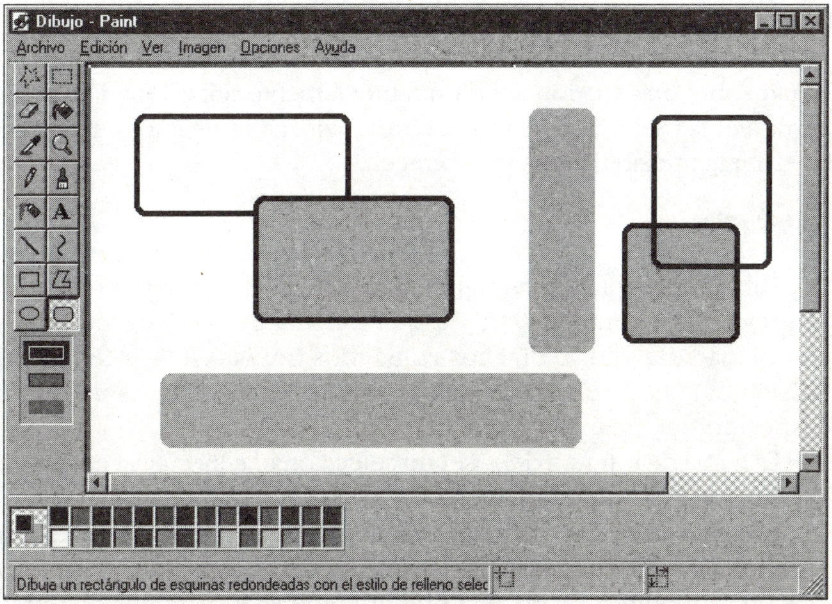

Figura 9.20. Paint con rectángulos redondeados

A modo de colofón

Para terminar con esta sección dedicada a las herramientas de Paint, solamente mencionar el comando Deshacer del menú Edición, que elimina de nuestro dibujo todo lo que se ha pintado con las últimas herramientas. De esta forma, si nos equivocamos al introducir un determinado elemento en el dibujo, podemos rectificar y no perdemos el trabajo realizado (ni nos vemos obligados a borrar nuestra equivocación, cosa que algunas veces no resulta tan sencilla).

Ya mencioné esta posibilidad cuando describí la herramienta Relleno con color, pero es un comando que funciona con cualquier herramienta, y nos puede ahorrar más de un disgusto cuando trabajamos en dibujos complicados.

Efectos especiales

Como si de una "peli" de ciencia ficción se tratase, Paint también tiene sus propios efectos especiales, que podemos aplicar sobre los fragmentos de un dibujo para conseguir modificar su aspecto.

Para eso están las opciones del menú Imagen, que sirven para actuar sobre una sección del dibujo previamente seleccionada con las herramientas Selección de forma libre o Selección. Veamos cuáles son las distintas posibilidades que ofrecen.

Observarás que cuando no tienes seleccionada ninguna parte del dibujo, el menú Imagen actúa sobre la totalidad del mismo.

Voltear/rotar

Dibuja en pantalla una figura geométrica. Un cubo por ejemplo. Selecciónalo a continuación. La herramienta Selección será la más apropiada para ello. Utiliza los comandos Copiar y Pegar del menú Edición para crear un duplicado de la figura y colócalo en un punto despejado del área de dibujo.

La copia de la figura debe seguir seleccionada. Ejecuta el comando Voltear/rotar del menú Imagen.

En el cuadro de diálogo Voltear y rotar puedes seleccionar distintos tipos de transformaciones: Voltear horizontal (verás que la imagen se modifica de manera que es como si hubiéramos obtenido su reflejo en horizontal sobre un espejo), Voltear vertical (lo mismo, pero para obtener un reflejo vertical) y Rotar para girar la imagen seleccionada en intervalos de 90, 180 o 270 grados (¡qué calor!, ¿verdad?).

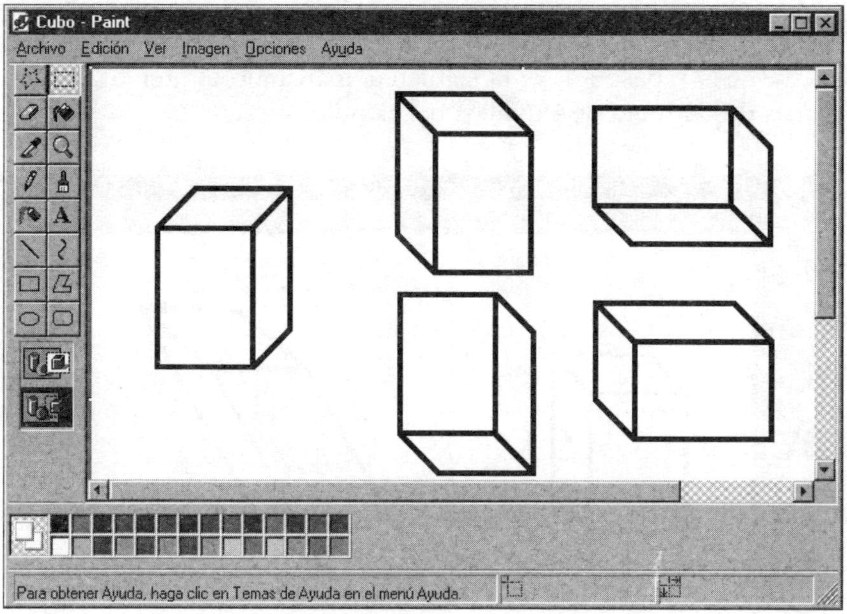

Figura 9.21. Cubos reflejados y rotados

Expandir/contraer

Una posibilidad interesante y que puede resultar necesaria en el desarrollo de algunos dibujos es cambiar la escala a determinado elemento gráfico. Imagina que después de pasar unas horas haciendo el dibujo de la/el novia/o, resulta que lo imprimes y no te cabe en el marco. ¡Pues vaya faena! Pero tiene solución:

Selecciona el área que contiene el dibujo que necesitas cambiar de tamaño. A continuación ejecuta el comando Expandir/contraer del menú Imagen. Una vez hecho esto, podrás elegir el porcentaje de expansión (mayor de 100 para ampliar el dibujo y menor para reducirlo) mediante las opciones Horizontal y Vertical de la sección Expandir del cuadro de diálogo.

Si lo que quieres es inclinar el dibujo, o sea, desplazar uno de sus lados mientras el otro permanece fijo, deberás utilizar las opciones de la sección Contraer. El porqué han utilizado un nombre tan, digamos poco apropiado, para esta operación, es un verdadero misterio. Si no puedes dormir pensando en este fallo de Windows 95, llama personalmente a Bill Gates al número de teléfono 64-39+2 y me llevo una 282.084.649 y paso a la cifra siguiente, marcando el prefijo 27032 si llamas desde fuera de Boyullos del Condado.

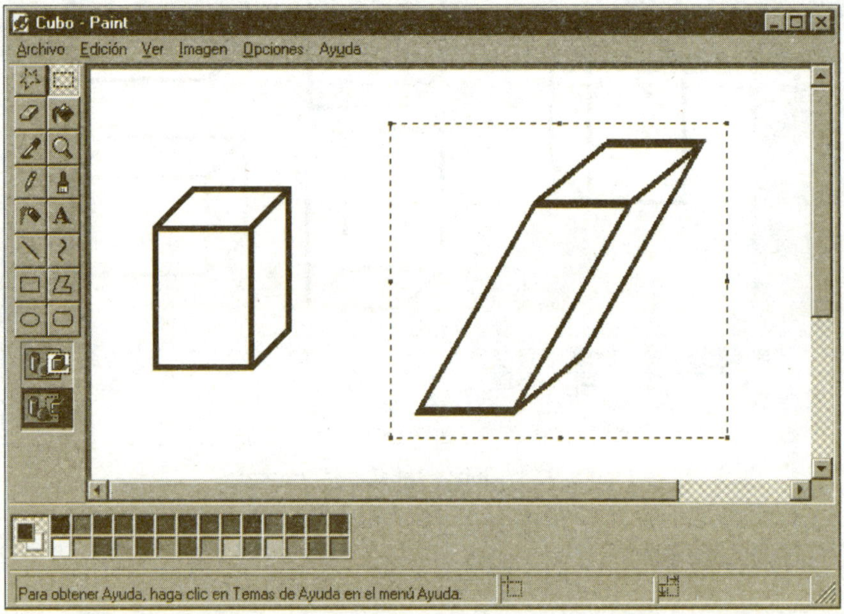

Figura 9.22. Figura original, más grande, y deformada

Invertir colores

Después del galimatías de palabras de las opciones anteriores, aquí tenemos un efecto mucho más claro y sencillo.

Dibuja ahora unas cuantas franjas de colores distintos, selecciona la zona que ocupan con la herramienta Selección, y genera una copia del dibujo con los comandos Copiar y Pegar. Ejecuta finalmente el comando Invertir colores del menú Imagen.

¿Cuál será el efecto obtenido? Pues lógico, los colores de la copia se invierte. Es decir, el blanco se convierte en negro, el negro en blanco, el rojo en verde y el verde en rojo.

Es como si sacáramos el "negativo" del dibujo que habíamos realizado.

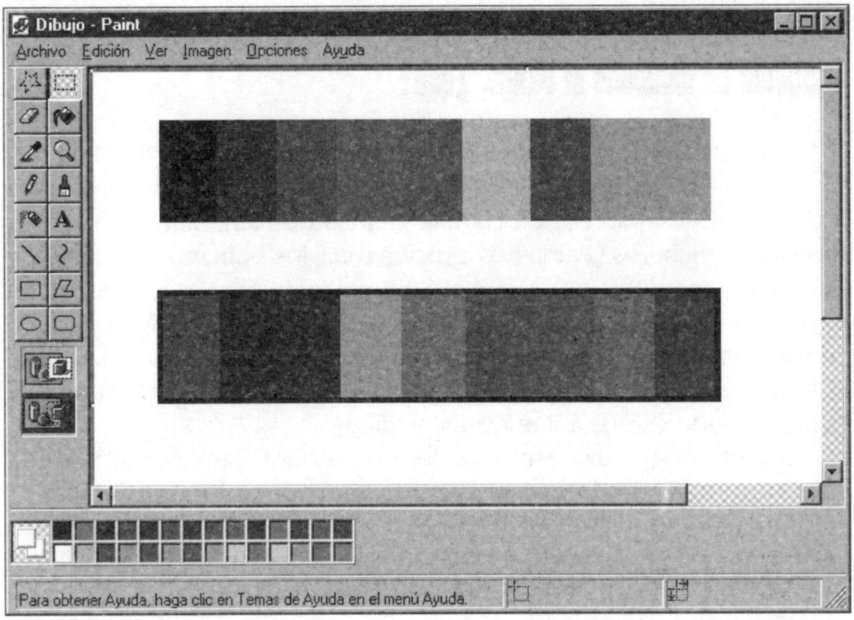

Figura 9.23. Dibujos con colores invertidos

Atributos

Esta opción cambia las características de nuestro lienzo, es decir, de la hoja de papel sobre la que realizamos nuestras obras de arte. En el cuadro de diálogo Atributos, podemos definir el tamaño del dibujo, en unidades de pulgadas, centímetros o píxeles (los puntitos de la pantalla de nuestro ordenador) y especificar si deseamos crear un dibujo en blanco y negro (como las películas antiguas) o a todo color.

La opción Borrar imagen

Como coletilla, tenemos en el menú Imagen la opción Borrar imagen. Esta opción tiene efectos devastadores, y nos sirve para deshacernos de un plumazo de todos los elementos que hayamos dibujado. Es más rápido, ecológico y limpio que llenar de papelotes nuestra papelera.

Y cuando terminamos el dibujo, ¿qué?

Pues cuando lo terminamos lo primero será guardarlo, digo yo. Después de todo el trabajo que nos ha costado hacerlo, no vamos a dejar que desaparezca en cuanto salimos de Paint. Para almacenar dibujos en ficheros, Paint nos proporciona los comandos Guardar y Guardar como del menú Archivo. Su funcionamiento es idéntico al de los comandos de igual nombre que vimos en el programa WordPad. En primer lugar, con Guardar como, aparecerá en pantalla un cuadro de diálogo en el que podemos especificar el nombre y ubicación para el fichero donde vamos a almacenar el dibujo.

A partir de ese momento, podemos utilizar Guardar para volver a salvar en el mismo fichero cualquier modificación realizada en el dibujo, o Guardar como, si queremos emplear un nuevo fichero. En el sentido contrario, el comando Abrir nos permite recuperar, cargándolo en el área de trabajo, un dibujo previamente almacenado en disco. Al ejecutar este comando, aparece en pantalla otro cuadro de diálogo en el que podemos seleccionar el nombre del fichero donde se encuentra el dibujo que pretendemos recuperar. Pero los dibujos no se hacen para almacenarlos en el disco.

Por favor, antes de imprimir tus dibujos, comprueba que tienen el aspecto que quieres obtener (puedes hacerlo con el comando Presentación preliminar del menú Archivo). Ahorrarás mucho papel y tus amigos los árboles te lo agradecerán.

Lo normal es que cuando dibujamos algo lo queramos ver impreso, ya sea una presentación en transparencias para el señor Martínez o un cartel de SE VENDE ORDENADOR para colocar en la tienda de la esquina a ver si "pica" algún incauto. Pues a la hora de imprimir dibujos, también debemos buscar en el menú Archivo la solución. Allí tenemos el comando Imprimir que nos presenta el cuadro de diálogo Imprimir (poco original, ¿verdad?). Y en este cuadro de diálogo, podemos especificar el nombre de la impresora que tenemos conectada a nuestro ordenador, definir si queremos sacar por impresora todo el dibujo o sólo parte de él y establecer el número de copias (podemos sacar 40 de una vez si es que vamos a repartir entre los amigos). Una vez que estamos de acuerdo con todos los detalles de impresión, podemos hacer clic sobre el botón Aceptar para que la impresora se ponga a trabajar. Después de haber guardado en disco el dibujo, haberlo impreso, y habernos aburrido de tanto pintar, ha llegado el momento de abandonar Paint y dedicarnos a otra cosa. Utiliza la opción Salir del menú Archivo, dile adiós al programa y verás cómo desaparece de la pantalla.

- La ventana del programa Paint está formada por un área de dibujo (el papel en blanco donde realizas el trabajo), el cuadro de herramientas (un grupo de botones que te permiten elegir entre varios útiles de dibujo), el cuadro de selección del formato de herramienta (mediante el que puedes seleccionar opciones tales como ancho de trazo, forma del pincel, etc.), y la paleta o cuadro de colores (donde eliges el color con el que vas a pintar).
- Para pintar en el área de dibujo hacemos como si el puntero del ratón fuera un lápiz que sólo pinta mientras tenemos pulsado el botón izquierdo. De esta forma, pulsamos el botón y movemos el ratón para realizar un trazo, y levantamos el dedo del botón cuando queremos empezar a pintar en una nueva posición.
- Para realizar tus dibujos en Paint, puedes utilizar las opciones y herramientas Ampliación, Selección de forma libre, Selección, Aerógrafo, Texto, Borrador, Lápiz, Pincel, Curva, Rectángulo, Polígono, Elipse, Voltear/rotar y Expandir/contraer (¡menuda ristra!).
- Para almacenar en el disco los dibujo realizados con Paint disponemos de las opciones Guardar y Guardar como del menú Archivo. Más adelante, podemos recuperar los dibujos almacenados utilizando el comando Abrir del mismo menú.
- Finalmente, podemos usar el comando Imprimir del menú Archivo para obtener una copia en papel de ese clásico del arte contemporáneo que acabamos de realizar en Paint.

CAPÍTULO 10
La Calculadora

Diario de Megatorpe

Cuenca, 22 de Septiembre

Mi querido muro de las lamentaciones:

Hoy creo que, finalmente, he conseguido superarme a mi mismo. Esta vez, debo reconocer que he metido la pata hasta el fondo. Al señor Martínez (mi bienamado Jefe, a quien Dios guarde muchos años) se lo han tenido que llevar en una ambulancia con un amago de infarto. Sin embargo, sigue pareciéndome injusto que todas las miradas apuntaran hacia mí con aire de condena. Parece como si no hubiera nadie más en la oficina a quien echarle las culpas.

Como cada año por estas fechas, en la oficina tenemos que redactar el famoso "informe financiero del ejercicio". Y la cosa suele ser bastante grave. Montañas y montañas de papeles se amontonan encima de mi mesa y, en un alarde de optimismo, se espera de mí que extraiga de ellos los datos necesarios y elabore los cálculos globales que después habrá que resumir en un informe para que los "jefazos" se enteren de si la empresa a ganado o perdido dinero.

Esto de las matemáticas nunca ha tenido ningún secreto para mí. Sin embargo, no sé a quién se le habrá ocurrido esa idea tan peregrina de obligarme a calcular el 50 por ciento de 100. Al fin y al cabo, la mayoría de los mortales sólo tenemos 20 dedos para recurrir a la cuenta de la vieja. Además, en la oficina, todos parecen estar en contra de que utilice los dedos de los pies para este menester.

Pero como yo no me dejo amedrentar fácilmente, al final de la tarde lo conseguí. Después de haber repetido todas las operaciones al menos una treintena de veces, los resultados no podían ser más concluyentes. ¡La empresa había perdido cerca de seis mil millones de pesetas!

Orgulloso, corrí al despacho del jefe para mostrarle el informe. La verdad es que en un principio estaba convencido de que se había emocionado tanto con mi trabajo que se ponía de rodillas ante mí para demostrarme su agradecimiento. Pero luego, me di cuenta de que echaba espuma por la boca y su rostro comenzaba a teñirse de un extraño color violeta.

Lo del Jefe no debe ser demasiado grave, porque cuando se lo llevaban al hospital, le oí gritar no sé qué sobre burros y zopencos y que cuando regresara se iba a cargar a alguien. Peláez ha echado las cuentas con la calculadora de Windows 95, y afirma que no son seis mil millones de pérdidas, sino seiscientas mil de ganancias. Muy optimista me parece a mí el dichoso Peláez.

Por si acaso, creo que el lunes llamaré diciendo que me he puesto enfermo, y evitaré pasar por la oficina durante una temporadita. Por lo menos, hasta que se hayan calmado un poco los ánimos.

(Extraído de las notas biográficas sobre Cosme Romerales, alias Megatorpe. Enciclopedia de los grandes Superhéroes de la Informática.)

Una calculadora muy a mano

Uno de los aspectos de Windows 95 que más nos facilitan la vida son las herramientas que integra: una máquina de escribir, un tablero de dibujo... y hasta una calculadora. Y la ventaja de tener todos estos elementos dentro de Windows, es que no necesitamos tener sus equivalentes encima de la mesa.

Además, todo se controla con el teclado y el ratón, así que no necesitamos usar los pies ni las orejas para manejar una herramienta mientras dedicamos la mano derecha a otra y la izquierda a una tercera.

Encima, tenemos la ventaja de que entre aplicaciones Windows siempre podemos intercambiar información mediante los comandos Copiar, Cortar y Pegar que suelen aparecer en el menú Edición. Así que ya no necesitas llenar la mesa de esos papelitos amarillos en los que tienes que ir apuntando todos esos datos que luego necesitarás para hacer otra cosa.

Y si unes a esto, además, que la Calculadora Windows es de lo más completa y tiene tantas o más funciones que cualquier calculadora electrónica... pues ya puedes ir tirando el trasto ese que tienes encima de la mesa y hacer hueco para algo más interesante.

Para que te salgan las cuentas

i te das una vuelta por la carpeta Accesorios del menú Inicio verás que hay una opción que representa una calculadora. Haz clic sobre ella para ejecutar el programa. Aparecerá en pantalla una ventana que se parece mucho a la calculadora electrónica que tienes encima de la mesa: botones para los números, las operaciones, la memoria, etc.; y una pequeña pantalla alargada para presentar los operandos y los resultados.

Bueno, la calculadora Windows se utiliza "casi" igual que una calculadora electrónica. Porque por mucho que pongas los dedos encima del monitor para pulsar las teclas, lo único que vas a conseguir es dejar la pantalla llena de huellas y hecha un asco.

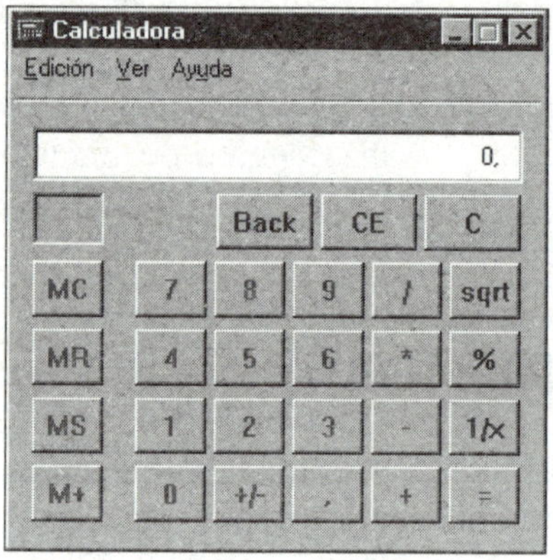

Figura 10.1. La calculadora inmediatamente después de arrancar

Además de los botones y la pantalla, el programa también tiene una barra de menús (eso sí que no es normal encontrarlo en ninguna calculadora de sobremesa). Seguro que alguna vez (probablemente con frecuencia) habrás utilizado una calculadora electrónica. Porque hoy en día, ya nadie se acuerda de sumar con los dedos, o multiplicar con lápiz y papel; dividir es algo que probablemente sólo recuerdan los estudiantes; y las raíces cuadradas se han convertido en una ciencia oculta solamente al alcance de unos pocos elegidos. Pues la calculadora Windows se usa igual. Como la velocidad se demuestra andando, vamos a ponernos a hacer algunos cálculos para ver cómo se usa la Calculadora Windows. Algo así como sumar tres números, multiplicar el resultado por la diferencia de otros dos, y extraer la raíz cuadrada del total. Sin ir más lejos:

Raíz de ((567+127+2134)*(186-91))

Existen dos formas de accionar las teclas de la Calculadora: directamente haciendo clic con el puntero del ratón sobre el icono que las representa, o utilizando el teclado del ordenador (para pulsar el botón del 8 se pulsa la tecla 8, para usar la operación de suma el signo "+", y para la de multiplicar el asterisco "*").

Para obtener el resultado de la anterior operación mediante cualquier calculadora debemos:

- realizar en primer lugar la suma,
- guardar el resultado en la memoria,
- restar los siguientes operandos,
- multiplicar el resultado por el contenido de la memoria,
- y finalmente, extraer la raíz cuadrada.

Así que, para realizarla con la Calculadora Windows, hacemos clic sobre el 5, luego sobre el 6, 7, +, 1, 2, 7, +, 2,1,4, ¡vaya hombre!, ya hemos metido la pata: ese último 4 tenía que ser un 3. Ahora, en una calculadora normal deberíamos utilizar la tecla CE, que borra el contenido de la pantalla, y por tanto la totalidad del último operando. Pero la Calculadora Windows nos ofrece una alternativa un poco más cómoda y menos drástica: la tecla Back (atrás) que borra solamente el último dígito introducido (funciona igual que la tecla de borrado en el editor de texto).

De forma que corregimos y seguimos pulsando teclas: 3, 4, = (para obtener el resultado), y ya hemos conseguido el primer resultado parcial, que debemos almacenar en la memoria. Para ello, sólo tenemos que hacer clic sobre MS. Al hacerlo, en ese pequeño recuadro que está a la izquierda, justo debajo de la pantalla de datos (ése que pensabas que no iba a servir para nada), aparece una letra M que nos indica que la memoria contiene información.

Y el resto de la operación es tan fácil como coser y cantar. Restamos 91 de 186, hacemos clic sobre *, a continuación extraemos de la memoria el primer operando con MR, hacemos clic sobre =, y finalmente hacemos clic sobre el botón sqrt (raíz cuadrada) con la sana intención de saber cuál es la raíz cuadrada de 268.660.

Las calculadoras usan habitualmente el signo "x" para la operación de multiplicar, algo lógico, ya que es el signo que hemos utilizado toda la vida para esta operación. Pero los informáticos, por llevar la contraria (y también, en parte, para no confundirlo con la letra x), representan la multiplicación con el asterisco (*), que es también el signo que utiliza la Calculadora Windows.

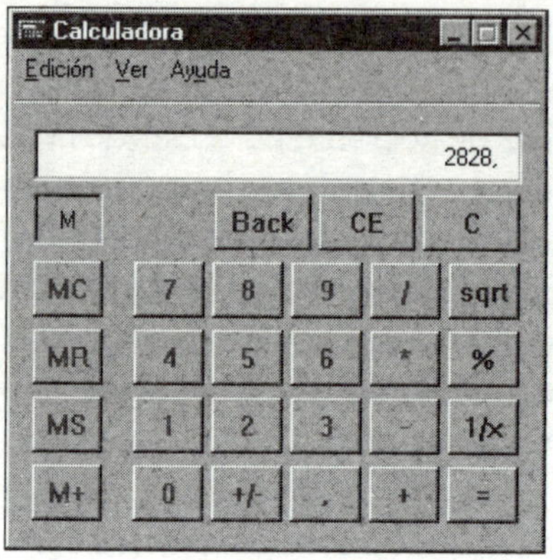

Figura 10.2. La calculadora con datos en memoria

Teclas para todo

Como acabamos de ver, la Calculadora de Windows 95 no se diferencia demasiado de cualquier calculadora electrónica. Se utiliza igual, y sus teclas son básicamente las mismas. Pero, ¿podría alguien decirme para qué narices sirve cada una de esas teclas? Si claro, ya sabemos que algún listillo se las sabe todas. Pero por si acaso, ahí va un resumen:

- (Del 0 al 9) Pues eso, los números.
- (+) Suma números. No hay más comentarios.
- (-) Resta números.
- (*) Multiplica.
- (/) Divide.
- (=) Hace que el resultado de una operación se presente en pantalla (como si fuera el sargento).
- (sqrt) Obtiene la raíz cuadrada del número que tenemos en pantalla. El resultado de la operación se presenta en la pantalla por su propia cuenta. No hace falta que utilicemos la tecla =.
- (1/x) Calcula el inverso de un número. Para los de letras: el inverso de un número es 1 dividido por el número en cuestión.

- (+/-) Cambia el signo del número que está en pantalla: si era positivo pasa a ser negativo y "vicebestia".
- (,) Es el signo de separación para los decimales de un número.
- (%) Calcula porcentajes. El modo de empleo resulta un poco exótico, veamos un ejemplo: para obtener el 10 por ciento de 100, multiplicas 10 por 100, y a continuación, en lugar de hacer clic sobre =, haces clic sobre %.
- (Back) Borra el último dígito introducido en una cifra.
- (CE) Borra el último operando introducido en una operación. Deja la pantalla a 0.
- (C) Borra toda la operación que se está realizando. Deja la pantalla a 0.
- (MS) Almacena el número que tenemos en pantalla dentro de la memoria.
- (MR) Recupera sobre pantalla el número almacenado en memoria.
- (MC) Borra el contenido de la memoria.
- (M+) Suma el número que hay en pantalla al contenido de la memoria.

Dos por el precio de una

¿Quién da más? Por el precio de Windows 95 no sólo tienes una magnífica calculadora, sino dos magníficas calculadoras. Despliega el menú Ver del programa, aparecen dos opciones: Científica y Estándar. La segunda, Estándar, debe tener una marca a la izquierda indicando que se trata de la opción seleccionada.

Estas dos opciones se corresponden con las dos calculadoras que incluye Windows 95 dentro del mismo programa. La calculadora Estándar es la que hemos visto hasta ahora, una máquina sencilla y cómoda cuando se trata de realizar operaciones no demasiado complicadas.

Pero Windows 95 lo utiliza todo el mundo, incluida esa gente rara que sabe lo que son los logaritmos y los cosenos hiperbólicos (¡ah! perdón, que a lo mejor tú eres uno de ellos). Y por eso también ofrece otra versión de la calculadora, mucho más completa, y que dispone de montones de funciones que te permiten realizar los más extravagantes cálculos matemáticos. Esta versión de la Calculadora es a la que accedemos cuando seleccionamos la opción Científica del menú Ver.

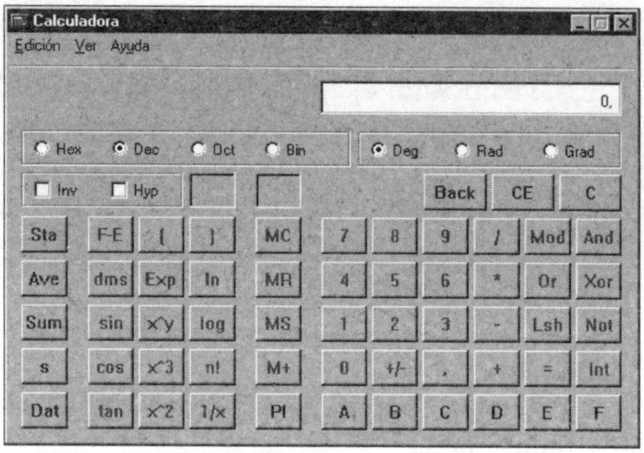

Figura 10.3. La calculadora científica

¿A que impresiona? Pues tampoco hay para tanto, porque se usa exactamente igual que la Calculadora Estándar. Claro que aquí tenemos un montón de teclas más, pero en el fondo si sabes lo qué significan, no es más difícil que apretar un botón. Aparte de todas las teclas nuevas de función, lo único un poco original que aparece en la ventana del programa es un par de grupos de botones de opción que aparecen justo debajo de la pantalla de la calculadora, un grupo de casillas de selección (en el extremo izquierdo de la siguiente línea a los botones), y un par de recuadros (a la derecha de las casillas de selección) con una función similar a aquél que nos indicaba que teníamos un valor almacenado en memoria en la Calculadora Estándar.

El primero de los grupos de botones de opción sirve para seleccionar el sistema de numeración en el que queremos trabajar. Podemos elegir entre el decimal (Dec), que es el que usamos habitualmente, el binario (Bin), el octal (Oct) y el hexadecimal (Hex).

Figura 10.4. Botones de opción sistema de numeración

Si recuerdas de tus tiempos del colegio, existen diferentes sistemas de numeración en función de la base que elijas.
Los números "normales" forman el llamado sistema de numeración decimal, o en base 10. El 10 significa que el sistema trabaja con 10 dígitos: 0, 1, 2, 3, ..., 9. Aparte del sistema decimal, en informática (y por motivos que no vienen al caso) se utilizan mucho los sistemas binario (base 2) que utiliza los dígitos 0 y 1, octal (base 8) que utiliza los dígitos del 0 al 7, y hexadecimal (base 16) que utiliza los dígitos del 0 al 9 y añade las letras de la A a la F para completar (la A representa el 10 decimal, la B el 11, y así sucesivamente).

Figura 10.5. Selección sistema de grados

El siguiente grupo de botones de opción sirve para elegir el sistema de grados. Para el que no sea matemático diremos que existen tres sistemas de grados: en el sexagesimal (vaya con la palabrita), la circunferencia tiene 360 grados y el ángulo recto son 90. En el centesimal, la circunferencia tiene 400 grados y el ángulo recto 100. Y en radianes, la circunferencia tiene 2p grados y el ángulo recto p/2.

El botón Deg (grado) selecciona el sistema sexagesimal para los cálculos a realizar por el programa, el botón Rad selecciona el sistema de radianes, y el botón Grad el sistema de grados centesimales.

Figura 10.6. Casillas de selección de funciones inversas e hiperbólicas

La siguiente novedad de la Calculadora científica son las casillas de selección para las funciones inversas e hiperbólicas. Si activamos la casilla Inv y a continuación utilizamos, por ejemplo, la función seno, no obtendremos el cálculo del seno del número que se encuentra en la pantalla sino el de la función inversa al seno, el arcoseno (esto mismo resulta válido para el resto de las funciones trigonométricas, logarítmicas, etc.). Por otra parte, si activamos la casilla Hyp, y pulsamos a continuación el botón correspondiente a una determinada función trigonométrica conseguiremos ejecutar la versión hiperbólica de dicha función.

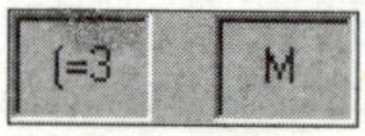

Figura 10.7. Los recuadros de información

Finalmente, tenemos los dos recuadros en blanco, que sirven a la Calculadora para indicarnos algunas situaciones especiales. El de la derecha tiene el mismo cometido que su equivalente en la Calculadora Estándar, aparece una M cuando almacenamos algún dato en la memoria. El recuadro de la izquierda tiene una utilidad curiosa: lleva la cuenta del número de paréntesis que llevamos abiertos en una operación.

En la Calculadora Científica, podemos establecer el orden en que deben realizarse las operaciones empleando paréntesis. Así, para realizar el cálculo del ejemplo con el que ilustramos el uso de la Calculadora Estándar:

Raíz de ((567+127+2134)*(186-91))

no sería necesario utilizar la memoria. Desde que abrimos paréntesis hasta que los cerramos, todos los cálculos que realicemos quedan resumidos en un único resultado de la operación. Por tanto, el cálculo anterior podría realizarse directamente utilizando la siguiente combinación de teclas (y en este orden):

((5 6 7 + 1 2 7 + 2 1 3 4) * (1 8 6 - 9 1)) Raíz cuadrada

Cuando los cálculos a realizar son complejos e incluyen muchos números, a veces intervienen varios niveles de paréntesis y pueden llegar a organizarse líos considerables. En esta situación, saber el número de paréntesis que hemos abierto (y por tanto el número de paréntesis que nos queda por cerrar) puede resultar de lo más conveniente.

Estimado lector, tal vez lleves unos cuantos párrafos sin enterarte de nada. No te preocupes, no es que se hayan colado en el manuscrito de este libro unas cuantas páginas de un manual de matemáticas. Simplemente, los cálculos que puedes realizar con la Calculadora científica de Windows 95 son, evidentemente, cálculos científicos; y para entenderlos es necesario tener un cierto nivel de conocimientos en las odiosas matemáticas.
De todas formas, si no sabes qué "leshe" es un coseno hiperbólico me parece poco probable que puedas llegar a necesitar usar esta función, así que, tú tranquilo.

Otra de botones

El resto de los elementos nuevos que puedes encontrar en la Calculadora Científica de Windows 95 respecto de la Calculadora Estándar, son teclas que permiten realizar diferentes cálculos matemáticos. A continuación, te presento un resumen en el que puedes consultar cuando lo necesites qué representa cada una de ellas.

Por favor, querido lector, si llegado a este punto del libro has conseguido conservar tu salud mental, no cometas ahora la equivocación de leer "de carrerilla" la siguiente lista de funciones. Te aviso que no contiene ningún chiste (ni bueno ni malo), y solamente se incluye a título de consulta. Vamos, en definitiva, para que puedas saber que la tecla x^3 sirve para calcular el cubo de un número si te vieses enfrentado a la triste necesidad de realizar tan peregrino cálculo.

Teclas básicas

- (Del 0 al 9) Los números decimales (igual que en la Calculadora Estándar).
- (De la A a la F) Los números hexadecimales del 10 al 15.
- (+) Suma números (igual que en la Calculadora Estándar).
- (-) Resta números (igual que en la Calculadora Estándar).

- (*) Multiplica (igual que en la Calculadora Estándar).
- (/) Divide (igual que en la Calculadora Estándar).
- (=) Hace que el resultado de una operación se presente en pantalla (igual que en la Calculadora Estándar).
- (1/x) Calcula el inverso de un número (igual que en la Calculadora Estándar).
- (+/-) Cambia el signo del número que está en pantalla (igual que en la Calculadora Estándar).
- (,) Separa las cifras decimales de un número (igual que en la Calculadora Estándar).
- (Back) Borra el último dígito introducido en una cifra (igual que en la Calculadora Estándar).
- (CE) Borra el último operando introducido en una operación (igual que en la Calculadora Estándar).
- (C) Borra toda la operación que se está realizando (igual que en la Calculadora Estándar).
- (MS) Almacena el número que tenemos en pantalla dentro de la memoria (igual que en la Calculadora Estándar).
- (MR) Recupera sobre pantalla el número almacenado en memoria (igual que en la Calculadora Estándar).
- (MC) Borra el contenido de la memoria (igual que en la Calculadora Estándar).
- (M+) Suma el número que hay en pantalla al contenido de la memoria (igual que en la Calculadora Estándar).
- (() Abre paréntesis. Para establecer el orden de precedencia en las operaciones.
- ()) Cierra paréntesis. Da por terminado un grupo de operaciones.

El formato científico resulta especialmente útil para representar números muy grandes o muy pequeños. Así, por ejemplo, el 1430000000000000000000000000 se representa como 1,430e27 (¡menuda diferencia!).

Funciones exponenciales

- (Exp) Sirve para introducir la mantisa de un número en formato científico. En notación científica, el número 1000 se escribiría pulsando el 1, a continuación Exp, y finalmente 3. Es decir: 1e3 (o lo que es lo mismo, 1 por 10 elevado a 3).

- (x^2) Permite calcular el cuadrado del número que está en pantalla.
- (x^3) Calcula el cubo del número en pantalla.
- (x^y) Eleva el número en pantalla a un exponente que deberemos introducir después de pulsar esta tecla de operación.
- (ln) Obtiene el logaritmo neperiano de un número.
- (log) Calcula el logaritmo en base 10 de un número.
- (n!) Calcula el factorial de un número, es decir, el producto de ese número por todos los demás números naturales inferiores a él hasta llegar al 2. Ejemplo: 6! = 6*5*4*3*2 = 720. La función factorial sólo es aplicable a números enteros y positivos. Si la usamos sobre otro tipo de número, la calculadora producirá un mensaje de error.

Funciones trigonométricas

- (PI) Introduce el número p = 3,1415926535.....
- (sin) Calcula el seno del número en pantalla.
- (cos) Calcula el coseno del número en pantalla.
- (tan) Calcula la tangente del número en pantalla.

Funciones estadísticas

- (Sta) Sirve para acceder a las funciones estadísticas de la Calculadora Científica.

Al hacer clic sobre el botón Sta, aparece en pantalla un cuadro de diálogo donde se listan los datos almacenados hasta el momento y sobre los que se aplicarán las funciones estadísticas.
Para añadir como nuevo dato a la lista el valor que aparece en pantalla, se utiliza el botón Dat.
El cuadro de diálogo de estadísticas dispone de cuatro botones: RET devuelve el control a la calculadora; LOAD envía el valor de la lista

seleccionado (un número se selecciona haciendo clic con el ratón sobre él) a la pantalla de la calculadora; CD borra el dato seleccionado; y CAD borra todos los datos existentes en el cuadro de diálogo.

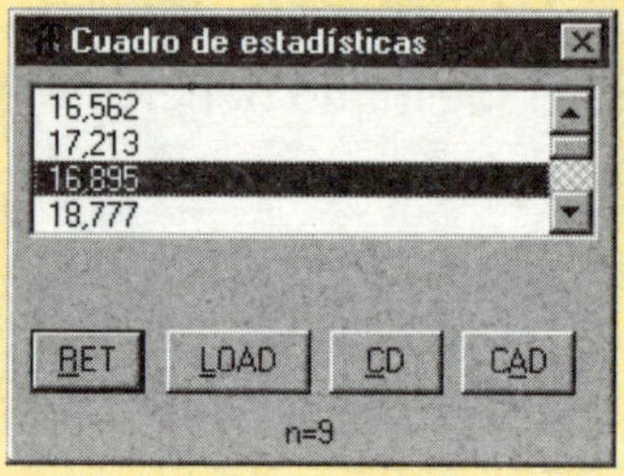

Figura 10.8. Cuadro de estadísticas

***Ave* es la abreviatura de la palabra inglesa *Average* que significa *media*. ¿No podrían haber llamado a esta función Med? Digo yo.**

- (Ave) Calcula la media de los valores almacenados en el cuadro de estadísticas. Muestra el resultado en pantalla.
- (Sum) Calcula el sumatorio de los valores almacenados en el cuadro de estadísticas. Con Inv seleccionado previamente, el resultado producido será el sumatorio del cuadrado de dichos valores.
- (s) Calcula la desviación estándar de la población de los datos almacenados en el cuadro de estadísticas.
- (Dat) Añade el dato que aparece en la pantalla al cuadro de estadísticas.

Funciones varias

- (F-E) Sirve para activar o desactivar la utilización de la notación científica por parte de la calculadora.
- (dms) Convierte un número en notación decimal a notación de grados, minutos y segundos.
- (Mod) Proporciona el resto en la división entera de dos números. Por ejemplo, la operación 7 Mod 3 daría como resultado 1.

- (And) El resultado de aplicar esta función a dos números es una Y lógica bit a bit de los mismos. Y, da como resultado 1 si los dos bits comparados son 1 y 0 en caso contrario.
- (Or) Esta función aplica una O lógica bit a bit sobre sus operandos. O, da como resultado 1 si alguno de los dos bits comparados es 1 y 0 si ambos son 0.
- (Xor) Operador lógico O exclusivo. El resultado de la comparación es 1 si alguno de los dos bits es 1 y el otro 0, y 0 en caso de que los dos operandos sean iguales.
- (Lsh) Efectúa un desplazamiento a la izquierda de los bits que forman un número. Con Inv seleccionado, el desplazamiento será a la derecha.
- (Not) Efectúa la negación lógica bit a bit sobre el operando. Es decir, los bits de valor 1 se transforman en 0 y viceversa.
- (Int) Calcula la parte entera de un número decimal.

Una calculadora muy comunicativa

Ya hemos visto que si estamos escribiendo un informe en WordPad, por ejemplo, podemos incluir en él gráficos procedentes de Paint utilizando el sencillo mecanismo de Copiar y Pegar. Pues podemos hacer lo mismo con los resultados de una operación realizada con la Calculadora. Imagina que te encuentras en una situación similar a la que cuenta Megatorpe en su diario. Para escribir el informe financiero, puedes realizar las cuentas con la calculadora Windows y enviar los resultados directamente al documento WordPad sin necesidad de copiar nada "a mano". De esta forma, eliminas cualquier posibilidad de despiste o equivocación. Porque los ordenadores, los muy miserables, no suelen equivocarse en esas cosas. Así que, después de pasar más de media hora dándole a la tecla con la calculadora, obtienes la cantidad que representa el volumen de beneficios de la empresa (un número de muchas cifras, porque es una empresa grande y el año ha ido bien). Pues todo lo que tienes que hacer ahora es seleccionar la opción Copiar del menú Edición en la Calculadora (no es necesario que selecciones nada antes, a fin de cuentas, tampoco hay tantos datos entre los que elegir).

Luego vuelves al programa de edición de textos, sitúas el cursor en la posición donde necesitas insertar la cantidad y utilizas el comando Pegar del menú Edición. Y has obtenido limpiamente la información que necesitabas, sin necesidad de "tocar" ningún número.

Pero el menú Edición de la Calculadora dispone también de un comando Pegar, de forma que también puedes introducir valores procedentes de otras aplicaciones. Además, puedes utilizar el Portapapeles como una memoria adicional, ejecutando Copiar sobre el resultado de una determinada operación y recuperándolo más tarde, cuando sea necesario, con Pegar. Y como puedes ver, la gran ventaja de todo este jaleo es que puedes trabajar con varias ventanas abiertas, sin salirte de un programa para poder trabajar con otro.

Juegos de manos

En este capítulo, estimado lector (caso de que quede alguno), te he dado pocas alegrías. Y a lo mejor te has aburrido un poco con tanto cálculo y tanta función. Así que, como recompensa, vamos a terminar sacándole a la Calculadora su lado más divertido. Aunque parezca mentira, con los cálculos y las matemáticas se puede jugar. No es lo mismo que una buena partida de mus, pero en fin... A continuación puedes encontrar algunas curiosidades y juegos en los que puedes emplear la Calculadora.

Megatorpe adivino

Megatorpe es un mago aficionado bastante bueno. Voy a demostrártelo:

- Piensa un número cualquiera y escríbelo en la calculadora.
- Súmale 25.
- Multiplica por 2 el resultado.
- Resta 4.
- Divide el resultado por 2.
- Resta el número que habías pensado.

Y el resultado es... 23. No ha sido difícil adivinarlo, el número que habías pensado era muy fácil.

Unas cifras muy persistentes

A primera vista, nadie lo diría, pero el 142.857 es un número verdaderamente original. Como todo el mundo puede ver, se trata de un número de 6 cifras. Y en este truco el 6 también juega un papel importante. Escribe el 142857 en la calculadora y guárdalo en la memoria. A continuación, multiplica el contenido de la memoria por todos los números del 1 al 6 y anota los resultados (lo mejor forma es copiarlos directamente sobre un documento WordPad). Echa un vistazo ahora a los números que has obtenido:

```
142857142857142857

142857                  (141857 x 1)
   285714               (141857 x 2)
 428571                 (141857 x 3)
      571428            (141857 x 4)
        714285          (141857 x 5)
    857142              (141857 x 6)
```

¿Notas algo especial? Efectivamente, las cifras que forman los seis números son las mismas. Pero además, es como si esos seis números formaran una banda cerrada y el hecho de multiplicarlos sólo consiguiera alterar el punto donde se marca el principio.

Otro número mágico

Con el siguiente truco es posible que puedas sorprender a algún "incauto". Aunque, la verdad, después de haber visto en televisión como ha llegado el hombre a la luna, escuchar las cosas que dicen los políticos en público, o haber presenciado algún que otro "reality show", dudo mucho que puedas encontrar a alguien que se sorprenda por algo.

Pide a un amigo (o enemigo) que escriba el número "mágico" 12345679 en la calculadora (te habrás dado cuenta de que falta el 8). A continuación pídele que diga un número de una sola cifra. Supongamos que dice el 3. Tu le pedirás entonces que multiplique el número mágico por 27 y ¡tachaaaaaaan! el resultado de la operación estará formado únicamente por treses.

¿Dónde está el truco? Bueno, el truco realmente está en las extrañas propiedades de los números. Pero para conseguir que funcione lo que debes hacer es pedir al "pardillo de turno" que multiplique el número mágico por el producto de 9 por el número que ha elegido (ese cálculo deberás hacerlo de cabeza, lo siento).

- Windows 95 incluye también una calculadora con prácticamente el mismo aspecto y las mismas funciones que cualquier calculadora electrónica.
- Para utilizar la Calculadora Windows podemos utilizar el puntero del ratón y hacer clic sobre los botones que representan las teclas, o utilizar las teclas equivalentes en el teclado del ordenador. En cualquier caso, el "mode d'emploi" es el mismo que en una calculadora de sobremesa.
- Windows 95 dispone de dos formatos de Calculadora que se pueden seleccionar mediante las opciones del menú Ver: la Estándar y la Científica.
- La Calculadora Estándar dispone solamente de algunas funciones básicas, pero a cambio, resulta muy sencilla de utilizar.
- La Calculadora Científica, por el contrario, dispone de un montón de funciones especializadas (trigonométricas, estadísticas, etc.). Pero la mayoría de ellas sólo serán de utilidad para un técnico o un matemático.
- Los resultados de las operaciones realizadas en la Calculadora pueden enviarse directamente a otras aplicaciones Windows mediante los comandos Copiar y Pegar del menú Edición. De la misma forma, es posible incorporar a la Calculadora operandos procedentes de otros programas.

CAPÍTULO 11

OLE y OLE ¡Ventanas abiertas..!

Diario de Megatorpe

Cuenca, 25 de Septiembre

Hoy he tenido que disfrazarme para ir a trabajar. Después del episodio del viernes, tengo la sensación de no ser muy bien recibido en esta oficina. ¡Hay que ver cómo se ponen algunos por unos cuantos ceros más o menos y un signo de nada! Afortunadamente, el señor Martínez aún sigue de baja. Eso al menos me proporciona un poco más de tiempo para buscar una excusa convincente y encontrar alguien a quien echarle la culpa de todo.

Sin embargo, el rata de Peláez hoy ha venido dispuesto a amargarme la vida con más energía que de costumbre. Siempre que el jefe tiene que ausentarse por cualquier motivo, él (quién si no) se encarga de sustituirle, y entonces se vuelve completamente insoportable. A este paso, creo voy a ser yo el próximo en caer enfermo.

La primera idea feliz del déspota Peláez ha sido encargarme de la redacción final del "informe financiero del ejercicio" para entregar a los grandes jefazos. Este es un trabajo que suele hacer él. Pero argumentando que "está muy ocupado con su nuevo cargo" (¡como si fuera a durarle mucho!) me ha pasado a mí el muerto. "Y utiliza el ordenador, que para eso lo tienes". Odio a Peláez cuando pelotea de esa manera.

Como no me quedaba más remedio, me puse manos a la obra. Se trata de elaborar un informe con montones de gráficos y diagramas que representen la situación de la empresa. La primera parte estaba clara, escribir el informe en WordPad, eso sí, adornándolo un poco para impresionar a los "buanas". He encontrado un tipo de letra en WordPad que incluye floripondios y al final me ha quedado un informe muy mono.

A continuación, me puse con los gráficos. Ningún problema, para eso está Paint. ¡Y menudo manitas que estoy hecho! Para ser sinceros, los círculos me han quedado un poco cuadrados y los cuadrados con demasiadas curvas, pero ni Leonardo Da Vinci lo habría hecho mejor.

El problema ha sido integrar las dos partes. Una vez sacados por la impresora el texto y los dibujos, había que ponerlo todo en orden. Peláez ya estaba reunido con los jefazos, y era necesario buscar una solución rápida. Los fines de semana me suelo tragar todos los programas de bricolage de la tele. Había llegado la hora de poner en práctica mis conocimientos. Tijeras y grapadora en ristre, conseguí montar el informe en un tiempo récord. La verdad es que me ha quedado un informe un tanto peculiar: 28 metros de papel continuo lleno de grapas, zurzidos y algún que otro clavo para asegurar.

Me temo que con las prisas debo haber cambiado el orden de algunos de los gráficos, pero sólo es cuestión de leer el informe con imaginación. Sin embargo, algo debe haber salido mal, porque al final de la reunión, los jefazos han salido hablando de cortar cabezas y Peláez, con los ojos inyectados en ira, preguntaba insistentemente por mí. Afortunadamente, he conseguido escaquearme a tiempo. Sólo me queda el consuelo de que alguna de las cabezas que ruede sea la del propio Peláez.

(Extraído de las notas biográficas sobre Cosme Romerales, alias Megatorpe. Enciclopedia de los grandes Súper Héroes de la Informática.)

Una ventana no es una isla

Hasta ahora, habíamos tratado solamente de pasada una de las características de Windows 95 más importantes, interesantes y rentables para el usuario: el intercambio de información entre programas.

Cuando hemos mencionado los comandos Copiar, Cortar y Pegar del menú Edición de algunas aplicaciones parecía que no eran gran cosa. Algo conveniente, cuando se trataba de copiar y trasladar de sitio un fragmento de información, pero en cualquier caso, nada del otro mundo. Sin embargo, no se trata de utilidades tan modestas como podría parecer.

Una de las grandes ventajas de Windows 95 respecto a otros sistemas operativos es la capacidad que ofrece para trabajar con dos ventanas de programa abiertas al mismo tiempo.

Imagina que estás trabajando con un programa de facturación y otro de contabilidad y tienes que:

- entrar en el primero para emitir una factura,
- apuntar los datos de la factura en un papel,
- salir del programa de facturación,

- entrar en el programa de contabilidad,
- e introducir los datos que tienes apuntados en el papel.

Pues para armar este lío casi es mejor olvidarse del ordenador y dedicarse a la calculadora y el libro de cuentas. Windows 95 resuelve ya de entrada el problema "casi" por completo. Si podemos tener dos programas abiertos al mismo tiempo, la mayoría de los pasos anteriores se eliminan (no es necesario salir de un programa para entrar en otro ni copiar los datos de facturación en un papel para luego llevarlos a la contabilidad), pero todavía tenemos que copiar los datos de entrada en los dos programas.

Sin embargo, si los dos programas incluyen los comandos Copiar y Pegar (y la práctica totalidad de los programas Windows los incluyen) ya ni siquiera es necesario trasladar "a mano" los datos de un programa a otro, Windows 95 lo hace automáticamente a través del Portapapeles. Porque las funciones Copiar, Cortar y Pegar, no sirven solamente para trasladar información de un punto a otro dentro de un mismo programa, ni siquiera entre dos ventanas diferentes pero de la misma aplicación, sino que nos permiten realizar transferencias de datos entre cualquier par de programas que dispongan de estas funciones.
Las posibilidades que tiene este tipo de mecanismo, a nada que se tenga un poco de imaginación, son muchas y pueden resultar muy espectaculares.

Para empezar, algo que me pareció tan complicado en mi anterior vida, como hacer un documento WordPad que incluya dibujos realizados con Paint, es la cosa más sencilla del mundo. Sólo es necesario dibujar en Paint, copiar el dibujo, y pegarlo en el punto correcto del documento WordPad. Pero nada de pegamento, tijeras, ni grapadoras, todo electrónico que es mucho más cómodo y limpio.

Lo que sale por una ventana puede entrar por otra

A continuación vamos a desarrollar un ejemplo completo de intercambio de información entre aplicaciones Windows.

Imagina que trabajas para la prestigiosa firma de elaboración artesanal de chocolates "El Loro", y entre tus obligaciones, está la de preparar el informe comercial de la compañía (ya sabes, cuántas tabletas se han vendido en los distintos meses del año, cuáles han sido los beneficios obtenidos, etc.). Así que te pones manos a la obra y redactas el informe utilizando WordPad:

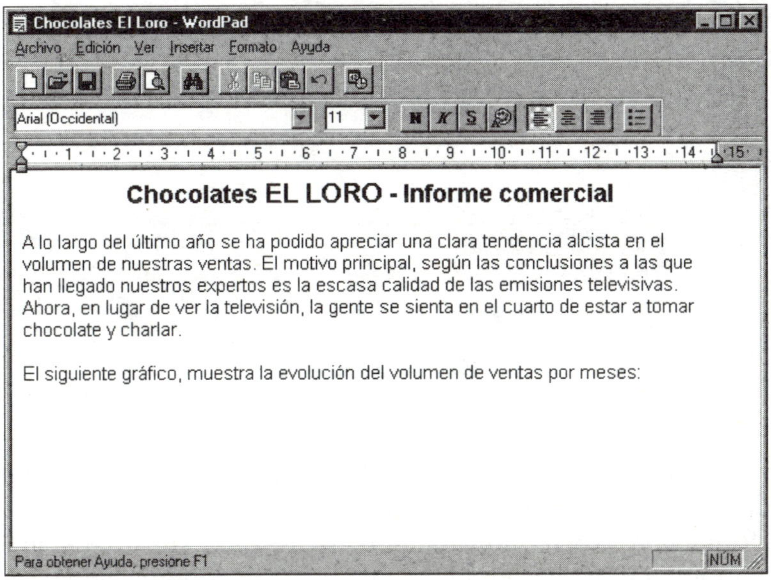

Figura 11.1. Informe comercial en WordPad

Para que el informe tenga un verdadero impacto y pueda convencer a tus jefes de que todo marcha sobre ruedas gracias a tu inmejorable gestión, necesitas añadir algún gráfico (ya sabes, una imagen vale más que mil palabras) en el que se pueda ver claramente cómo llega el dinero a montones. La idea es que si llega tanto dinero, a lo mejor se escapa algo y te suben el sueldo de una vez.

Así que abres una ventana con Paint y te pones a dibujar el gráfico. No hace falta que salgas de WordPad. La ventaja de Windows es que puedes trabajar al mismo tiempo con tantos programas como puedas necesitar (o la capacidad de tu ordenador te permita).

Y esto es sólo el principio. Más adelante en este capítulo describiremos otras técnicas para intercambiar información entre programas que dejan al mecanismo Copiar/ Pegar casi a la altura del betún. ¡Vamos, que parecen casi de ciencia ficción!

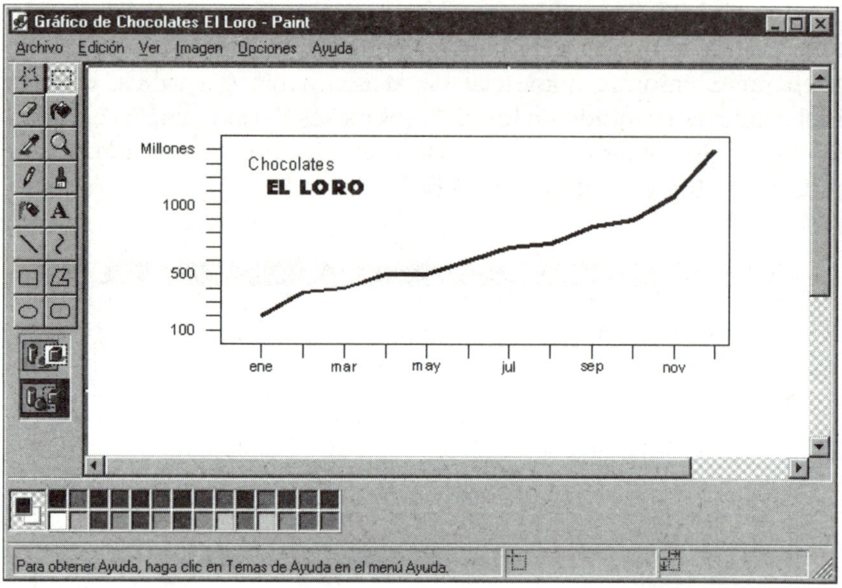

Figura 11.2. Gráfico del informe realizado en Paint

Para volver a WordPad solamente tienes que hacer clic sobre su botón en la Barra de tareas.

Una vez terminado el dibujo, el siguiente paso debe ser copiarlo al documento WordPad. Para ello, utilizas las herramientas Selección de forma libre o Selección con el fin de recortar la parte del gráfico que te interesa incluir en el documento. Y a continuación abres el menú Edición y ejecutas la opción Copiar.

Ya tienes el dibujo en el Portapapeles, así que puedes volver a WordPad. Tu siguiente acción debe ser elegir el punto donde pretendes insertar el gráfico (al final del documento en nuestro ejemplo, pero podría ser en cualquier posición, incluso intercalado en mitad del texto). Luego debes llevar el cursor de texto hasta el punto de inserción.

Si despliegas ahora el menú Edición, verás que la opción Pegar, que normalmente aparece inaccesible y en medio brillo está ahora a tu disposición (eso es porque el Portapapeles contiene alguna información). Haz clic sobre Pegar. Como resultado, el gráfico realizado con Paint aparecerá insertado al final del texto del informe.

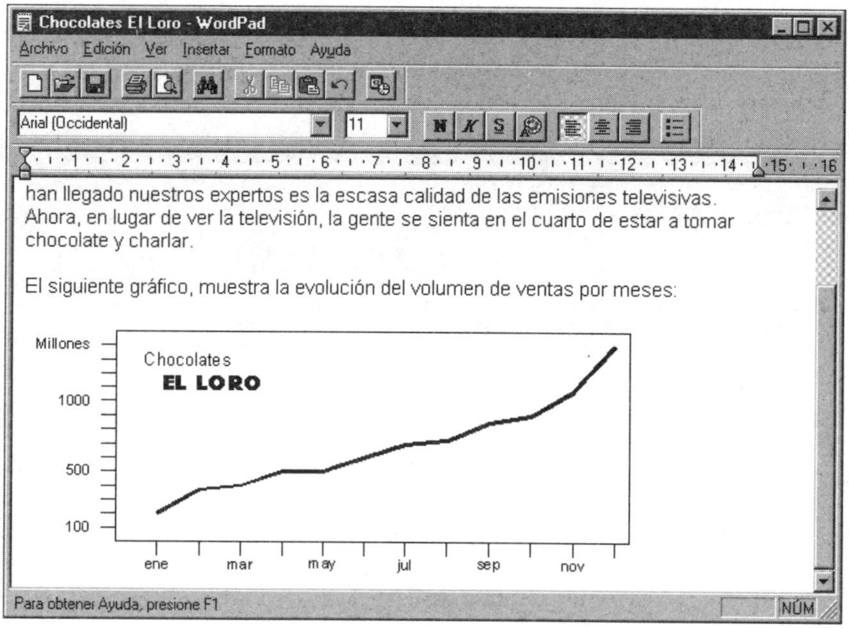

Figura 11.3. El informe con gráfico incluido

Cómo alinear la figura

Acabamos de ver cómo WordPad no solamente nos permite trabajar con texto sino también con gráficos.

Además, como vamos a ver ahora, no sólo podemos insertar los dibujos en el texto sino también ajustarlos, con el fin de conseguir una presentación todavía más cuidada.

Lleva el puntero del ratón hasta la figura que acabas de insertar y haz clic sobre ella. Verás como aparece a su alrededor un marco delimitado por una serie de pequeños cuadrados de color negro.

Esto significa que la tienes seleccionada, igual que puedes hacer con el texto. Y una vez seleccionada, puedes realizar con ella algunas de las mismas operaciones que podemos aplicar al texto.

Por ejemplo, podemos jugar con las opciones Alinear a la izquierda, Centrar y Alinear a la derecha de la barra de formato, y ver cómo varía la posición del dibujo respecto al texto. Lo más adecuado parece centrarla, y así será como la dejemos de momento.

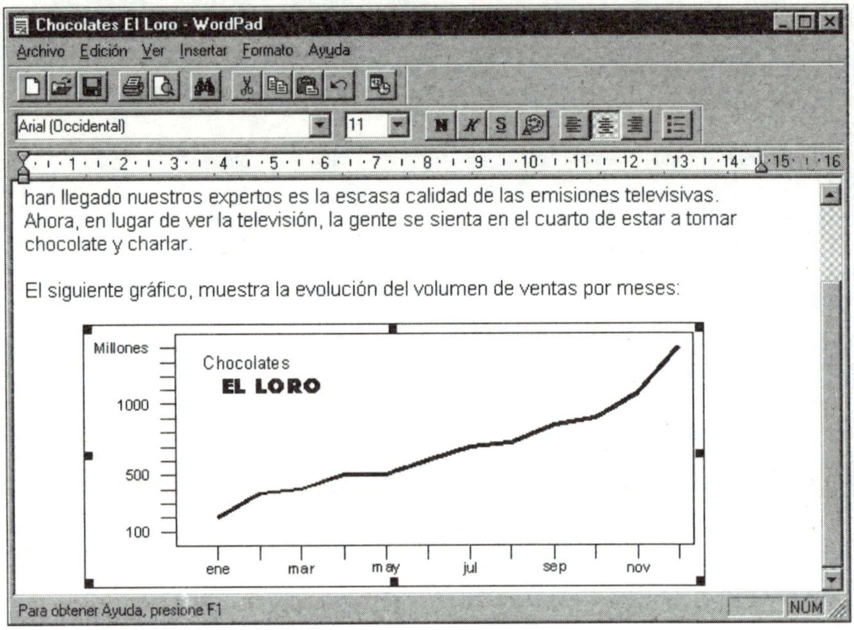

Figura 11.4. La figura centrada respecto al texto

Cómo cambiarla de tamaño

Por supuesto, cuando dibujamos una figura en Paint la hacemos del tamaño que nos parece más apropiado. Pero algunas veces, después de llevarla a WordPad nos damos cuenta de que no encaja con las dimensiones del documento. Bien porque es demasiado pequeña y casi no se ve entre tanta letra o bien por todo lo contrario.

También para este caso nos ofrece WordPad una solución: los pequeños recuadros negros que parecen alrededor de la imagen cuando la seleccionamos. Al situar el puntero del ratón sobre dichos recuadros, se convierte en una flecha de doble punta que nos indica en qué direcciones podemos deformar la figura.

Para hacerlo, basta con hacer clic y arrastrar el ratón hasta alcanzar las dimensiones deseadas.

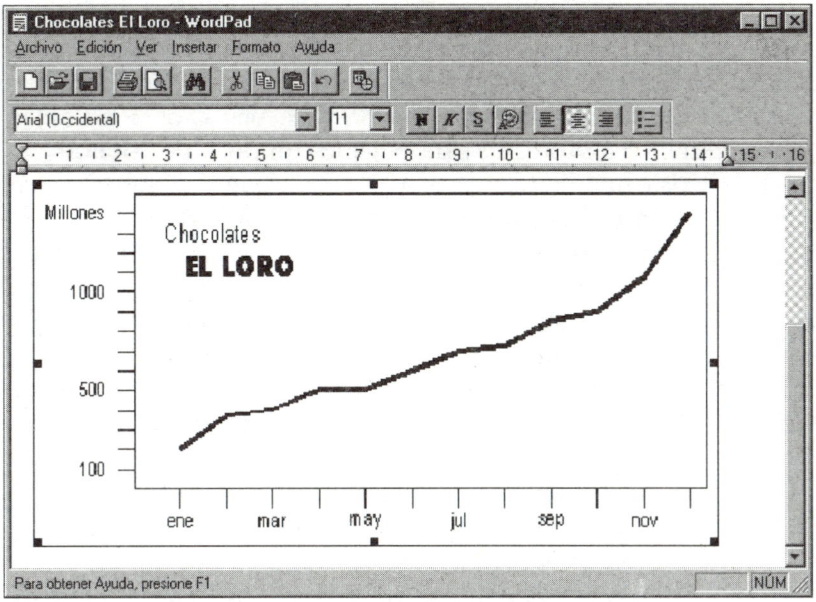

Figura 11.5. La imagen con el tamaño cambiado

Copiar, insertar y vincular

¿Verdad que lo de copiar información de una aplicación Windows a otra resulta útil? Pues no es nada en comparación con otras dos de las posibilidades de las que dispone el programa: *insertar* y *vincular*.

El mecanismo de inserción y vinculación de objetos en Windows creado por Microsoft, se conoce con el nombre de OLE. No pienses que los chicos de Microsoft se encontraban de juerga rociera cuando se les ocurrió el dichoso nombrecito. Se trata simplemente de las siglas de la traducción al inglés de vinculación e inserción de objetos (*Object Linking and Embedding*). ¡Casualidades de la vida!

Insertar

Como acabamos de ver, la operación copiar nos permite introducir una copia de un dibujo Paint en un documento WordPad. No está mal, pero si por algún motivo, es necesario modificar el contenido del dibujo, deberemos borrarlo del documento WordPad, abrir Paint y crear una nueva versión del gráfico, seleccionarlo y ejecutar la opción Copiar, y volver de nuevo a WordPad para pegarlo (un poco de lío ¿no?).

Pero existe una alternativa. Si suponemos que el dibujo que vamos a introducir en un documento puede necesitar ser modificado a lo largo del tiempo podemos utilizar la técnica de insertarlo en vez de copiarlo. Esto significa que más adelante podremos modificarlo llamando a la aplicación con la que lo creamos (Paint en este caso) sin necesidad de tener que borrarlo y copiarlo de nuevo.

Para insertar una imagen creada con Paint en un documento WordPad, debemos realizar las siguientes operaciones:

- Ejecutar WordPad, introducir el texto del documento y luego seleccionar el punto donde queremos insertar la imagen.
- Ejecutar el comando Objeto del menú Insertar. Al hacerlo, aparecerá en pantalla un cuadro de diálogo en el que debemos seleccionar el tipo de objeto que pretendemos insertar (una Imagen de Paintbrush en nuestro caso).

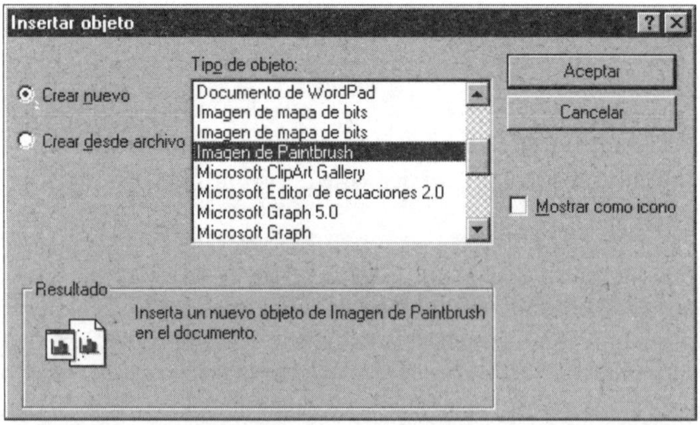

Figura 11.6. El cuadro de diálogo Insertar objeto

- Después de seleccionar el tipo de elemento que vamos a insertar (Imagen de Paintbrush), hacemos clic sobre el botón Aceptar. Al hacerlo, se ejecuta automáticamente una versión especial de Paint con una copia de nuestro documento WordPad y un recuadro destinado a la creación de nuestro dibujo. Luego realizamos el gráfico que queremos utilizar.
- Finalmente, para abandonar la edición del dibujo, hacemos clic sobre cualquier punto del texto.

A partir de este momento, WordPad reconocerá la figura insertada como un dibujo creado con Paint, y será posible editarla y modificarla de una forma sencilla, tal y como describimos a continuación:

- Hacemos doble clic sobre el dibujo insertado. Se ejecuta automáticamente el programa Paint y se carga el dibujo en el área de trabajo.
- Realizamos a continuación las modificaciones necesarias.
- Abandonamos el modo de edición haciendo clic sobre cualquier punto del texto del documento WordPad.

A lo largo del desarrollo que acabamos de hacer, hemos mencionado el término "objeto". En Windows 95 un objeto no es cualquier cosa (sutil juego de palabras). Un objeto es un "cacho" de información de cualquier tipo que puede ser compartido entre aplicaciones.
Y es que todo lo que acabamos de ver no sólo puede hacerse entre WordPad y Paint, sino entre cualquier par de aplicaciones que soporten estas técnicas de transferencia de información (que en la práctica son casi todas).
De esta forma podemos compartir datos procedentes de la calculadora, una base de datos, etc.

Vincular

¡Mola lo de insertar objetos, eh! Pues Windows 95 nos permite otra fórmula para compartir datos todavía más chula.

Imagina, por ejemplo, que tú eres la persona responsable de elaborar el informe comercial de Chocolates El Loro, pero que el gráfico de ventas tiene que elaborarlo un compañero tuyo (el manitas de la oficina). Pues la verdad, resulta un poco rollo que cada vez que tu compañero necesite actualizar el gráfico tenga que meter mano en tu documento para acceder desde él a Paint y realizar las modificaciones.

Lo bueno sería que él trabajara en su gráfico, tú en el documento, y que por arte de magia (magia Windows, claro) el documento estuviera siempre actualizado con la versión correcta del dibujo. Parece difícil, ¿no? Pues no hay problema, Windows 95 lo hace con un mecanismo que se llama vincular.

Al igua l que insertar, vincular también permite gestionar las modificaciones que necesitamos realizar sobre una imagen Paint incluida en un documento WordPad. La diferencia consiste en que vincular crea un lazo de unión dinámico (un vínculo, de ahí el nombre) entre el fichero original Paint de donde se ha extraído la información y el documento WordPad donde es insertada. De esta forma, cuando la imagen es modificada, sus cambios se reflejan automáticamente en la copia insertada en el documento. Y, ¿cómo se vincula una imagen a un documento WordPad? Pues ahora mismo lo vemos:

- En primer lugar, hay que ejecutar la aplicación WordPad. Escribimos el texto del documento, o lo cargamos de disco si hubiera sido escrito anteriormente.
- A continuación seleccionamos el punto de inserción dentro del documento WordPad donde pretendemos incorporar la figura.
- Luego ejecutamos Paint. Elaboramos el dibujo o cargamos uno previamente almacenado en disco. Si hemos realizado un gráfico nuevo, será necesario utilizar el comando guardar como del menú Archivo para almacenarlo en un fichero.
- A continuación, volvemos a WordPad, situamos el cursor de texto en la posición sobre la que vamos a insertar en dibujo y utilizamos el comando Objeto del menú Insertar. Al hacerlo, aparecerá nuevamente el cuadro de diálogo Insertar objeto de Windows 95.

- Esta vez, seleccionamos la opción Crear desde archivo y escribimos en el cuadro de texto el nombre completo del archivo que deseamos utilizar. Para vincular el archivo al documento WordPad, debemos asegurarnos de que la casilla Vincular se encuentra activada.

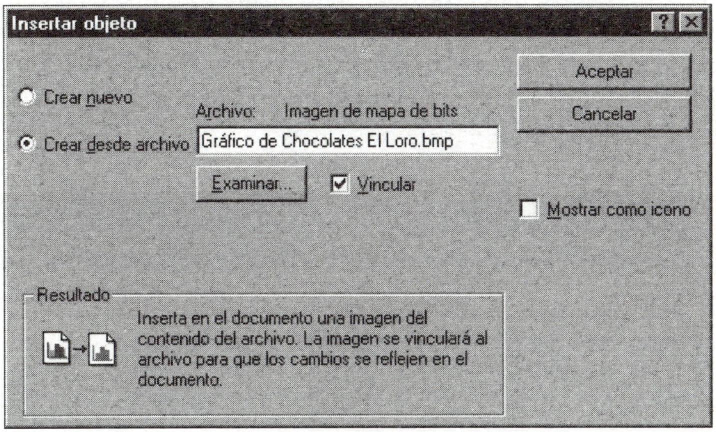

Figura 11.7. Segunda modalidad del cuadro de diálogo Insertar objeto

- Finalmente, hacemos clic sobre el botón Aceptar y utilizamos el comando Guardar del menú Archivo de WordPad para almacenar los cambios realizados en el documento.

A partir de ahora, cualquier modificación del archivo Paint vinculado al documento WordPad tendrá consecuencias sobre este último. Además, es posible modificar el gráfico de forma independiente tanto desde Paint como desde el propio WordPad (haciendo doble clic sobre la figura, se ejecuta automáticamente Paint y se edita el gráfico).

Dado que la vinculación parece el mecanismo de compartición de datos más potente soportado en Windows 95, vamos a utilizarla en nuestro ejemplo de Chocolates El Loro. (Y cuando digo vamos me refiero a ti, querido lector, ¡vamos! ¿A qué esperas para seguir los pasos que acabas de leer y vincular el gráfico de ventas al informe comercial?).

...Espero mientras terminas el ejemplo...

Bueno, pues ahora vamos a comprobar que el truco de la vinculación funciona. Cierra el documento WordPad (antes lo habrás guardado en el disco ¿no?). Carga en Paint el gráfico y realiza sobre él algún tipo de modificación (un recuadro en torno al nombre de la marca puede estar bien, aunque no sirva para nada).

Abre ahora de nuevo el documento WordPad. Curioso, ¿no te parece? Alguien se ha dedicado a actualizar el gráfico almacenado en el documento para reflejar los cambios realizados desde Paint. Y lo mejor de todo es que ese "alguien" es el propio Windows 95, y lo hace automáticamente. ¡Así debería ser siempre la informática, los ordenadores trabajando en lugar de nosotros!

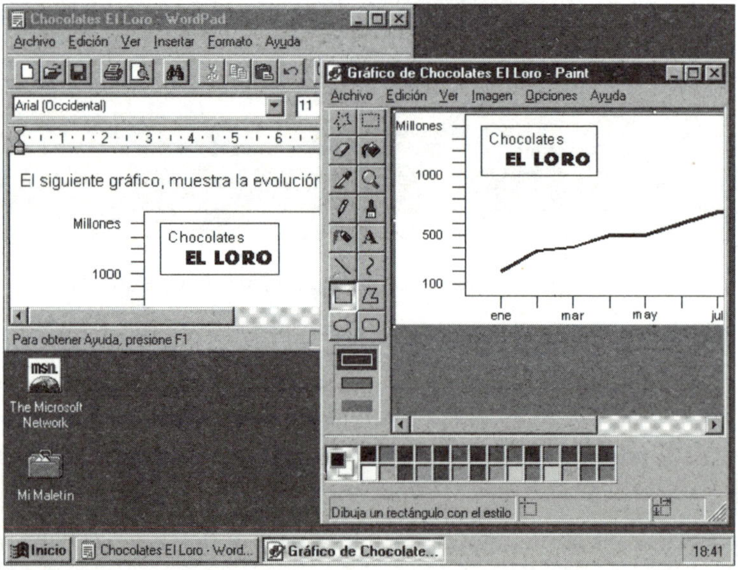

Figura 11.8. La imagen del documento se modifica cuando cambia en Paint

- Una ventana no es una isla. Los comandos Copiar, Cortar y Pegar del menú Edición de la mayoría de las aplicaciones permiten intercambiar información entre programas Windows.

- Para copiar una imagen Paint en un documento WordPad hay que seleccionar la imagen, a continuación utilizamos el comando Copiar del menú Edición y conseguimos almacenar la imagen en el Portapapeles. Finalmente situamos el cursor en el punto del documento WordPad donde queremos insertar la imagen y utilizamos el comando Pegar del menú Edición. ¡*Et voilà*! ya hemos conseguido un documento que mezcla texto y gráficos.
- Desde WordPad, una vez que hemos copiado una figura Paint, podemos alinearla con los botones Alinear a la izquierda, Centrar y Alinear a la derecha de la barra de formato. También se puede modificar su tamaño. Para ello recurrimos a los pequeños cuadrados que aparecen cuando seleccionamos la imagen.
- Existen otros dos mecanismos que permiten compartir información entre aplicaciones Windows: insertar y vincular.
- Un objeto es un fragmento de información, un grupo de datos. Los objetos Windows pueden ser copiados, insertados y vinculados entre aplicaciones.
- La ventaja de insertar, en vez de copiar, un gráfico consiste en que podemos ejecutar desde el propio documento la aplicación con la que generamos el gráfico. Y de esta forma, realizar cualquier modificación adicional que fuera necesaria.
- Para insertar un dibujo Paint en un documento WordPad utilizamos el comando Objeto del menú Insertar del procesador de textos.
- Pero vincular es una opción todavía más completa porque cualquier modificación que realicemos sobre el gráfico quedará reflejada automáticamente sobre el documento WordPad (¡por arte de magia Windows!).
- La vinculación se apoya en la opción Crear desde archivo del cuadro de diálogo Insertar objeto de WordPad.

CAPÍTULO 12
Una caja llena de herramientas...

Diario de Megatorpe

Cuenca, 26 de Septiembre de 1995

Hay que ver lo retorcido que puede llegar a ser este invento de la informática. Después de toda una vida manejando ese maldito cacharro en la oficina (bueno, en realidad, apenas unos días, pero eso sí, ¡que se me han hecho eternos!), ahora me entero de que mi ordenador es un ordenador multimedia.

Yo soy un hombre de letras (o para ser sinceros, de una sola letra, la O, y siempre que tenga a mano un canuto), pero mis conocimientos de latín no alcanzan para comprender el significado de la palabra "multimedia". Por experiencia propia, hubiera podido jurar que eso de "la multimedia" tenía algo que ver con el "mucho miedo", porque al menos, eso es lo que siento yo cuando me pongo delante del ordenador.

Pero no, resulta que lo de multimedia es como tener un tocadiscos y un aparato de vídeo juntos en el ordenador. Sin embargo, yo sigo pensando que donde estén una buena radio de galena y un cine al aire libre, que se quite cualquier ordenador. Y además, me pregunto dónde leches se habían metido la música y las películas, porque hasta la fecha no había podido escuchar ni un triste bolero de Machín salir de las entrañas del ordenador, ni ver un mísero avance de noticias del telediario aparecer en su pantalla.

Una vez más, ha tenido que ser el "marisabidillo" de Peláez el que desvelase el misterio. A mi ordenador, le faltaban los altavoces. Y como yo le he dicho: "A mi nadie me levanta la voz". ¡Pues hasta ahí podíamos llegar! Nueva metedura de pata. Resulta que los altavoces son unos cacharros a través de los cuales se puede escuchar la música. Y son dos, para más señas. Yo me pregunto si serán para escuchar dos canciones distintas al mismo tiempo y acabar como cliente asiduo de un hospital psiquiátrico o para escuchar una misma canción dos veces.

Raudo y veloz, Peláez se ha sacado de la manga dos de esos dichosos altavoces. (A veces me pregunto cómo lo consigue. ¡La verdad es que este hombre parece un vendedor ambulante!) Una vez conectados al ordenador, se produjo el milagro: una suave musiquilla acompañaba a cada uno de los movimientos del ratón. Pero esto no era lo más excitante. Tras unas cuantas operaciones vertiginosas con el programa, apareció en la pantalla una chica muy mona que cantaba una canción. ¡Como en una tele!, aunque eso sí, más pequeñita, como en una de esas "teles" que inventan los japoneses.

Tenía el gusanillo multimedia metido en el cuerpo. Me imaginaba a mi mismo sentado todo el día delante del ordenador viendo culebrones y llorando a moco tendido. Y como soy una persona que aprende fácilmente, enseguida estaba preparado para poner en marcha mi primer vídeo. Yo solito. Sólo se trataba de apretar el botoncito que Peláez me había dejado preparado. Un clic y la habitación se vino abajo. En la pantalla apareció un vídeo de los mejores goles del Barça, con el himno sonando a toda pastilla, a tal volumen, que un par de secretarias de la oficina de al lado vinieron para preguntar dónde estaba la fiesta.

Había vuelto a caer como un pardillo. Mi jefe, madridista acérrimo, salió disparado de su despacho y de un certero centro-chut me puso de patitas en la calle. Afortunadamente, he podido regresar, pero ahora tengo al jefe mirándome todo el día con cara de perro y al perro de Peláez riéndose de mí a carcajada limpia.

(Extraído de las notas biográficas sobre Cosme Romerales, alias Megatorpe. Enciclopedia de los grandes Superhéroes de la Informática.)

Empecemos con un poco de música. El Reproductor de CD

Sí, ya sé que ahora alguno de vosotros va a decirme que aún no tiene un "kit" multimedia instalado en su ordenador. ¡Pues hombre, que no se diga! Si hoy en día están muy baratitos. Además, os aseguro que los jueguecitos con vídeo y sonido, como dirían los jóvenes de hoy, son una verdadera "pasada". Así que, aunque te encuentres entre ese reducido grupo de españoles más "agarraos" que un chotis que todavía no se han decidido a rascarse el bolsillo para pasar un rato agradable delante del ordenador (que también es posible), sigue leyendo este capítulo. A lo mejor, al final acabamos convenciéndote.

Y para conseguirlo, empezaremos con un programita de Windows 95 que te dejará boquiabierto: el Reproductor de CD. ¿Te has parado a pensar alguna vez en dónde han quedado aquellos antiguos discos de vinilo de nuestra infancia? ¡Se han convertido en auténticas piezas de coleccionista! A mí, personalmente, aún me parece escuchar la voz de Carlos Gardel sonando en el gramófono de la abuela. Y de hecho, lo hice la semana pasada, porque en realidad, no hace tanto tiempo que han desaparecido. Y es que hoy las ciencias adelantan que es una barbaridad. El monstruoso, frágil y poco manejable disco de vinilo ha dejado paso al arrollador disco compacto (también conocido como CD).

Se trata de esos discos que podemos encontrar en todas partes y que parecen monedas de 5 duros (con agujerito y todo) pero a lo bestia, mucho más pequeños que los discos normales, más duraderos y que para colmo, suenan mucho mejor.

Hoy en día, todos disponemos de un reproductor de discos compactos: en forma de cadena de música que colocamos encima del mueble del salón, tan pequeños que los podemos llevar colgados del cinturón o metidos con calzador en el salpicadero de nuestro coche. Pero los muy sibaritas tenemos además la oportunidad de escuchar nuestra música favorita en el ordenador. Para ello sólo necesitamos una tarjeta de sonido, una unidad de CD-ROM y... ¡Windows 95! Toma nota porque ahí van las instrucciones para escuchar tu primer CD en el ordenador.

1. Coge la caja del CD que utilices habitualmente para martirizar a tus vecinos y ábrela ceremoniosamente (esto último es muy importante).
2. Saca el disco de su caja con dos deditos. Tampoco es cosa de que plantes toda la manaza, pero si esto sucede, puedes limpiar la superficie con un pañuelo.
3. Con la mano libre (no con la que sujeta el disco) pulsa el botoncito de la unidad de CD-ROM de tu ordenador. Verás aparecer una bandeja donde, ¡fíjate que casualidad!, hay una muesca preparada exactamente para el tamaño de un disco compacto.
4. Coloca el disco en la bandeja. Pero no seas bruto, horizontal y con el dibujito para arriba.
5. A continuación cierra la bandeja pulsando nuevamente el botón o empujando suavemente la bandeja hacia dentro, que hay posibilidades para todo.

6. ¡Y ya está! La música saldrá como por arte de magia de tu ordenador.

Más fácil imposible: abrir la bandejita, meter el disco y cerrarla nuevamente. Y todo gracias a Windows 95. Bueno, más bien, gracias al Reproductor de CD, que es el programa que se encarga de "leer" la información contenida en tu CD y transformarla en la música que sale por los altavoces conectados al ordenador.

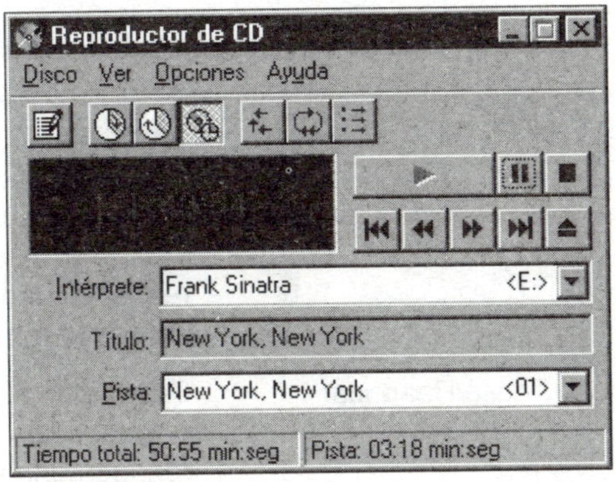

Figura 12.1. El Reproductor de CD de Windows 95

No intentes nunca meter un disco de vinilo en tu unidad de CD-ROM. Lo más fácil es que te cargues el disco y, probablemente, también el ordenador.

El Reproductor de CD se ejecuta automáticamente cuando introducimos un disco en la unidad de CD-ROM. Pero si en cualquier momento lo quieres ejecutar por tu cuenta, podrás encontrarlo en la carpeta Multimedia del menú Inicio.

En principio, la ventana del Reproductor de CD puede recordarte al control de las naves espaciales de la NASA. Te aseguro que no es para tanto. Aparte de las habituales barra de título y barra de menús, te encontrarás con los siguientes elementos:

- Un visor, una pequeña pantallita de color negro que muestra información sobre el número de canción (entre corchetes) y el tiempo de reproducción transcurrido.

Windows 95 llama PISTAS a las canciones. No se trata de que el programa te proporcione algún consejo sobre el manejo del programa. Simplemente, el término hace referencia a la distribución de la información en el disco compacto.

- Un grupo de botones para controlar la reproducción de las canciones (pistas) en el disco compacto. Dichos botones nos permiten detener de forma temporal la reproducción, reanudarla nuevamente, recorrer el disco en busca de nuestra canción favorita, etc. En la siguiente tabla, puedes ver un resumen del aspecto y cometido de cada uno de estos botones.

Tabla 12.1. Controles de reproducción de un CD

Botón	*Nombre*	*Descripción*
	Reproducir/Reanudar	Pone en marcha la reproducción de un disco compacto o la reanuda cuando ha sido detenida de forma temporal
	Pausa/Reanudar	Detiene de forma temporalla reproducción de un disco o la reanuda una vez detenida.
	Detener	Detiene definitivamente la reproducción de un disquete. Para comenzar de nuevo la reproducción deberás hacer clic sobre el botón Reproducir.
	Pista anterior	Busca la canción anterior contenida en el CD y comienza su reproducción
	Saltar hacia atrás	Permite recorrer hacia atrás el contenido del CD. Para su utilización, deberás hacer clic sobre ella con el botón izquierdo del ratón y mantenerlo presionado hasta llegar a la canción o fragmento que quieras escuchar.

(Continúa)

Tabla 12.1. Controles de reproducción de un CD (continuación)

Botón	*Nombre*	*Descripción*
	Saltar hacia adelante	Pues lo mismo que Saltar hacia atrás, pero esta vez, hacia adelante.
	Siguiente pista	Busca la siguiente canción del disco y comienza su reproducción
	Expulsar	Abre la bandeja de la unidad de CD-ROM y te permite extraer el disco compacto. ¡Así de fácil!

- Una barra de herramientas (situada debajo de la barra de menús de la aplicación) que permite definir el comportamiento del Reproductor de CD. Los botones que podemos encontrar en esta barra son los siguientes:

Tabla 12.2. Barra de herramientas del Reproductor de CD

Botón	*Nombre*	*Descripción*
	Editar Lista de reproducciones	Permite almacenar la información referente al autor del disco, el título y el nombre de las canciones. Esta información aparecerá en los cuadros inferiores de la ventana.
	Tiempo de pista transcurrido	Cambia el formato de presentación del visor, mostrando el tiempo transcurrido (en minutos y segundos) desde el inicio de la canción.

(Continúa)

Tabla 12.2. Barra de herramientas del Reproductor de CD (continuación)

Botón	*Nombre*	*Descripción*
	Tiempo de pista restante	Cambia el formato de presentación del visor, mostrando el tiempo que queda para finalizar la canción.
	Tiempo de disco restante	Cambia (otra vez) el formato de presentación del visor, mostrando el tiempo que queda para terminar con todas las canciones del disco
	Orden aleatorio de pistas	Cambia el orden de reproducción de las canciones del disco. En lugar de ser secuencial (de la primera a la última) las reproduce en orden aleatorio, es decir, una distinta cada vez.
	Reproducción continua	Es como la historia de nunca acabar. Una vez finalizada la reproducción de la última canción del disco, vuelve a empezar desde el principio.
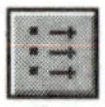	Exploración de pistas	Sirve para examinar el contenido de un disco. Reproduce solamente unos pocos segundos del inicio de cada canción

- Finalmente, en la mitad inferior de la ventana del Reproductor de CD, aparecen una serie de informaciones tales como el nombre del intérprete del disco(en el cuadro de lista Intérprete), el título del mismo (por supuesto, dentro del cuadro Título) y el nombre de la pista o canción que se está reproduciendo actualmente, dentro del cuadro de lista Pista. Utilizando este cuadro de lista, podremos seleccionar la canción que nos apetezca escuchar en cada momento. En la barra de estado (al final de la ventana) aparece también el tiempo total del CD y la duración de la canción.

Y realmente, hay poco más que saber. Sólo te queda escoger un buen disco y disfrutar de su música mientras trabajas con el ordenador. ¿Relajante, no?

¡No despiertes a los vecinos! Control de volumen

Usuarios de ordenador hay casi tantos como ordenadores (o sea, muchos). Y seguro que cada uno gusta de escuchar un tipo de música diferente. Tal vez tú, sufrido lector, seas de los que se pasan todo el día martilleando sus oídos con el más estridente Grunge del mercado, o puede que prefieras escuchar algo más suave y relajante como la música clásica. Sean cuales sean tus preferencias musicales, siempre es conveniente que controles su volumen. Así, ahorrarás mucho dinero en aspirinas y evitarás un montón de peleas con los vecinos que (también tienen derecho) prefieren pasar la tarde durmiendo en lugar de estar colgados de la pantalla de un ordenador.

Y seguro que ahora te estarás preguntando cómo puedes bajar el volumen de tu ordenador si, aparentemente, no existe ninguna ruedecita pensada para ello. ¡No empieces a buscarte excusas! La solución, como siempre, se encuentra informatizada. En la carpeta Multimedia del menú Inicio, existe una aplicación llamada Control de volumen, cuya utilidad, evidentemente, es la de controlar el volumen de todos los ruidos más o menos armoniosos que produce el ordenador. Al ejecutar este programa te encontrarás una ventana similar a la que muestra la figura Esta ventana está dividida en varias secciones que te permiten controlar el volumen de los diferentes dispositivos de sonido de tu equipo multimedia. Los dispositivos de Onda, MIDI, CD, etc., no son más que la representación de los diferentes formatos de música que puede reproducir tu ordenador o a través de los cuales puedes grabar tus propios sonidos en él (como veremos en el siguiente apartado).

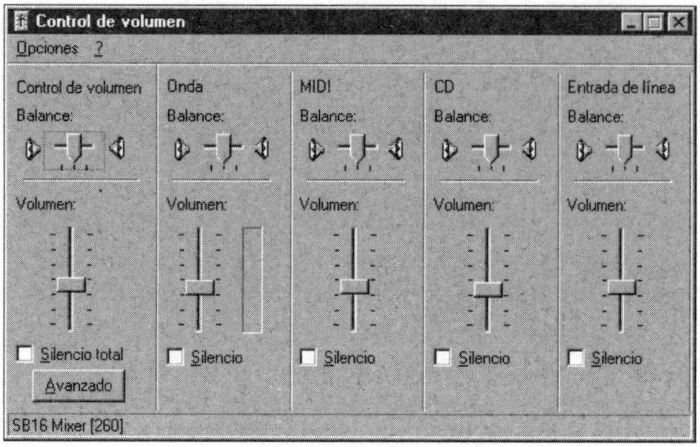

Figura 12.2. La ventana del Control de volumen

Para subir o bajar el volumen de un dispositivo determinado, solamente tendrás que desplazar la barra deslizante vertical de su sección (Volumen) en la ventana del Control de volumen (haciendo clic sobre su botón y arrastrándolo en un sentido o en otro). Cuanto más arriba esté el botón en la barra deslizante, más alta sonará la música. Por el contrario, al bajar este botón hacia abajo reduces el volumen. (Si consigues bajar el botón hacia arriba, escribe inmediatamente a la Editorial contándonos cómo lo has conseguido. Te enviaremos totalmente gratis un disco compacto con los mejores éxitos de "La Niña de los Peines"). Si quieres inutilizar por completo cualquiera de los formatos de sonido de tu ordenador, deberás activar (marcar) la casilla Silencio de su sección.

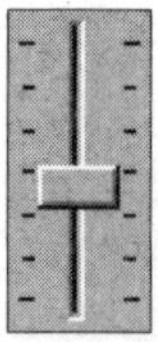

Por su parte, las barras deslizantes horizontales (Balance) nos permiten desplazar la intensidad de la música de un altavoz a otro. Cuando el botón de esta barra se encuentre en el extremo izquierdo, la música se escuchará solamente a través del altavoz izquierdo. Cuando lo lleves hacia el extremo derecho, será el altavoz derecho el que se encargue de martirizar tus oídos. Al colocarlo justo en el centro, consigues ese efecto tan agradable que se conoce como sonido en estéreo.

Finalmente, en la primera sección de la ventana del Control de volumen, podrás controlar "de golpe" el volumen y el balance de todos los dispositivos de sonido del ordenador. Para dejar completamente mudo a tu Carusso particular, deberás activar la casilla de verificación Silencio total. Esta casilla está especialmente pensada para hospitales y lugares de reposo.

Cómo convertirse en una estrella de la canción. La grabadora de sonidos

Una de las mayores ilusiones de mi vida es la de convertirme en una estrella mundial de la canción y pasarme todo el día "pegando berridos" de un escenario a otro (principalmente por el tema económico, no te vayas a creer). Sin embargo, hasta ahora lo único que he conseguido es que al abrir la boca, comience a llover. He recibido algunas ofertas de países afectados por sequías galopantes, pero de momento, prefiero dedicarme a escribir libros como este (aunque seguro que después de su publicación disminuye drásticamente el número de usuarios de ordenador en todo el mundo).

Figura 12.3. La ventana de la Grabadora de sonidos

Por lo menos, aún me queda un consuelo. La Grabadora de sonidos de Windows 95. Afortunadamente, ella nunca se queja de mis horripilantes lamentos. Para abrir la Grabadora de sonidos, busca su icono en el menú Inicio. ¡Ah, muy importante! Si quieres dedicarte a inmortalizar tu voz en el disco duro del ordenador, deberás agenciarte un micrófono. ¡Que estos cacharros son muy inteligentes, pero todavía no los han inventado con orejas!

Conecta tu micrófono al ordenador, abre la Grabadora de sonidos y prepárate para hacer historia. Para comenzar la grabación, sólo tendrás que hacer clic sobre el botón Grabar (el último de la serie de botones del borde inferior de la ventana, el que tiene en su interior un punto rojo). Como verás, este botón "es todo un puntazo".

Aquí tienes la letra de tu primer gran éxito con la Grabadora de sonidos de Windows 95. Seguro que conoces la música:

Tengo una muñeca vestida de azul,
con su camisita y su canesú.
La saqué a paseo, se me constipó:
la tengo en la cama con mucho dolor.

Envíanos un disquete con los resultados de la grabación y te pondremos en contacto con las mejores casas discográficas del país.

Cuando te hayas cansado de hacer el ganso cantando delante del ordenador, deberás parar la grabadora. Para conseguirlo, haz clic sobre el botón Detener (el segundo empezando por la derecha).

Para escuchar de nuevo tu maravillosa voz, lo primero que tendrás que hacer es "rebobinar la cinta". Haz clic sobre el botón Saltar al inicio de la Grabadora de sonidos. Verás cómo el botón la barra deslizante de la zona central de la ventana se coloca al principio de la misma. Ya sólo te queda poner en marcha la grabadora. Pulsa sobre el botón Reproducir y avergüénzate (o asómbrate) con los resultados de la Grabadora de sonidos de Windows 95. En cualquier momento, podrás pulsar nuevamente el botón Detener para parar la reproducción de la grabación.

El botón Saltar al final te permitirá añadir nuevos estribillos a tu canción. Cuando hagas clic sobre él, el botón de la barra deslizante se desplazará al final de la misma. Cualquier sonido que llegue al micrófono de tu ordenador, se almacenará a continuación del anterior.

Finalmente, si lo que pretendes es presentarte como candidato para el Festival de Eurovisión, deberás guardar el contenido de la grabadora en un fichero. Ejecuta el comando Guardar como del menú Archivo, selecciona un directorio apropiado y escribe el nombre de tu canción en el cuadro de texto Nombre de archivo. Cuando hagas clic sobre el botón Guardar, tu voz quedará inmortalizada para la posteridad. ¡Suerte y a triunfar!

Una de cine. El Reproductor multimedia

Para mantener tu interés a lo largo de las cerca de 127.000 páginas que incluye este libro, he dejado lo mejor para el final: una de las aplicaciones más interesantes de Windows 95, el Reproductor multimedia. Gracias a él, podrás reproducir diferentes tipos de sonido e imagen en tu ordenador. Y cómo pienso que ya te he dado suficiente lata, no te haré esperar más. Busca el icono del Reproductor multimedia en la carpeta Multimedia del menú Inicio y prepárate para disfrutar.

Figura 12.4. La ventana del Reproductor multimedia

Digo yo, que eso del Funstuff debe tener algo que ver con lo de 25 de diciembre fun, fun, fun.

Esta aplicación te permite reproducir cuatro tipos de dispositivos diferentes: Video for Windows (el formato de vídeo para Windows 95), Sonido (música en formato de onda, como el que utiliza la Grabadora de sonidos), Secuenciador MIDI (música creada por ordenador) y CD audio (el de tus discos compactos). Estos cuatro formatos se encuentran dentro del menú Dispositivo de la aplicación.

Selecciona, por ejemplo, la opción Video for Windows. El programa te mostrará el cuadro de diálogo Abrir, preparado para localizar cualquier archivo en tus unidades de disco, con formato de vídeo para Windows. En la subcarpeta Video de la carpeta Funstuff del CD-ROM de Windows 95 (la verdad es que ya podrían haberse buscado otro nombrecito para la dichosa carpeta), puedes encontrar algunos ejemplos de vídeo. Haz doble clic sobre cualquiera de ellos.

Figura 12.5. Ventana de vídeo de Windows 95

En la pantalla de tu ordenador, aparecerá una pequeña ventana con el contenido del vídeo (figura 12.5) que, básicamente, podrás controlar con los botones Reproducir ( ) para dar comienzo la reproducción, Pausa ( ) para detenerla momentáneamente y Detener ( ) para detenerla de forma definitiva, similares a los botones que hemos visto en las restantes aplicaciones de este capítulo.

- Si tienes un equipo multimedia, podrás disfrutar de sus capacidades de vídeo y sonido sin moverte del ordenador.
- Para escuchar un disco compacto, utiliza el Reproductor de CD de Windows 95.
- Para controlar el volumen de la música y los sonidos que emite tu ordenador, utiliza la aplicación Control de volumen de la carpeta Multimedia del menú Inicio.
- Con la Grabadora de sonidos, podrás hacer tus primeros "pinitos" como cantante y almacenar tu voz en el disco duro del ordenador.
- El reproductor multimedia te permitirá ver tus películas de vídeo en la pantalla del ordenador, eso sí, unas películas en un formato muy especial, vídeo para Windows.

APÉNDICE A

"El espectáculo debe continuar"

Como lo prometido es deuda, y Megatorpe siempre cumple, aquí tienes un resumen de los elementos más habituales que puedes encontrar en el menú Inicio de tu copia de Windows 95:

Tabla 3.1. *Elementos del menú Inicio*

Icono	*Nombre*	*Descripción*
	Programas (carpeta)	Contiene la mayoría de los programas y utilidades incluidas en el paquete de Windows 95, así como las aplicaciones instaladas posteriormente en el entorno por el usuario.
	Documentos (carpeta)	Contiene los últimos documentos abiertos con las aplicaciones instaladas en Windows 95, ofreciéndonos un procedimiento rápido para acceder a los mismos.
	Configuración (carpeta)	Contiene las herramientas necesarias para personalizar el aspecto y comportamiento de nuestra copia de Windows 95.
	Buscar (carpeta)	Contiene varias herramientas que nos facilitan la búsqueda de archivos, ordenadores de una red o cualquier información contenida en el entorno de The Microsoft Network.
	Ayuda	Nos permite acceder al sistema de ayuda de Windows 95, donde podremos aprender las técnicas básicas de manejo del programa o resolver cualquier duda que se nos plantee sobre su funcionamiento.
	Ejecutar	Nos permite ejecutar cualquier aplicación disponible en nuestro ordenador o en cualquiera de los ordenadores conectados al nuestro a través de una red.

Dentro de la carpeta Programas, podemos encontrar, entre otros, los siguientes elementos:

Tabla 3.2. *Elementos de la carpeta Programas*

Icono	*Nombre*	*Descripción*
	Apagar el sistema	Permite apagar o reinicializar el ordenador.
	Accesorios (carpeta)	Contiene las aplicaciones normales incluidas en el paquete de Windows 95.
	Inicio (carpeta)	En esta carpeta, podemos almacenar las aplicaciones que queremos ejecutar automáticamente cuando se inicia una nueva sesión de Windows 95.
	Explorador de Windows	Esta herramienta nos permite trabajar con los archivos almacenados en nuestras unidades de disco: copiar y mover archivos, cambiarlos de nombre, enviarlos a la Papelera de reciclaje, etc.
	Microsoft Exchange	Nos permite gestionar la entrada y salida de correo de nuestro ordenador a través de la red. Es equivalente al icono Bandeja de entrada del Escritorio.
	MS-DOS	Nos permite iniciar una sesión de nuestro viejo amigo el MS-DOS dentro de Windows 95.
	The Microsoft Network	Nos permite conectarnos con ordenadores de todo el mundo a través de un módem. Es equivalente al icono The Microsoft Network del Escritorio.

En la carpeta Accesorios, algunos de los elementos más habituales son los siguientes:

Tabla 3.3. *Elementos de la carpeta Accesorios*

Icono	*Nombre*	*Descripción*
	Herramientas del sistema (carpeta)	Contiene herramientas para el mantenimiento de nuestro ordenador, y especialmente para optimizar y corregir errores en las unidades de disco de nuestro sistema.
	Juegos (carpeta)	Incluye diversos juegos para nuestros ratos de ocio delante de Windows 95.
	Multimedia (carpeta)	Incluye herramientas para el control de dispositivos multimedia (vídeo y sonido digital) desde nuestro ordenador.
	Bloc de notas	Es una pequeña herramienta que nos permite editar archivos de texto.
	Calculadora	Una calculadora para realizar cualquier tipo de cálculos matemáticos (incluidas sumas, restas y cuentas de la vieja).
	Mapa de caracteres	Una herramienta que nos permite seleccionar cualquier carácter entre los distintos tipos de letra disponibles en nuestro ordenador.
	Marcador de teléfono	Herramienta que nos permite disponer de una agenda telefónica y marcar cualquiera de los números incluidos en ella directamente desde el ordenador.
	Paint	Es la herramienta de dibujo de Windows 95.

(Continúa)

Tabla 3.3. *Elementos de la carpeta Accesorios (continuación)*

Icono	*Nombre*	*Descripción*
	Visor del Portapapeles	Nos permite examinar el contenido del Portapapeles. El Portapapeles es el lugar donde se almacena de forma temporal la información que copiamos o movemos entre distintas aplicaciones.
	WordPad	Es una herramienta para la edición de archivos de texto que incluye numerosas opciones de formato para mejorar el aspecto de nuestros documentos.

Finalmente, en las carpetas Herramientas del sistema, Juegos y Multimedia, encontramos los siguientes programas:

Tabla 3.4. *Elementos de la carpeta Herramientas del sistema*

Icono	*Nombre*	*Descripción*
	Backup	Permite realizar copias de seguridad de los archivos almacenados en las unidades de disco de nuestro ordenador.
	Defragmentador de disco	Permite organizar los archivos contenidos en las unidades de disco de nuestro ordenados.
	DriveSpace	Permite comprimir los archivos contenidos en las unidades de disco de nuestro ordenador para aumentar el espacio libre disponible
	ScanDisk	Permite detectar errores en las unidades de disco de nuestro ordenador y recuperar la información

Tabla 3.5. *Elementos de la carpeta Juegos*

Icono	*Nombre*	*Descripción*
	Buscaminas	Juego en el que hay que descubrir una serie de minas ocultas bajo un tablero.
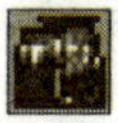	Carta blanca	Solitario de cartas.
	Corazones	Juego de cartas en el que podemos enfrentarnos con el ordenador o con otros usuarios a través de una red de ordenadores.
	Solitario	Solitario de cartas.

Tabla 3.6. *Elementos de la carpeta Multimedia*

Icono	*Nombre*	*Descripción*
	Control de volumen	Controla el volumen de los dispositivos multimedia de sonido.
	Grabadora de datos	Permite grabar y reproducir sonidos.
	Reproductor de CD	Permite reproducir discos compactos (CD).
	Reproductor multimedia	Permite reproducir archivos multimedia de vídeo y sonido.

Indice alfabético

A

B

C

D

E

F

G

I

J

L

M

S

T

U

V

W

Z